交易游戏

THE TRADING GAME

A CONFESSION

［英］加里·史蒂文森（Gary Stevenson）_著
黄思晴_译

中信出版集团｜北京

图书在版编目（CIP）数据

交易游戏 /（英）加里·史蒂文森著；黄思晴译.
北京：中信出版社，2025.8. -- ISBN 978-7-5217
-7431-3

Ⅰ. F830.9

中国国家版本馆 CIP 数据核字第 2025U1L604 号

The Trading Game: A Confession
Copyright © Gary Stevenson, 2024
This edition arranged with Aitken Alexander Associates Limited through BIG APPLE AGENCY,
LABUAN, MALAYSIA.
Simplified Chinese translation copyright © 2025 by CITIC Press Corporation
ALL RIGHTS RESERVED
本书仅限中国大陆地区发行销售

交易游戏

著者：　　［英］加里·史蒂文森
译者：　　黄思晴
出版发行：中信出版集团股份有限公司
　　　　　（北京市朝阳区东三环北路 27 号嘉铭中心　邮编　100020）
承印者：　三河市中晟雅豪印务有限公司

开本：880mm×1230mm 1/32　　　印张：13.5　　　字数：315 千字
版次：2025 年 8 月第 1 版　　　　印次：2025 年 8 月第 1 次印刷
京权图字：01-2025-0439　　　　　书号：ISBN 978-7-5217-7431-3
　　　　　　　　　　　　　定价：79.00 元

版权所有·侵权必究
如有印刷、装订问题，本公司负责调换。
服务热线：400-600-8099
投稿邮箱：author@citicpub.com

致所有处于饥寒交迫中但又梦想成为百万富翁的少年，
本书既是为了我自己而写，也是为了你们而写。

目录

序言 v

第一部分 001
人生启航

第二部分 059
想要点儿业务做吗?

第三部分 169
回家问问你妈吧

第四部分 215
恒温器

第五部分 299
急转直下

后记 417

致谢 419

在一个疯狂的世界里，只有疯子才是正常的。
——黑泽明

生活是生活，游戏是游戏。
——安尼什的爷爷

序言

"我想给你讲一个故事。"

凯莱布那张大脸赫然出现在餐桌的一端。他的脑袋下有两个拉面碗,一个空,一个满。碗上冒着丝丝热气,热气中他苍白的微笑若隐若现。我坐得几乎快要陷进椅子里,所以从这个角度看过去,从我碗沿突出的一双筷子好像都能戳到他的下巴了。他的笑意越来越不加掩饰。

"我以前认识一个非常优秀的交易员。真的非常非常优秀。他曾在德意志银行工作,又聪明又年轻,就像你一样。"

凯莱布用粗壮的小臂拢起他那余温尚存的空碗,用力地砸到餐桌上,然后双手紧扣起来。他的手现在离我的脸不远了。我永远不会忘记那些手指是什么样子的:宽胖的粉红色小圆手指,活脱脱一节节生香肠,好像随时都会突然爆开一样。

"你知道嘛,他真的是个很棒的交易员,赚得盆满钵满。他给自己赚了很多钱,也为德意志银行赚了不少,本来前途一片光明啊。"

我们周围充斥着餐厅的喧闹声。但这家拉面店不是那种在日本大城市街头巷尾随处可见的苍蝇小馆。这是一个闹哄哄的大型公司食堂,位于一座超高层公司写字楼的 6 楼,大厦的外表看起来像个张牙舞爪的庞然大物。在这个食堂里,打工人放松地和老板碰杯喝啤酒,时不时迎合着老板说的笑话。一些美国银行家和日本上班族混杂在一起，人声鼎沸。我一言不发。只见凯莱布那张肥脸在黑暗中飘过，从桌子对面向我飘来。

"但这个家伙，这个毛头小子交易员，尽管他挺能干的，但他有一个非常严重的问题，可以说是致命缺点……你看，这人居然以为自己可以说走就走，想走就走。你懂我的意思吗？"

凯莱布人高马大的。虽然前面已有提及，但显得大的不仅仅是他的脸和手指，他身上所有地方似乎都比普通人的大两码。眉毛也浓，下巴也阔，连头发也莫名其妙地比别人的蓬松、厚重、浓黑得多。但比所有这些都更引人注目的是他大得夸张的笑容。一张大嘴里露出两排珍珠一样亮白的牙齿。在我看来，这会儿他的嘴角都快咧到脸颊外去了。他坐在拉面店里，好像周二晚上出现的柴郡猫一样。他一龇牙咧嘴地笑起来，原本昏暗的店里就被那一口大白牙照亮了。

"这小子决定拿钱走人。离开这个行业，一走了之，你能想得到吗？真有他的。他想另找个地方成家。也挺好。但你看，问题是，这人不了解这个行业是怎么运作的。德意志银行根本不想放他走。明白吗？"

不用想都知道他接下来要说什么。与此同时我感到胃在坠痛。我觉得有点儿恶心，能尝到或闻到嘴里有什么东西。是血吗？我深深地陷进椅子里，目视前方。凯莱布还在咧嘴笑着。突然间他的笑容变得更狰狞了。

"总而言之，德意志银行的人回去看了他所有的交易，有概念吗？他所有的聊天记录和电子邮件。他在那儿工作了很长时间，自然也做了很多交易。他们想方设法在里面找到了一些不太光彩的东西。你懂我的意思吧？一些他本不应该做的事。"

此时此刻，我感觉自己的两条腿都要烧起来了。从脚那儿生出一种又热又痒的感觉，像是一种灼烧感，而且越来越强烈。但我没有动。

"虽然这么做不厚道，但德意志银行真的因为一些事情将这位交易员告上了法庭。其实他并没有做过那么恶劣的事，但德意志银行设法拼凑出了一些东西。这个案子在法院流转了好多年。听明白了吗？法庭内外，尽人皆知。真是噩梦。那个交易员，多么年轻有为的交易员，压根儿就没法离开，不管是离开德意志银行还是离开这个行业，更别提成什么家了。他一生中最好的年纪，都是在不断被传唤到法庭的过程中度过的。你能想象吗，加里？能想象吗？这个案子没有取得过任何进展，但他还是把全部身家都搭进去了，用来付律师费。他搭进去了所有的钱，还有很多钱以外的东西。到最后，他破产了。那家伙什么都没有了。"

灼烧感遍布全身了，反胃和血腥的感觉也是。但我还是没有动，反倒是抬起头看着他的脸。

"加里，你在听我说话吗？你真的听懂我说的这些了吗？"

那张大圆脸凑得更近了。

"加里，我挺喜欢你这人的。我觉得你是个好人。但有时，好人不一定有好报。社会会给你上这一课的。我们可以让你的日子非常难过。"

那一刻，潮水般的记忆朝我涌来。那些记忆能将我一路从东京带回几千英里[①]远的地方——伦敦东部的伊尔福德。那年，在铁路

[①] 1英里≈1.61千米。——编者注

旁边的一个死胡同里，18岁的我坐在足球上，哈利告诉我他妈妈得了癌症。当时我还不知道该说些什么，只冒出一句："你想踢足球吗？"记得在一个漆黑的夜晚，我被抵在小巷的墙上，萨拉万威胁要给我一刀。当时他双手插兜。兜里会是刀吗？我不知道。记得我被车追着跑过房屋林立的街道，跳过花园的篱笆，还有布拉塔普被车碾过，躺在地上时身体颤抖的样子。我记得那地方所有不过脑子的暴力行为、血腥场面，还有那些污言秽语——大街上野孩子满口的脏话。我记得自己发过的誓，还有认识的那些人。有天晚上，我和杰米坐在多层停车场的顶层，我们环顾四周，看着这个城市里新的摩天大楼一座接一座拔地而起。我告诉他总有一天我会出人头地，我发誓。他抽着烟，一边笑我一边在月光下吐着烟圈。但他知道我会的。我也知道。

我告诉我自己，不，我的故事绝不会在这里结束。

至少不会结束在这家冰冷的公司食堂里，至少不会被那沉重得叫人喘不过气的狞笑所埋葬。

第一部分
人生启航

1

从某些方面来说,我天生就是个交易员。

在我长大的那条街,尽头处有一个垃圾回收中心,在它高耸的凹墙前,矗立着一根路灯柱和一根电线杆,两根柱子间隔4米,正好配成一组完美的临时足球门柱。

你如果站在这两根柱子之间,向后走10大步,朝上方眺望,就会看到远处金丝雀码头最高的摩天大楼的灯光从那堵高墙上向下窥视,向你眨眼。

放学后,当时还是孩子的我会穿着学校发的已经破旧不堪的鞋子和哥哥的校服,绕着那个"足球门柱"里里外外、来来回回地踢着同样破烂的泡沫足球,以此来打发漫漫长夜。当母亲来叫我回家吃晚饭时,我会回头看向那座摩天大楼,看着它向我眨眼。它对我来说似乎意味着某种全新的生活。

我与这片如神殿般光芒万丈又高大雄伟的资本主义水泥森林的共同点,不仅仅是同在伦敦东部的街区上呼吸,还有一些其他的东西:我们有着某种共同的信仰。关于金钱的信仰,关于欲望的信仰。

金钱的重要性和我们家没有多少钱的事实，是我从小就深有体会的。在我刚刚记事时，父母给了我一英镑硬币让我去埃索的车库买柠檬水。路上我不小心把那枚硬币弄掉了，怎么也找不到了。我记得自己找了好几个小时，爬到车底和在阴沟里翻找摸索，但还是两手空空地回了家，脸上满是泪痕。其实我可能只找了半个小时，但或许对一个孩子来说，半个小时已经是非常漫长的时间，同时一英镑也意味着一大笔钱。

我不知道我在成长的道路上是否一度丧失了对金钱的热爱，尽管现在回首往事时，我也不确定"热爱"一词是否准确。也许，尤其当我还小的时候，这种感觉更多的是恐惧。但不管是恐惧，是爱，还是渴望，我只知道随着自己年龄的增长，这种感觉越发强烈，我总是在苦苦追寻着自己未曾拥有的财富。从12岁开始，我就在学校兜售便士糖果。13岁时，我开始送报纸，一年工作364天，每周赚13英镑。到16岁的时候，我在高中的生意利润更加丰厚，但同时生意的性质也更加冒险，游走在灰色地带。但那些小打小闹从来都不是我真正的志向。那段日子，每到太阳落山以后，我都会抬头仰望那些摩天大楼，它们就在街道尽头冲我眨着眼睛。

但又有其他好些方面注定了我天生不适合当一个交易员，这些方面直到现在都很要命。

要知道，像我一样在伦敦东部摩天大楼的影子下围着路灯柱和汽车踢烂足球的男孩子有太多太多了。他们年轻气盛，充满了对金钱的渴望和野心，大多聪明、坚韧，为了能西装革履地走进那些高大雄伟、闪耀着金钱光芒的大厦，不管需要付出什么样的代价，他们几乎都在所不惜。这些大厦坐落于伦敦东部过去港口区的中心地带，年轻人在这里一年能挣几百万英镑，而交易大厅又占据着这些大厦中的风水宝地。然而，你如果走进这些交易大厅，是不可能听到有人自豪地操着米尔沃尔、堡区、斯特普尼、麦尔安德、沙德韦尔、波普勒这些地区的口音说话的。我知道这些，是因为我自己就曾在其中一个交易大厅工作过。有人曾经问我操的是哪里的口音，而他自己刚从牛津大学毕业。

金丝雀码头的花旗集团大厦有42层。2006年，当我第一次踏入花旗集团大厦时，它是整个英国并列第二高的大楼。2007年的一天，我决定到大厦的顶楼看看上面有什么风景，心想也许可以看到我的家。

花旗集团大厦的顶楼仅用于召开会议和商讨要事。这就意味着当它不被使用时，整个空间都空荡荡的。一大片无人打扰的区域覆盖着碧蓝色的地毯，四周则被厚厚的玻璃窗封了起来。我快步走过静音地毯站到窗前，却看不到自己住的地方。你在花旗集团大厦42楼是没法看到伦敦东部的。你只能看到汇丰银行大厦的42楼。原来，当伦敦东部那些野心勃勃的孩子仰望着把影子投射在自家房子上的摩天大楼时，摩天大楼是不会回望他们的。摩天大楼只会彼此对望。

这是一个关于我如何从一群在大楼的阴影下踢足球和卖糖果的孩子中脱颖而出、在花旗银行交易大厅谋得一个职位的故事，一个关于我如何成长为花旗银行全球范围内最能赚钱的交易员的故事，一个关于我为什么在历尽千帆、功成名就后却选择辞职的故事。

那些年，全球经济从繁荣巅峰跌落，时至今日仍在不断下跌。在此期间，我的心智水平也不时与其一同下落，到现在也还是时好时坏。天知道我愧对多少人，哈利、女巫、JB、我自己，还有很多此处应当列举的名字。我希望你们能原谅我诉说你们的故事，因为它们也是我故事的一部分。

　　本书献给安尼什的爷爷。那时,当他,还有10来岁的我和安尼什喝醉了以后,老头子总会向我们喋喋不休地嘟囔着他唯一晓得的一句英语:

　　"生活是生活,游戏是游戏。"

　　我们从未真正明白这句话的意思。希望有一天我们能明白。

2

我通往交易大厅的职业道路始于在伦敦政治经济学院(以下简称"伦敦政经")读书的日子。

伦敦政经实在不像一般意义上的大学。没有气派宏伟、绿树成荫的校园,教学楼从外观上看与一片平平无奇的办公楼并无二致,就这么藏在伦敦西区的一条小巷里。

尽管校园环境枯燥乏味,全世界的精英权贵还是以惊人的热情前赴后继地把他们的孩子送了进来。连俄罗斯官员、巴基斯坦空军指挥官等都不会错过把有雄心壮志的下一代送到伦敦政经的机会,送他们到伦敦市中心这个不起眼的角落学几年联立方程式。他们在毕业后也许会先在高盛或德勤工作几年,然后飞回祖国接管家族的势力与资源。

2005年,当我来到这所大学学习数学与经济学专业时,我并不是一个典型的伦敦政经学生。3年前,我因为卖了3英镑整的大麻而被就读的高中开除。在那之前,我曾试着建立一个尘垢音乐(grime music)乐队。我曾有一件定制的连帽衫,衣服正面印有

"说唱歌手加仔"字样,背面用大号醒目的艺术字体印着"绝命乐师"。在大学的第一节课上,我穿着红犀牛牌运动服,上衣是白色连帽衫,下装是慢跑裤。白色连帽衫的正面印了一只海军蓝色的大犀牛。在上大学前,我对这所学校知之甚少。但一位高中同学曾告诉我,伦敦政经的学位就是在伦敦获得一份高薪工作的入场券,这对我来说已经够了。

不出所料,我在学校无所适从。俄罗斯官员的子女从不在清真炸鸡店吃饭。新加坡同学又听不懂我的口音。为了省钱,我和父母住在位于学校以东10英里的伊尔福德。那时我刚交到第一个真正意义上的女朋友,她也来自伊尔福德,大一的大部分时间我是和她一起虚度的,要么在公园长椅上喝酒,要么在我妈妈下班回家时带她从我的卧室窗户翻出去,越过铁轨逃跑。只有在有课的时候我才会去学校。

不过,除了这些,我还是会努力在学校好好表现的。我家里没有什么可用的关系,对伦敦金融城也一无所知。我不高也不帅,连件像样的西装都没有,也不太擅长与人社交。我的简历里最让人印象深刻的课外活动也非常普通——我曾是尘垢音乐快嘴说唱歌手,曾在贝克顿的DFS沙发店打了两年拍松枕头的工。但我在数学方面一直如鱼得水,所以在我看来,只有一条路可以杀进金融城——击败所有阿拉伯亿万富翁和中国实业家的子女,获得一等学位,并向上帝祈祷自己能被高盛注意到。

我给这一目标制订的计划其实很简单:每节课都坐在最前面,确保自己听懂了每位教授和讲师说的每一句话。

策略非常奏效,我以第一梯队的优异成绩完成了大一的学业。老实说,这些课挺容易的。暑假我到处游玩,感觉自己的计划相当管用。

但当暑假结束回到学校，开始进入大二时，校园里出现了一系列明显的变化。

首先，突然之间也是前所未有地，同年级的几乎每个学生都成了对行业有深入了解的初级银行从业人员。这意思倒不是说每个人真的都已经在闪着金光的金丝雀码头摩天大楼或者伦敦金融城里找好了工作，但让我意想不到的是每个人都开始表现得好像这事已经稳了。他们会在周三和周五参加金融学会的活动，在周一参加与投资协会的社交活动。他们开始用几乎完全由3个字母的缩写词组成的句子交流——ABS（资产支持证券）、IBD（投资银行部门）、CDS（信用违约掉期）、CDO（担保债务凭证）、M&A（并购）——并大谈"销售和交易"以及"证券化"。同时，不知道为什么，许多人开始穿着全套西装上课。关于一些同学的流言逐渐甚嚣尘上，不外乎都是些高大魁梧、健壮有型、光鲜亮丽、衣着考究的家伙，这帮人从外表上可能看不出到底是哪里人，但一律都是含着金汤匙出生的主儿，据说他们已经在高盛、德意志银行、摩根大通或雷曼兄弟获得了含金量极高的实习机会。他们中的有些人甚至被传说已经找到了全职工作。

所有的学生都开始申请实习机会。不是仅一两份，而是15或20份，甚至更多。面试经验问题开始在学生中流传，流传的依据是传说中统计学系或国际关系学系某个神秘学生就被问到了这样的问题。当时，"面试者很可能会被问到美国弗吉尼亚州有多少秃子"成了我们当中的一个常识。又有人传言，面试时只有5秒钟的时间来回答"49的平方是多少"。所有的学生都勤奋地把答案背了下来，无须思考就能脱口而出"2401"。大家开始莫名其妙地在校园里各种想得到和想不到的地方排起长龙。一般情况下，当被问到前面在排什么时，大多数正在排队的学生也不清楚。但也许，到最后，队伍中有人会得到一个实习机会；又或者，前面有拓宽人脉网络的机会。一大帮（20来位）手持计算器的学生开始出现在图书馆的电脑周围，他们大声喊出一些数字和字母，集体作战、共同攻略摩根士丹利的在线算术测试。

我不知道该如何应对同窗们在态度、方法和做事优先级顺序上的180度大转变。许多人已经完全不上课了，以便能用自己全部的时间和精力学习社交之道、找工作，以及了解金融世界的行话及各种缩写。我那套到目前为止看似成功的战略，即只在课堂上混个脸熟和吃透教材，开始让我感到抓心挠肝，不仅远远不够还很幼稚。

一头雾水的我只得向大一交到的为数不多的好朋友之一求助：一个高大帅气、在英国长大的斯洛文尼亚裔男生，名叫马蒂奇。他和我都是数学系的学生。虽然马蒂奇并没有像其他很多学生那样身着全套西服，但他的穿着明显比大一时正式了很多。他是金融学会的一员，用首字母缩写词说话，提交了多份实习申请，也参加了数场面试，还参加了学会组织的各种活动。

我问马蒂奇，刚刚过去的暑假里到底发生了什么，给学生群体带来了如此翻天覆地的变化。

"你在说什么啊，加里？难道你不知道吗？大二是用来实习的！"

这就是游戏规则。马蒂奇当时告诉我的那些事，至少我现在都了然于心，可以告诉你了。

每个伦敦政经的学生都想去高盛、德意志银行、摩根士丹利、摩根大通或瑞士银行工作。

除了伦敦政经的学生，还有帝国理工学院、华威大学的全体学生。当然也包括诺丁汉大学、杜伦大学和巴斯大学的学生。曼彻斯特大学和伯明翰大学的学生也想去这些地方工作，但除非他们有人脉，否则连门儿都没有。牛津大学和剑桥大学的学生里，至少那些家里还没有有钱到可以一辈子不用工作的人，也是想去这些地方工作的。

但狼多肉少，少的还不是一星半点儿。不仅如此，不同的工作之间还存在鄙视链。最好的是"销售和交易"。这份工作有理想的工作时长（只需每天工作12个小时，周末还可以休息），你可以用最短的时间赚钱，只要你够优秀。如果没拿到"销售和交易"的工作机会，你就得在投行部或并购部之类的部门一周工作上百个小时，直到感觉自己好像已经灵魂出窍，然后继续奋战更长的时间。如果做不到，你就只能去干"咨询"了。

我都不知道咨询是做什么的。从马蒂奇说这个词的语气来看，可能指的是扫厕所。

没有实习就找不到工作，除非你有认识的人，而获得实习机会的唯一节点就是现在。如果你在大二结束后还没有实习，你就必须在进入大三后得到实习工作。实习结束后，50%的实习生会得到一份一年后可以入职的全职工作，所以如果你在大三之后才实习，你可能就得待业一整年。①但这只是理论上的假设，因为没有一家投资银行会雇用一个即将大三毕业的实习生——它们想想就知道你在大二的时候被所有的投行拒之门外了。没有人会想要一个淘汰品。

"情况就是这样的。过了这个村就没这个店了。要么放手一搏，

---

① 英国的本科学制一般为3年。——译者注

要么坐以待毙。非生即死。你未来的命运就掌握在当下。忘掉你的那些数学和经济学课程吧！你得知道 CDS、M&A、IBD 的意思是什么！你怎么能不知道这些呢，加里？所有人都知道！并且，你要提交实习申请了。实习岗位对申请的人数来说，那是供不应求到了离谱的程度，而你又没有任何人脉。你想得到一份实习工作，起码要向 30 家银行提交申请。你到现在已经申请多少银行的实习岗位了？什么？一个都没有？！"

是的，一个都没有。我掉队了。

数学题我会做。经济学的题目我也会做。但在这个充满了首字母缩写词的新世界里，我不知所措。当老师在学校里告诉我"努力学习，考个好成绩，你就会得到一份好工作"时，我信了。我真是个白痴。彻头彻尾的傻子。

马蒂奇虽然语气有点儿冲，但本质上是个善良的人。他很同情我，带我去参加了金融学会组织的一个主题活动：如何在一家投资银行找到工作。

这次活动在伦敦政经一个相比其他建筑更宏伟、历史更悠久、光线更好的报告厅举行，报告厅里坐得满满当当。我们是来听一位前投资银行家做演讲的，他看起来就好像是刚从好莱坞拍的华尔街电影片场抽身过来的：穿着精致的细条纹西装，梳着油光水滑的大背头，身姿也高挑挺拔，当个群众演员是绰绰有余了。

听上去，这次报告似乎是以努力工作为主题的意识流独白，从头到尾的每句话都是那些黑话和首字母缩写词，现在我可以说我确定自己一定在什么地方听到过这些词语，但仍然一知半解。与其说它们是英语，不如说它们更像另一门语言，一门我在高中只学了个大概但又从来没有真正学明白过的外语。台上的人大步流星地在舞台两侧来回走，用令人难以置信的强烈语气慷慨陈词，但我从中得到的信息非常简单粗暴：眼观六路，耳听八方，掌握所有首字母缩写词和它们的含义；与所有人交往；不要放过任何一个申请实习的机会；牺牲睡眠，往死里工作。我不确定这些是否就是演讲者想要传递的信息。但我在听完整个报告后非常压抑。

让马蒂奇失望的是，在某种程度上，我认为失望的是我自己，我放弃了申请实习。我做不到。我从来都不擅长背首字母缩写词，它们会让我的心灵不堪重负。此外，申请实习首先要准备的就是简历和求职信。其他人从4岁起就在着手准备了。他们跟约好了似的都曾徒步穿行过撒哈拉沙漠，或曾在青少年模拟联合国活动中担任领袖，或在皇家阿尔伯特音乐厅演奏过什么该死的双簧管，等等。而我的简历里有什么？送过6年报纸，当过1年失败的尘垢音乐说唱歌手，在贝克顿一个污水处理厂隔壁的沙发店里拍过2年枕头。我拿什么去和他们竞争？

救我于水火之中的是我大学期间遇到的第二次转变，它既出人意料又令人费解。当我大二返校时，同学们突然知道有我这个人了。我从未打过照面的同学，甚至"西装天团"的成员，会在图书馆里朝我走过来，开始和我搭讪。有一次，一个中国学生在走廊里拦住了我，一言不发但又带着怒气地上下打量了我大约10秒钟，然后什么也没说就走了。还有一次，一个发型怪诞的高个子欧洲女孩要求和我一起学习，口音听不出具体是哪里的。这些事情根本没道理。

带着满腹狐疑，我去问了我的同学萨贾尔·马尔德。马尔德是一个高高瘦瘦一身腱子肉的男生，同时有肯尼亚和印度血统，口音非常华丽。他的父亲坐拥整个东非的肥皂产业。

"他们当然知道你了！"萨贾尔直接喊了出来，好像这是一件显而易见的事，"大家都知道你考得有多好！"

他的回答并不能完全解开这个谜团。我的分数是很高，但至少就我自己感觉，并没有很多人知道这件事，并且我的成绩离全校第一还差得远呢。比如萨贾尔他自己的成绩就比我高得多。

"可不是嘛，加里，"当我指出这一点时，他和善地说道，"但没人想得到你那么会读书。"

萨贾尔是个性格很可爱的男生，我们到现在还是好朋友。但就在那一刻，我真的惊呆了。数学一直是我擅长的科目，非常擅长，从我记事起就是了。从小学到高中，我的每个同学都知道我数学很好。我以前时不时参加数学竞赛，而且很少失手。老师、家人、朋友，包括我自己，都认为我在数学竞赛中取得好成绩是一件意料之中的事。不排除有些人可能会因此心生嫉妒，但从没有人会因此感到惊讶。

然而，萨贾尔随口说的一句话让我第一次意识到一件自己先前从未意识到的事，一件过去从未发生在我身上的事：很多有钱人先入为主地认为贫苦老百姓都是蠢货。伦敦政经大一新生的经济学课堂规模非常庞大，1 000多号学生济济一堂。每堂课，我都坐在前排，穿着一套休闲运动服，背着耐克的细带书包，操着一口浓重的伦敦东区口音向老师问问题，这样的我为那些比我有钱的学生提供了不少乐子，但他们并未把我当作什么威胁。我大一的成绩令他们对我刮目相看。

我思忖着，自己该怎么办。顿时，我下定了决心要让他们都睁大眼睛瞧好了：我们这些穿运动服的孩子并非都像他们想的那么笨。虽然我不知道什么是CDS，但如果有必要，我倒是能用我拿手的数学陪他们玩玩。我们会让他们看到，我们要让他们看到，我们能做到的，远超他们的想象。

因此，当其他人都在向三四十家投资银行申请实习岗位时，我却颇为夸张地向所有那些愿意当听众的人大秀特秀自己在经济学，特别是数学方面，有多出色。我这辈子第一次下了课还在学习。我向老师们问的问题比之前还多。甚至当他们讲错了的时候，我会直接质疑他们。老实说，这么做能否或能如何为我打开某种职业的大门，我自己心里也没数。但下定决心这么做了之后，我就不再过多地去想这个问题。我单纯地想让他们知道，他们并不比我们聪明优秀。因为事实本来就是如此。

言归正传，有一天，前面提到的这种不请自来的怪事又发生了。图书馆里，一位来自格里姆斯比的北方仔优哉游哉地朝我走了过来。他看上去有两米高，顶着一头浓密的黑发，穿着一身乱糟糟的西装。他名叫卢克·布莱克伍德，是我在数学系的直系学长。

"你是加里吗？"他问我。我告诉他我是。

"听好，花旗银行下周会有一个活动，叫作'交易游戏'，但它本质上就是个数学竞赛。你如果赢了，就能参加全国决赛，如果决赛也赢了，你就能得到花旗的一个实习机会。我听说你数学挺厉害的。你应该去试试。"

我以前从未见过卢克，但他在我旁边坐了下来，把比赛的日期和时间都告诉了我，并向我简单解释了游戏规则。我对交易一窍不通，但正如卢克所说，我不必去了解那些知识：这不过是一个相对简单的数学游戏。在给我演示了游戏怎么玩以后，卢克起身径自走了，留我坐在一台屏幕闪烁着的电脑和几张 A4 纸前，纸上是我做了一半的数学作业。

不知道为什么，也许是出于狂妄自大和盲目自信，我立刻就对自己能在游戏中取胜有了十足的把握。我可能连 CDS、CDO、ABS 等最基本的东西都不知道，但我知道这个游戏该怎么玩，也深谙数学之道。这个比赛让我终于看见了一条不用吹那该死的双簧管也能走的通往伦敦金融城的道路。终于能在一个可以公平竞争的地方来一场真正的对决。我心里很清楚，这是一场自己能赢的对决。我把课本推到一边，合上了自己的数学作业，新建了一个电子表格，开始动手计算游戏所包含的所有数学题。

交易游戏的第一轮比赛在卢克和我说完话后没几天就展开了。这居然只是我参加过的第二个金融赛事。比赛在一个温暖的秋夜进行，尽管没有做宣传（或者只是我没看到），但一个中等规模的队伍仍然从学校的一幢大型办公楼里往外蜿蜒地排了出来。非常典型的伦敦政经金融-社会学学生的队伍模式：有中国人、俄罗斯人、巴基斯坦人等，还有很多人，从他们的口音和穿着更能看出他们是拥有信托基金的富家子弟，而不太能看出其国籍。

相比其他参赛者，自己有个优势，对此我心知肚明。游戏规则之前有人已经跟我介绍过了，但他们还不知道。这不公平，但人生本来就不公平。天知道这些人从小到大已经被教过多少条社会运转的规则了，而这些规则我永远也不会知道。这好像是我这辈子拥有的第一个别人没有的优势。我沉浸在这种良好的自我感觉中，在随着队伍慢慢往前走时，我的手指和脚趾都有微微颤动的感觉。

踌躇满志的年轻准交易员们怀揣着对成功的渴望，一拥而入地挤进了一间天花板很高的大房间，四面没有窗户，房间密不透风，这里是办公楼中位置很靠里的一个报告厅，我之前从没来过。我们被分成5人一组，每组坐一张桌子。一个大块头正站在报告厅前头的可翻页挂图架前，他看起来好像整个人都在发光。这是我人生中接触到的第一位交易员。我心想，那么，交易员应该就是像他这样。

我们一坐好，这位交易员就向我们介绍了游戏规则。由于我已经知道这些规则了，所以我有工夫在他讲话的时候观察他。他像巡视自己的领地一样巡视着报告厅，步伐缓慢，但坚定且有力。他一边摆出恰到好处的完美笑容，一边用犀利的眼神扫视人群，依次打量每位参赛者。从他身上散发出一种绝对的自信，就像蜡烛燃烧时所产生的烟雾，弥漫在整个房间中。它还像玻璃罐里的深色糖浆一样，自带两种属性，既有一种浓重、黏腻的黑暗感，又有一种锐利、闪亮的明亮感。与之相伴的是他那如面具一样永远戴在脸上的露出珍珠般亮白牙齿的大大的微笑。他身上那种黑暗又黏腻的自信再次将我的思绪带回到了我的老家伊尔福德。我想起我们那群不良少年在校园里贩卖毒品，把10英镑进的"货"100英镑卖给其他同学。但伊尔福德人身上缺少一种狠劲儿，而这种狠劲儿，我在伦敦政经才见识到。那是一种总会赢得竞争的人身上散发出的强烈自信，他相信自己不仅今天会赢，明天也会赢。他知道自己绝不可能输。不知怎么的，哪怕当时我对交易是什么完全没有概念，也觉得自己命中注定要吃这碗饭。

但我得先赢下这场比赛再说。

要怎么才能赢呢？首先，你要理解这个游戏。

交易游戏设计的本意是模拟金融交易，但实际上，它只是一个数字游戏。

游戏使用一副特殊的牌：这副牌有17张，每张牌上标有不同的数字，有些数字大，有些数字小，分别是–10、20和1~15的连续整数。我把牌里有的数字都告诉你了，这样你自己心血来潮的时候也能自己做一副来玩玩。每个玩家会分到属于自己的 1 张牌，自己可以看。然后另外有 3 张牌正面朝下放在牌桌的中央。玩家各自就 8 张牌上数字的总和大小下注（5 名玩家每人有 1 张牌，加上牌桌上的 3 张牌，共 8 张）。

从概念上可以这样理解：当你在购入或出售某项资产时，牌面数字之和就相当于那项资产的总价值。你只掌握特定的信息（即你只知道自己牌上的数字），更多的信息（即牌桌中央的牌上的数字）会随着游戏的进行而披露。如果你拿到一张数字比较大的牌，比如 15 或 20，那你就有了内部信息：8 张牌数字总和可能相当高，那么你就会下注赌大（等同于"看涨、做多"）。反过来，如果你拿到的是像 −10 这样数值很低的牌，那么你很可能赌小（等同于"看跌、做空"）。而如果你拿到的是 6 或者 7 这样不上不下卡在中间的数，那你就只能靠猜了。

让这个游戏成为一个"交易游戏"的，主要就是这个下注机制。因为它就是仿照交易员在金融市场上下注的方式设计的：用"出价"和"受价"进行双向交易。

我在这里简要介绍一下在金融市场上交易是如何发生的。一个大客户（比如养老基金、对冲基金或大企业）想要购买或出售点儿什么。什么都可以，但在这里我们不妨假设他们想用美元换 1 000 万英镑。一般他们不会直接打电话对银行说："你好，我想用美元换 1 000 万英镑。"他们不这么做的原因有以下两点：

（1）如果交易员知道你想买入英镑，他可能会试图推高英镑的汇率。

（2）如果交易员知道你想买入英镑，他甚至可以自己做庄——

在短时间内大量购汇,以期炒高英镑汇率,并在你真正需要换汇的时候以涨后的汇率把他买入的英镑卖给你。这被称为"抢先交易",在很多情况下都是违法的,但现实中经常发生。

所以,作为客户的你肯定不想在真正要购汇前告诉交易员你想购汇。而为了不让对方提前知道,我们的话术是:"你好,请告诉我1 000万英镑现在值多少美元。"

当你这么说时,交易员(理论上)就不知道你是想买入还是想卖出英镑。那么按照惯例,他必须给你两种汇率——一种是买入价,一种是卖出价。这被称为"双向报价",几乎所有大型金融市场也都是这样运作的。想想看,当到机场的外汇柜台时你是不是总能看见类似的价牌:一种是柜台买你的英镑,把美元给你时的汇率;另一种是柜台卖英镑给你,你把美元给它时的汇率。当然,它们购入任何一种货币的价格总是比它们出售该货币的价格要低得多。这就是外汇柜台赚钱的方式。交易员做的事和这完全一样。

花旗银行的交易游戏也是这么运作的。每位玩家都可以随时问其他任何一位玩家:"你的价格是多少?"被问的玩家就要提供双向报价,而且所提供的买卖价格之间还需要存在价差。

现在,我们假设你也是伦敦政经的一位学生,也参与了这个游戏。你年轻且充满了对金钱的渴望,未来有志于成为交易员。你穿着一套价格不菲的西装坐在桌前,那是你的高官爸爸从伦敦最好的裁缝那儿花大价钱定做的。比赛规则听上去就是个简单的数学游戏,而且,给你介绍规则的大个子看上去还不可一世的样子。然后,突然间,一个穿着印有蓝犀牛的白色连帽衫,看起来凶巴巴的小矮子转过头来,用你几乎听不懂的口音问:"你的价格是多少?"

你会怎么做?

对大多数在经济学、数学和统计学方面受过良好训练的伦敦政经学生来说，答案是显而易见的。你看看自己手中的牌，再看看那些剩下的牌，想想里面可能都有哪些数，然后用统计学原理简单算算牌面总和的"期望值"。这个计算不难。这副牌里所有牌的均值是 7.65。游戏中有 8 张牌，所以牌面总和的均值应为 61.2。你已经知道其中一张牌上的数字了，所以，如果这个数特别大或特别小，你就会相应地向上或向下调整均值。如果你拿到的是 20，你的总和期望值就会变成 68。鉴于 20 比 7.65 多了大约 12，你可能会觉得是 73 左右，但你有 20 意味着牌桌上其他人都不可能再有 20 了，所以总和期望值只会在 61.2 的基础上加 7，约等于 68[①]。如果你拿到的是 -10，那么对你来说总和期望值相应变为约 51。

这些都是小学算术，没什么难的。牌桌上每个人都算得出。

但如果你天真地认为他们都会这么报价，那你就错了。我告诉你为什么。

到参赛那会儿，我已经在伦敦政经学了一年的数学、经济学、金融学等学科了。我知道他们是怎么想的，也预判到了他们在游戏中会怎么行事。想象一下，如果你也在这场游戏中，而与你同桌的一个人抽到了 20，他马上报出 67~69 之间的价位（记住，他对总和的期望值是 68），而同桌的另一个人手上是 -10，他报的价位则在 50~52 之间，那么你会怎么做？

首先，你马上就知道这俩人一个手上有 20，另一个有 -10。他

[①] 此时，其余参赛者抽到的单张均值为 (-10+1+2+3+⋯+15)÷16 = 6.875，8 张牌的总和期望值为 20+7×6.875 ≈ 68。以此类推，当自己抽到 -10 时，总和期望值约为 51。——译者注

交易游戏 020

们说的第一个词其实就暴露了自己的底牌。但这甚至还不是重点。重点是，你可以去找那个报价在 50~52 之间的人，然后跟他对赌总和会高于 52。接着你可以转头跟报价在 67~69 之间的人对赌总和会低于 67。你按 52 买入，按 67 卖出。这两个赌注即刻互相抵消，你一下子净赚 15 个点。无论 8 张卡牌的实际总和是多少，你都能到手 15 个点的无风险利润。然后再重复这样的交易。

现在，如果游戏的其他参与者都很聪明，他们就会察觉你已经赚到快钱了。进而他们会意识到，当有"好心大哥"愿意出 67 的高价买入时，自己还标价 52 售出是很愚蠢的行为。他们如果足够聪明，还会发觉那个穿着犀牛连帽衫的男生在游戏开始的第一分钟就连问了 15 个报价，并且已经稳赚了 100 个点的利润。他们就会意识到，这个人很清楚自己每一步在做什么。他们也许会开始对自己的策略和行为进行调整。

但是，在伦敦政经学习经济学并参加金融学会活动的人并不聪明。或者，更确切地说，他们的聪明用在另一个方面。他们很擅长用计算器，电子表格也是他们的强项。给他们一条漂亮的领带和一杯红酒，让他们和德意志银行负责招聘的工作人员待在同一个房间里，他们能谈得天花乱坠。但如果让他们和一个语速超快的伦敦东区男生玩纸牌游戏（而且这个男生在游戏开始前已经用 3 天时间把整个游戏都琢磨透了），那么他们可能根本不会意识到自己正在输掉这场游戏。当他们反应过来时，游戏已经进行了一个小时，这时就太晚了。

就这样，我赢下了整场比赛。低买，高卖，低买，高卖，再低买，再高卖。是的，简单到荒谬。当其他参赛者全程都埋着头摁他们的计算器算期望值时，我把赚到的点数扔进袋子里的手就没停过。

这个游戏只是一个数字游戏，但它确实告诉我们关于金融市场的几个道理。

（1）单个交易员无法定价。当其他所有人都在以 50 的价格出售某样物品时，你不会仅仅因为自己认为它值 60，就愿意以 59 的价格把它买下来。如果其他人按 50 卖，你最多出价 50~52。这件东西只要有人卖 50，为什么要花 51 买？这揭示了关于金融市场的一个有意思的点，即个体交易者对一项资产报价的决定性因素，不是他自己认为的某物值多少钱，而应该是其他所有人就该资产价格所达成的共识。

（2）正因如此，当你向 10 位不同的交易员要报价时，你不会得到 10 种不同的反馈：他们的出价应该都集中在一个很小的价格范围内。即使这 10 位交易员对真实的价格持有 10 种迥异的观点，也不影响他们报价的高度相似性。

（3）如果市场上有人看起来胸有成竹，并且赚了很多钱，但你却完全不知道自己在干什么，那么也许学他就对了。

（4）第（3）点是维系大多数金融市场运转的主要驱动力。

我知道自己第一轮比赛胜之不武。我提前 3 天就被告知了规则，而其他人是当天到了现场才知道。这可能是我那天赢下比赛的一个重要原因。我也知道，这只是一个开始，而这个开始会令我获得一份最终让我成为百万富翁的工作。我当然还知道，这样不公平。但老实说，我不在乎。那个房间里在座的，其中有一部分人本来以后就会成为百万富翁，因为他们的爸爸是百万富翁；另一些人则肯定会当上交易员，因为他们的爸爸就是交易员。而我爸爸在邮局上班，我家里连一张能做数学作业的桌子都没有。我只能抓住一切机会从弯道超越。我一边这样想着,一边走到房间前头那位交易员的跟前,握了握他的大手。

"你表现得很好,"他说,"决赛见。"

"谢谢,"我回复道,"决赛见。"

从伦敦政经的校园赛到全国决赛,中间大约有3周的时间,我几乎一节课都没去上。我的朋友马蒂奇也从校园赛成功晋级决赛了。除他之外,我还教会了我其他所有朋友怎么玩这个游戏,只为了能在3周的时间里不停地找人演练这个游戏。只要对方知道怎么玩,我就会把他拉来陪练。那段日子我每天就窝在学校图书馆的一个小房间里。当我找不到人一起玩时,我就用电子表格模拟,并背下那些数字。这不过是花旗银行的人随便编的一个无聊数字游戏,但到决赛来临时,我肯定已经是这个游戏在全世界范围的顶尖专家了。

决赛将在花旗集团大厦举行。在2006年那会儿,它是英国最高的3座建筑之一,和汇丰银行大厦以及顶部如金字塔尖般闪耀的金丝雀码头塔三足鼎立。它们就是我过去站在伊尔福德街道尽头的灯柱之间,可以从地平线上看到的高楼大厦。冥冥中好像一切已经注定。但我要先赢了比赛再说。

决赛拉开帷幕之时,温暖的初秋已经变成了寒冷的初冬。我穿了一件深蓝色格子衬衫,打了一条蓝黄相间的领带。这是我在DFS拍枕头时常穿的衣服。那天下午,当我从伦敦政经出发坐地铁往金丝雀码头去时,天已经黑了。银禧线的列车和每天早上我躺在卧室床上听到其呼啸而过的列车发出的声音完全不同。当银禧线列车加减速时,它们会发出一种螺旋式的、逐渐升高的呼呼声。那种声音听起来就很新潮，充满了科技感。在我听起来，银禧一响，黄金万两。

决赛在花旗集团大厦的某一个高层举行。在冬天的晚上，从那个高度望出去，伦敦就只是一片灯火辉煌。当我还是个孩子的时候，我每天都抬头看这些摩天大楼，想象着自己说不定有一天也能从这些摩天大楼的窗户里看到自己的家。但我今天不是来观光的，我满脑子装的都是那些数字。再说了，就算我想观光都不知道该从哪里看起。

比赛前有简餐供应，是香槟和法式开胃小食。我不知道法式开胃小食是什么，也没喝过香槟。其他参赛者和与会的交易员围成一圈，谈笑风生。他们可能是在畅谈 CDO 什么的吧，我心想。但我没心思听。我来这里只为了那些数字。参加决赛的5所大学包括伦敦政经学院、牛津大学、剑桥大学、杜伦大学和华威大学。我估计，英国其他学校入不了花旗银行的眼。每所学校进入决赛的有5位学生，这样决赛一共有25位选手，包括我。我将和母校代表团的其余4名学生竞争。我希望自己能赢。

我们坐到各自的桌前。伦敦政经首轮比赛中那个永远在笑的大个子交易员再次发表了一番励志演讲，而我则利用这段时间揣测同桌玩家的想法。决赛的策略必须与上一轮比赛完全不同。这里的每一个人都参加过上一轮比赛，而且如果玩得不好，他们也不会顺利通关，出现在这里。他们肯定也都知道，如果和同桌人报的价差太远，相当于把自己的底牌亮给人看。这意味着，想投机倒把、找不同的玩家低买高卖，几乎是不可能的。

不过，其他玩家都意识到不能和别人报的价格差太多，这一点倒是又为我创造了机会。通过之前的不断演练，我发现大多数玩家都严格遵循一条行为准则：周围人报价多少，自己也报价多少，最多上下浮动一点点。他们玩这个游戏主要靠听，通过听周围人喊出的报价来确定自己报价的范围。这就提供了操纵他人报价的空间——谁的嗓门大，谁就有机会操纵周围的人。要知道，这个游戏采用的是自由竞争机制（很像真正的金融市场），因此如果报价原本被设定在62~64的水平上，当你喊58、59、60的次数足够多时，你通常也能把价格拉到附近的水平。另一个抢占定价时机的办法是在游戏刚开始时就报价，当然也要大声喊出来。

一种或能盈利的新策略就这样展现在我面前。如果我拿到一张数字比较大的牌，游戏一开始我就会喊出一个低价，这样显得我拿到的是一张数字比较小的牌。靠这个假动作，我可以很轻松地把市场整体价格拉低，这样我就可以继续以低价从其他玩家那儿买入，因为每个人都不得不向我一开始报出的低价靠拢。但这么做的风险也很明显：一旦其他参赛者发现我在虚张声势，他们就会从我这里低价买入，然后高价卖给别人。我只祈祷萨贾尔·马尔德几周前不经意间告诉我的那个道理能灵验：有钱人都先入为主地觉得穷人笨。如果我这样外表和口音的人在游戏初始时就大声嚷嚷一个极低的价格，其他玩家应该更可能将之解读为这个蠢蛋把自己的底牌都暴露出来了，而不是什么复杂心计下的虚张声势。

在那之后，我的计划就是不停地向别人询问报价，以便弄清楚他们的策略和意图。我这样计划的依据是我从伦敦政经的玩家那里收集到的另一条信息：这些人中的大多数并不指望赢得游戏，但他们想把决赛当作一个社交机会。有理由相信大多数玩家都会使用相对简单的策略——如果他们有一张大牌，报价就会略高于平均水平；如果他们有一张小牌，报价就会略低。有些人可能会报一个不高不低的价格，以免透露信息，但这种情况很少见。很少会有人虚张声势。记住，这些人都是经济学专业的学生，他们不是扑克玩家。

这里给各位读者的重要信息是：现在的经济学家归根结底是数学家，而不是伟大的战略家或游戏玩家。因此，我的对手们对着计算器一通猛按，而当他们这么做时，我在引导他们的耳朵，同时解读他们的眼神。我会先大声唬人，然后在短时间里推测其他参赛者的智力水平、城府深度，以及他们可能抽到了什么牌。一旦这些都完成了，我就会决定是要做多（赌总和会很高）还是做空（赌总和会很低）。如果我是多头，我就会大喊比较低的报价，诱导市场整体降价，然后再以低价从其他玩家手中大肆买入。如果我是空头，那就反着来。

这个策略堪称完美，在前5轮比赛结束之后，我进入了总决赛，也就是决赛中的决赛。现在只剩5个人竞争一个实习机会了。胜算很大。

我们5个人走到位于正中间的牌桌旁，与此同时，被淘汰的选手拿了些小食，围成一圈观战。

我开始再次揣摩身边的对手。在总决赛之前的比赛里，我和他们中的绝大多数人都交过手。他们都玩得很好，很快就能掌握场上的价格走势，也熟知游戏背后的数学原理。但我认为，他们当中没有一个人聪明到会明修栈道，暗度陈仓，或者一眼能看出别人在声东击西。我觉得自己的赢面很大。

发牌了，我拿到的是 –10。这是一张很好发挥的牌。–10 是和平均数相差最远的一张牌，这意味着它能最大程度地影响数字总和。但显而易见的是，只有当别人不知道你拿到这张牌时，它才有价值。否则，他们就会立即开始压价，那你就没多少利润空间了。这是金融交易的另一个普遍性规律：当你对形势判断正确时，你不一定能赚到钱，但当别人都误判，只有你是对的时，你一定能赚到钱。

我故技重施，立即报出一个高价位。我如果能在整场游戏中让市场价居高不下，那就有希望持续以高价"出售"，这样在平仓时就能和总和拉开比较大的价差，把我这张 -10 的作用发挥到极致。

出乎我所料的是，第一个玩家并没有卖给我，尽管我出价很高。我反过来问他的报价，居然比我的还高。他这么一说就暴露自己拿的是张大牌了。

我又问了其余 3 位玩家，所有人都报出高价。那想必除我以外每个人都拿到了一张数字比较大的牌。这也就意味着虽然我拿了 -10，但总和还是会很高。所以我如果既不想暴露底牌又想赚取价差，就必须推高价格。我报出的价格变得越来越高，嗓门也越来越大，直到他们终于愿意卖给我。此时价格已经很高了，而在这个基础上，我又加了一点儿，然后开始拼命卖出。在这种价格水平上，我手里拿的又是 -10，几乎不可能输。这一套打法的诀窍就在于报高价并狂喊，让别人都以为我是个激进的买方，但在向其他玩家询价时真正做的反而是卖出。在一片嘈杂和混乱中，其他玩家记不住都有谁按他们报的价买入或卖出，但反复被人念出的数字能极大地左右市场价。

我开始批量挂"空单"，自信满满地认为最后结算时 8 张牌的总和十有八九会比现在的价格低得多。要翻开牌桌中央 3 张牌中的第一张了。是一张 13。

这个数对我来说并不理想。它明显大于 7.65 的期望值，使总和的期望值增加了大约 3 个点①。这对我记分卡上大量的"卖出"赌注来说并不是什么好消息。不过不用太担心，毕竟没人知道我手里握的是 -10，并且价格保持高企。再怎么算都还是对我有利。我抓住第一张牌翻开的时机进一步做高了价格，并继续卖出。

当第二张牌翻开的时候，我已经用完了两张记分卡，上面写满了做空赌注。第二张牌是 14。

那时我本应该开始怀疑了，但我没有。再说了，我也没时间去思考哪里不对了。我需要 8 张牌的总和很低，否则我的交易员职业生涯还没开始就要结束了。不，就算它不够低，我也不会让它阻止我成为一名交易员。我把价格一路炒高，炒得越高我卖得越狠。到比赛结束时，我已经累计做了差不多 300 笔卖出交易了。

牌桌上最后一张牌也翻开了，是 20。另外 4 个玩家也逐一亮了牌，分别是 10、11、12、15。这不可能。除了我的 -10，场上剩余的 7 张牌正好是整副牌里数字最大的 7 张。这种事发生的概率差不多是 1/11 440，也就是 0.008 7%。比赛结果早就被内定好了。

我的大脑宕机了，感觉自己全身的血液瞬间凝固。但观众就爱看这样的反转。其他参赛者当然也都欣喜若狂。我下了这么多卖出的单，相对应地，他们的记分卡上肯定是一连串的"买入"。而到最后，交割价格高得令人无法置信。是谁操纵了比赛？目的呢？这什么意思？

---

① 当未开出 13 时，在作者抽到 -10 的情况下，8 张牌总和的期望值为：-10+7×（1+2+3+⋯+15+20）÷16 = 51.25；当开出 13 后，8 张牌总和的期望值变为：-10+13+6×（1+2+3+⋯+12+14+15+20）÷15 = 53.8，提高了 2.55。——译者注

眼见交易员们和花旗集团的其他工作人员一起进入后台算分，牌桌自动解散。参赛者各自散去，融入人群。

"兄弟，我也觉得很难过。"说这话的人是马蒂奇，他把手放在我的肩上，"确实不太走运。但你已经尽力了。"

我没有印象当时回了马蒂奇些什么。可能我根本就没回他的话。

在等待宣布结果的5分钟里，整个房间好像都在融化。我才发现自己手中不知何时多了一个装着香槟的高脚杯，香槟中的气泡也不知道是从哪里冒出来的，好似正无尽地向上翻腾。刚刚到底发生什么了？究竟是谁干的？他们为什么要合起伙来耍我？

不久之后，大块头交易员大步走到房间的中央，他一出现，强大的气场立刻让人群安静了下来。人群在他周围空出了一块空间。

"感谢各位的参与，"他大声说道，响亮的美国腔立刻令我回过神来，"我们已经将大家的得分都计算出来了，现在我来宣布结果。"

我不记得其他任何人的得分，就记得自己的比 −1 000 还低。这得分……怎么也算不上好。但我真的不觉得尴尬。愿赌服输，就是这么个道理。

在宣读完得分以后，那位壮实的交易员就宣布了最终获胜者。他喊出来的是我的名字。我是冠军？赢的人是我？

我走上前去，一片茫然。

主持比赛的交易员一边和我握了握手，一边对在场的人解释道：

"因为加里在热身赛中的得分遥遥领先于其他所有参赛者，所以我们决定给他来个测试。我们想看看当一切因素都不利于他时，他会有什么反应。所以我们暗箱操作了。我们看重的是一个交易员面对逆风盘时的选择：是会坚持自己的判断，还是会做出让步。加里，你坚持了自己的判断，这是我们想看到的。你表现得非常出色。"

他再次将他的大手伸到我面前。我握住了他的手。

"我是凯莱布·楚克曼，我们办公室见。"

那天晚上很冷，但我还是和朋友们去了公园喝酒，我喝了个酩酊大醉，所以不太记得发生什么了。但有一个画面至今仍记忆犹新：我紧紧揽住一个朋友的肩头飞速往前走，冷空气唰唰地擦过我的脸颊。"我要发大财了！"我又是对着空气大喊，又是对着他尖叫。他哈哈大笑。

"我要成为百万富翁了！"

3

2007年3月初的一个早晨，我在天亮前就醒来了。

过去我父母的房子里是没有花洒的，我们全家人就拿一个小橡胶软管洗澡（现在都还可以在阿尔戈斯百货店花6英镑买到）。我把橡胶软管接在水龙头上，坐进一大早还冰冰凉凉的塑料澡盆里冲澡。我还没洗完，爸爸就来敲浴室的门了。他以前也是很早就要去上班。

我拿出了之前在DFS沙发店打工时穿过的旧衣服（深蓝色的衬衫和蓝黄相间的宽领带），穿好后在外面套了一件完全不合身的廉价黑西装外套（我从奈克斯特之类的店买的），给头发抹上发胶，就从家里出门了。出门的时候天还是黑的。

我在伊尔福德长大，但当时最近的车站还是七国王站。冬天太阳出来之前，早班通勤的人群都站在黎明前的黑暗里，一边等待列车一边呼出白气，冷得瑟瑟发抖。我每天躺在卧室床上，都能听到这趟列车呼啸而过。我试过从列车上找我卧室的窗户，但没找到。

我在斯特拉特福站下车换乘银禧线。还是那熟悉的、飞驰而过的呼啸声。列车一路向前开往金丝雀码头的方向。2007年3月我到花旗银行实习报到的那一天，还只有20岁。那一天的银禧线列车前进的呼啸声也像往日一样击打着我的耳膜，但感觉格外不一样。那天，它让我仿佛听到了自己扶摇直上的未来。

列车在到达金丝雀码头站之前就俯冲进地下轨道了。那时，那些车站都是新建的，金丝雀码头站建得气势恢宏，吊顶高得离谱，好像一座建在地下的大教堂。你能看得出来，在这个站下车的几乎都是银行从业人员，他们梳着一模一样的精致发型，穿着价格不菲却毫无特色的衬衫，从列车门鱼贯而出，从站台开始排成很多条长队，穿过车站，朝出口慢慢挪动。我插进其中的一条队伍，也跟着人群向前走。

走出车站，迎着破晓的第一缕阳光，我终于又见到了花旗集团伦敦总部大厦：这是一座42层的摩天大厦，通体采用金属灰色的钢铁和玻璃幕墙，位于金丝雀码头3座超高写字楼组成的核心三角的南端。大楼顶层威风凛凛地竖着巨大的红色发光"CITIGROUP"（花旗集团）标志，字的旁边还有一个耀眼的小红伞图案。不知道为什么，这一带的大楼每到冬天，早上和晚上顶部都会喷出浓浓的白雾。地铁站有4节长长的自动扶梯，它们向上延伸，通向一个悬在上方的发光的巨大圆形出口。所以当出站时，你会感觉好像在登一艘宇宙飞船。出站后你立即就能看到一个宽阔的露天广场，广场上有树木和水景，但真正的主角还是这些巨大的灰色柱体，它们直插云霄，朝深蓝色的天空吞云吐雾。

继续走，穿过街道直至大楼门口。在两座相邻的摩天大厦之间，寒冷刺骨的穿堂风像鞭子一样抽打着我，所以当我到达花旗集团大厦阔气、暖和又亮堂的前台接待处时，我感觉这里就像个避难所。里面全都是一看就很贵的家具、五颜六色的抽象画、艺术品以及衣服熨得连一丝皱褶都没有的员工。一位前台工作人员客客气气地把我带到一张看上去非常舒服的沙发旁。我在沙发上坐了下来，调整自己的领带。

一位叫斯蒂凡妮的女士起身走了过来，她递给我一张访客卡，看起来和蔼可亲。她领我通过一道道门禁，走过一个转角，进入中庭。在当时的我眼里，那可能是全世界最壮观的一个中庭，四周全是自动扶梯和落地窗。现在这座大厦在我眼中又是一个全新的世界了。我抬头向上看，就可以一直看到中庭的顶部，而那顶部距离我的头顶肯定有 20 层楼高。每一层都有宽敞明亮的大房间，在房间中透过厚厚的玻璃墙，可以看到一个又高又宽的巨大空间，而此时我就站在这个空间的底部，正在抬头仰望。玻璃和金属材质的平台与通道间隔分布，将分隔开的各个办公室连接起来。我后来才知道，不到一年前，花旗集团的一名员工直接在这个空间高处跳了下去，自杀了。他甚至不用走出去就能直接在 20 层楼高的地方坠落了。当时有一些交易员还特意从办公室里走出去到平台上往下看。人生不易啊，唉。

斯蒂凡妮带我坐了 3 节自动扶梯才来到 2 楼的玻璃走廊。玻璃大门上刻着"固定收益交易大厅"的莹白色字样。当时我一个字也看不明白，却没想到之后会在这里度过 4 年时间。

大厅面积很大，如果从中间进去，会产生房间向前后左右各个方向都延伸出去 50 米的错觉。首先映入眼帘的是密密麻麻的显示屏。每个交易员面前都有八九个甚至十数个显示屏，呈阶梯状上升排列。一排又一排的交易员，每个人都探着脖子去看他们上方和环绕着他们的这些显示屏，仿佛被这些屏幕包围了。

交易员们清一色地在电脑屏幕前弓着身子,他们背对背坐成长排,形似他们头顶那一串吊在天花板的灯条。我站在房间里,感觉四周的落地窗外墙好像离自己很遥远。从天花板上也垂下来一溜黑色的电子横屏,上面显示的是世界各大城市的时间:伦敦、纽约、悉尼、东京等。除了上述这些显示屏,每个交易员都还配备了一个笨重的黑色声讯设备,大约一米宽,上面布满按钮、旋钮和不同的开关。上午开盘后,随着交易员们逐渐进入工作状态,声讯设备里传出来的声音会越来越吵,充斥着整个办公室——或是乒乒乓乓,或是哔个不停,夹杂大声吆喝出的数字,甚至还有数钱的哗哗声。但在我刚到的那个时间,大概是早上7点半,大厅里还没什么声音。最响的反倒是嗡嗡作响的天花板灯条。而灯条下面,是员工们压低嗓门的细碎交谈声。

接着,斯蒂凡妮带我到了交易大厅的右侧,我们走了一小段路,然后走到左侧的一条过道上,过道的两边是两排工位。我们往前走,越来越靠近大厅中心,我一边走,目光一边随自己左右两侧背对背坐成长排的交易员移动。白衬衫、白衬衫、浅粉衬衫、白衬衫……我心想,交易员应该就是这么穿的了。

进入大厅里一个相对比较嘈杂的区域了。耳边此起彼伏地响着电子信号音、系统警告声、开怀大笑声、叫嚷各种数字的声音,而这些不和谐的旋律与音符,最终将组成我生命的乐章。噪声开始变得近了,我环顾四周,斯蒂凡妮带我径直走向这里的一张办公桌。

我们开始直接在交易员中挤着行走,于他们后背与后背间的窄缝中艰难穿行。周围越来越吵,我看到彩色的数字在巨大的电子屏幕墙上闪烁着。我们要去的这张办公桌,在交易大厅最里面的一个角落里,靠近一扇巨大的窗户。从位子上可以看到金丝雀码头车站、广场上的绿树和水景，以及这会儿冉冉升起的太阳。

斯蒂凡妮停了下来，微微弯下膝盖，身体靠向一位虎背熊腰的交易员，轻轻对着他的耳朵说了些什么。

这位交易员用手推了一下桌子的边缘，他的旋转办公椅随即往后弹了约60厘米，并且转了一圈。然后，他站了起来，挡在我和窗户之间。由于背光得太厉害了，我差点儿没认出他那标志性的满面笑容，但我知道那是凯莱布。我再次握住他向我伸过来的一只大手。

"嗨，加里。欢迎加入STIRT（短期利率交易）部。"

4

斯蒂凡妮说完就走了。我其实没有注意到她离开，但她肯定已经离开了。当时的我正站在凯莱布的阴影下，因为正对着光，半眯起眼睛向上看着他。

凯莱布把他的手放在我的肩头，我顿时感觉到了分量。他带着我从窗边的位置往回向大厅的中央过道上走。STIRT部总共有大概10个交易员，我们经过他们的工位时，他们背靠背地坐在我们的左右手两边。凯莱布跟他们每个人都比了个手势示意。

"这是比尔，他负责交易sterling（英镑）。"

"这是JB，他负责交易Aussie（澳元）、Kiwi（新西兰元）、Yen（日元）。"

"这是威利，他负责交易Skandis（斯堪的纳维亚货币）。"

诸如此类的缩写词绝大部分都让我听得云里雾里。

当我经过时，没有一位交易员跟我说话。有几个人听到自己的名字以后只是出于本能地回头，然后马上又把身子转回去。他们每个人都完全沉浸于自己工位上闪烁的信号和不断发出的声音中：其中一个人正握着和板砖一样的棕色电话，另一个人正对着声讯设备大喊数字。

凯莱布在那排工位的末尾停了下来。在那里，有个人几乎占据了中央过道一半的空间，并且与其他交易员隔开了一些距离。座位上坐着的男人（在后来共事的过程中我发现其实更应该用"男孩"来形容他）将是我从事交易员工作的第一位直属上级。

"史努比！"

凯莱布大喊一声。史努比被吓了一跳，转过身，并站了起来，在裤子上擦了擦手。谢天谢地，我注意到他只是普通人的身形，只比我高一点儿。他一边做自我介绍一边点头、微笑、和我握手。原来，他的真名不是史努比，而是桑迪普。他在对我做完自我介绍后，就转过身来和凯莱布握手，也是全程在微笑和点头。

凯莱布前脚和桑迪普握完手，后脚就走了，走得和斯蒂凡妮一样快，留我和桑迪普在原地。而桑迪普也一溜烟儿重新回到他的电子屏城堡里，没有给我任何的指引或教导，直接把我晾在那儿了。我就这么一个人站在桌角边，完全不清楚自己应该干些什么（其实应该说连自己应该坐哪儿都不知道）。

但没关系。还好有人给我打过预防针，所以我有心理准备。这就是传说中"什么都没有的第一天"。在伦敦政经图书馆的时候，我曾听到金融学会的巴基斯坦会员谈及这件事，当时他们一大帮人正在填实习申请表。先填35份申请表，然后写35封求职信，再记住100多个缩写词的意思，接着参加20~30场面试。最后，当你终于第一次走进一个交易大厅，开始你的第一份实习，拿出满腔热情去结识职业生涯第一批部门同事，准备赚到人生中第一桶金时……结果，什么都没有。无事可做的一天。没有明确的指令。没有明面儿上的工作。而且在很多情况下，比如我现在这种情况，连座位也没有。当你还只是一个实习生时，不管是这个岗位还是这个岗位上的活儿都不是从天上掉下来自动分给你的，你的工作就是主动去找活儿干，进而把这个岗位变成你自己的。在交易大厅，没有人会帮你赚钱，你只能靠自己。我是这么认为的。

在史努比工位的左边，还有一个空的位子，桌子上还有一整套闲置的电脑和显示屏，但有可能是别人的。于是我趁没人注意，从大厅的其他地方找了一把没人要的转椅，我把它一路推到史努比右手边的一个小文件柜前。在这个位置，我有半边身子都在中央过道上，但也是在这个位置，我能看到所有我需要看到的东西：史努比的屏幕正对着我，交易员们都在我左边一字排开。我要做的，就是密切关注这些交易员，不动声色地留意他们，看到谁得空了，就偷偷溜过去请教他们。史努比的小文件柜也可以凑合一下当作临时办公桌。我从自己的记事本上撕下一页，简单画了一个表，写下我所能记住的关于部门交易员的所有信息：姓名、权责、座位。写完我把表格拿给史努比看，问他我写得对不对。他明显被逗笑了，对表格进行了一番修正。我把这张纸放在面前的小文件柜上，再拿一张纸把上面的内容重新誊写了一遍，写完以后把它折起来塞进口袋。

很明显，史努比是这个部门资历最浅的一名同事。他也就比我大三四岁，而部门里的其他交易员看上去要比他大七八岁。我试了好几次凑过去问史努比他在做什么，但每次他都腼腆地笑了笑，然后把我赶走。他看上去就像个正在偷抄别人作业的男孩，这让我立刻觉得他很可爱。但我和史努比都很清楚，我能否通过实习转正，不是他说了算的。他知道这一点，我也知道这一点，且他也知道我知道这一点。

得去找话语权更大的人。

我往左转,看向STIRT部里的各个成员。

即使用我当时年轻而未经世事的眼光来看,这个部门也好像集体遭受过重创一样,每个人都显得心力交瘁。在远处的角落里,凯莱布后面挨着窗户的位子,坐着一个小个子中年男人。他白发苍苍,身材像霍比特人一样接近球形,坐在摇摇晃晃的办公椅上好像要被椅子吞掉了一样。他一边非常用力地打字,好像有什么怒火要发泄,一边把头歪向左边,把他们人手一个的砖头大小的棕色电话紧紧地夹在耳朵和左边肩膀之间。他坐得离自己的办公桌很远,身体斜靠向窗户,偶尔会突然将身子侧过来,用怀疑的目光看向其他交易员,一副做贼心虚的样子。另一位中年男子则全然相反,他高大瘦削,脸上红扑扑的,头上没有一根头发,站着办公,粉色衬衫的衣角时不时上下飞舞着,脸都快贴到电脑屏幕上了,对着屏幕用浓重的澳大利亚口音大声咒骂着。在离我3个工位远的地方还坐着一个皮肤黝黑的意大利人,他穿着一件皱巴巴但看起来价格不菲的衬衫,正戴着头戴式耳机放声大笑,那样子像是整晚没睡觉一样。就连主持交易游戏时毫不费力的凯莱布,此时在他超大号的美式西装里,也不再那么老练圆滑、魅力四射,他正在语气温和地打电话,看起来老了一些,也不像之前那么精致了。

这其实并不是我第一次来交易大厅。赢下交易游戏的奖品是两次为期一周的实习,这是第二次。现在的"游戏任务"是把两周的实习转变为暑期实习,然后再将其转变为一份全职工作。我的第一次一周实习是在上一年(2006年)12月,实习部门是信贷交易部,而在此之前的一年零10个月,正是这个部门把世界经济带入万劫不复的境地。当然，上一年12月的我还不知道世界经济形势的丧钟即将敲响，而3个月后到STIRT部实习的我对此同样也浑然不觉。此时我正斜斜地倚坐在STIRT部角落的办公桌旁，琢磨着"STIRT"到底是什么意思，还有为什么STIRT部的交易员和大厅另一端的信贷交易员看上去大相径庭。

信贷交易员就像伦敦政经的学生一样，打扮精致、衣冠楚楚、光彩夺目、八面玲珑。STIRT部的交易员则不是这样。他们说话有口音。你能根据他们的口音判断他们是从哪个地方来的。这让我觉得亲切，但也对这种差异感到费解。

但现在不是开展社会学分析的时候。时间在一分一秒地流逝。我需要先从他们之中找到一个突破口。

这个目标对象再清晰不过了。虽然大部分交易员都专注于他们的屏幕或电话，但那位脸上永远带着两抹高原红、外加一身粉色衬衫的秃头竹竿男，则是所有忙乱活动的中心，他会对着声讯设备高声讲搞笑段子，或隔着屏幕墙对其他工位上的交易员喊一些我不懂的话，还会突然拍同事的后背。他好像就没坐下来过，一直在走动。他似乎非常希望有人可以来打扰他。我从口袋里掏出我写的备忘纸条看了一眼。纸条上写着："JB、O、K、Y。"还是看不懂，管它的，爱什么意思什么意思吧。

他站着，我就站到了他的右后方，这样我就可以悄悄地出现在他余光所及之处。然而，他老是像旋风一样转来转去，大呼小叫，好像根本注意不到我。我只好探身向前。

"JB。"

JB突然停下了全身的动作，盯着屏幕足足有五六秒，仿佛看见了一只动物。突然间，他的头迅速地转向右边，也就是我站着的地方，然后又转向左边，接着又转向右边。我真的不确定他是在逗我还是他真的没看见我。办公室里没有一个人把目光从他们的屏幕上移开。

"JB。"我又说了一遍，JB这才慢慢地把目光下移，转向我。我抬头看着他，他低头看着我。

"你好，JB。我叫……加里。"我一边磕磕巴巴地打着招呼，一边伸出手来想和他握手。

JB看了看我的手，他看的时间长得不合理，然后又看了看我的脸。我的手伸出来已经有一会儿了，我也看着JB。也不知道为什么，从他听到我叫他的名字一直到现在，他脸上一直挂着震惊的表情。

突然间，JB的脸上绽开了笑容。他猛地一下子握住我的手，差点儿要把我的胳膊都拽下来了。

"哎呀妈呀，老弟！你那领带搁哪儿整的？"

我低头看看自己的领带。那条蓝底黄条纹的宽领带。JB还紧紧攥着我的手不放。

"呃……我也不太确定，兄弟。印象中是在奈克斯特买的？"

JB向我招了招手，我觉得他的意思是让我把椅子推过去，于是我连忙照做了，把椅子停到他的文件柜旁边，然后探身去看他的屏幕。以我当时的知识储备来看，他屏幕上一闪一闪的线条和数字像是赌马市场的行情。现在再回想那个画面，里面至少有一个屏幕上可能就是赌马的信息。

我坐过来以后，JB似乎立刻对屏幕上那些闪烁着的数字失去了兴趣，将半个身子转向我。他以这样的姿势，一会儿把头别向右边和我说话，一会儿又转向左边对着电脑大吼大叫。就这样，以这种令人难以置信的方式，JB对我进行了一场私人访谈。他几乎把我的老底翻了个底朝天：他问了我是哪里人，我来实习到底都干了些啥，我支持哪支足球队，甚至还对我这套行头是从哪儿来的这个问题兴趣盎然。

当时，他的这种行为让我感到很困惑。我之前在交易大厅的实习工作主要由两件事组成：一是完成枯燥沉闷的电子底稿工作，二是把信用违约掉期产品吹得天花乱坠。没人问过我我的领带是从哪儿买的。在交易大厅工作6年之后，再回过头去看时，我才明白约翰尼（JB的全名叫约翰尼·布莱克斯通）的问题问得有多巧妙，真是妙到家了。一般来说，20岁的孩子很难随随便便地空降到交易大厅，尤其是像我这种看起来家里没背景、穿得跟房地产中介一样的毛头小子。你能在交易大厅看到的20岁出头的孩子，几乎全都是"交二代"（交易大厅管理层的子女）。我从口音到外表，都和那些人相差十万八千里。因此，JB在被我的样子逗乐了的同时，也对我产生了好奇。现在回想起来，如果我是他，我也会如此。

我告诉JB我是伊尔福德人，他在得知伊尔福德怎么说也是位于埃塞克斯后显得很开心。JB的很多证券经纪商（那会儿我还不知道那是什么）以及他的女朋友都来自埃塞克斯。他在电脑显示器下的大黑匣子上数不清的按键中按了一个，询问一位神秘人士是否去过伊尔福德。扬声器里传来一个音量很大的、带着浓重伦敦东区口音的声音，听上去人是在酒吧里。

"噢，可不是嘛，伊尔福德。哥年轻的时候还经常去伊尔福德宫殿舞厅玩呢，不过现在早就物是人非了。一切都变了……"

JB知道我支持莱顿东方足球俱乐部以后更高兴了。"东方队！"

他大叫道,好像从来没说过"东方"这个词一样。结果,在这一周实习剩下的几天里,他都叫我"东方"。

JB 把他的过去也一五一十地都告诉了我。20 年前,他来到牛津大学学习法律,此后就在英国留下了。但从他的口音来看,他更像是一天都没离开过昆士兰老家。虽然他大学的专业是法律,但他极度讨厌法律,讨厌到了辍学为伦敦爱尔兰人橄榄球队效力的地步。在那之后,他又涉足了外汇经纪商的行当,继而转做证券交易。显然,JB 不是伦敦政经里那种三四十封简历加求职信和线性代数逆矩阵作业两手抓、实习和学习两不误的传统好学生,走的不是他们那种典型的职业发展路径。我怀疑这里面有些名堂,但当时也没有时间细究。最后,JB 还告诉我,"STIRT"的含义是"短期利率交易"。一直悬在心上想问又不敢问的疑惑终于解开了,这让我感到如释重负。

当 JB 得知我是通过交易游戏获得这份实习机会时,他再一次表现得很高兴,并开始滔滔不绝地讲述金融交易以及他在这个行业一路走来的故事。我听得似懂非懂。他给我展示了一些图表,又告诉了我很多往事。我看看约翰尼的眼睛,又看看那些图表,最后把目光停留在二者的中间,心里想着他说的话。或者这么说吧,我眯起眼睛,做出一副正在思考的样子。不知道他能不能看出来其实我没听懂他讲的那些。

类似这样的尴尬回忆贯穿着我刚入行的那段时间,写都写不完。每天在办公室就是一边听我的交易员前辈的教诲和点拨,一边摆出一副聪明人的样子,时不时地点点头,脸上挂着一副小年轻若有所思的表情,但其实一个字都没明白。那时的我,至少在自己眼里,是如此不开窍,尽管不堪回首,但确实明显得不能再明显了,以至于我曾经想破了脑袋都想不通为什么没人识破我。但在金融行业工作了15年之后，我现在终于知道原因了。这个行业的所有人都在干着一模一样的事——不懂装懂。

不过，就这方面来说，我还挺擅长的，能看得出来我的频频点头让对方在讲解时很受用。至少JB和我是一见如故。（离第一次和JB对话已经过去了15年，而作为自己12步康复计划中的第9步，当我后来和JB一起去一个有些年头的、能俯瞰泰晤士河的酒吧里放松时，他解答了当时的许多疑惑，比如为什么他立即就表现出对我的喜欢，以及为什么他语速会那么快。当时，我只是觉得他人很好，又或者我是个挺招人稀罕的新人。）

JB和我信息量巨大的对话持续了大约两小时，然后他觉得差不多该让其他交易员也认识下我了。他把椅子转了回去，身体挡住了中央过道，用大得没必要的音量叫坐在他后面的那位交易员（他们离得很近）：

"霍布斯！"

霍布斯虎躯一震。过了几秒，他才缓缓地把椅子转过来面对我们。

"来认识下小加，东方队的球迷。"

我赶紧站起来，伸出手准备和霍布斯握手。

但霍布斯并没有握住我的手，而是慢悠悠地把我上上下下打量了一番，这种不按社交礼仪来的路数就算放到今天也让我浑身不舒服。我站着，他坐着；我伸出的一只手还停在半空中，而他就这么慢悠悠地把我从头到脚扫视了一遍。然后，他停顿了一下，好像在思考些什么，接着他又再次将目光上移，回到我的脸上。

又停顿了一下，他回到自己的座位，从文件柜里抽开一层，拿

交易游戏 044

了一张名片出来，然后站了起来，不紧不慢地转过身，把名片放到我手里。

我看了看那张名片。上面印着"鲁珀特·霍布豪斯，欧元利率交易业务主管"。（霍布斯是对他的昵称。）

我抬起头，看着名片主人的脸。

直到这时，鲁珀特·霍布豪斯才伸出手来和我握手。

"我是鲁珀特·霍布豪斯，"他说，"分管欧元利率交易。"

"你好，鲁珀特，"我的指关节被他攥得嘎吱作响，"我叫加里，很高兴认识你。"

鲁珀特先前端详我的时候，我也没闲着，同样也细看了他好一阵子。他的样子既带着孩子气，又严厉得让人紧张，很英俊，却因为胖而让人很容易忽略他的帅气。30岁出头的样子，戴着一副粗黑框眼镜，发型是经过精心打理的棕色飞机头。他给人的感觉像是6岁就被父母连哄带骗地送到寄宿学校，一直到他21岁时才把他接回来。我后来发现自己猜得八九不离十。他应该是打出生起就被喂养得很好，这么多年也都没缺过营养，因此呈现出一种肌肉发达、近乎肥胖的体型，看上去好像他身体里的每一个细胞都在换着法子尽力消耗这些富余的养分。他那件不用问就知道很贵的衬衫似乎随时可能被撑爆。这种体格传递着一种不好惹的信号。

JB去上洗手间了，鲁珀特也一言不发地转过身去。我想，是时候转移阵地坐到鲁珀特身边去了。在把椅子调了个个儿后，我就坐过去了，视线刚好与他的肩膀平齐。

尽管从鲁珀特的肢体语言来看，他好像把我当空气，但他很快开始介绍自己所负责的业务，考虑到那时他周围除我之外应该没人不知道了，所以也只能是讲给我听的了。由于我们俩并没有展开眼神交流，所以我不用刻意地点头附和，于是我决定时不时做点儿笔记，并见缝插针地往前探探，看看他的电脑屏幕。

前文已至少两次提到鲁珀特·霍布豪斯是欧元利率高级交易员。而欧元是整个部门当时在交易的规模最大、最重要的货币，工作量由他和他的下属初级交易员阮胡共同分担，但当然不是对半分。鲁珀特头也不抬地指了指阮胡，于是我只好自己转过身来看着那个人。从"阮"这个姓氏能看出，他是越南人，但就在我猜测他会不会是伦敦政经留学生的那种做派时，他一下子转过身来，喜笑颜开地对我说："都还适应吗，兄弟？叫我胡果就好。"原来他是诺里奇人。

"欧元外汇掉期交易"（虽然听到这个词时我还不知道它的意思，但直到这时我才终于了解到短期利率交易部的主要职能是进行外汇掉期交易）涉及的交易数量和金额都极大，交易风险也很高，与欧洲的各家大银行频繁进行业务往来。

与此同时，鲁珀特朝他其中一个屏幕挥了挥手，示意我看过来：那上面是一长串也不知道什么意思的单词和数字（我后来才知道是当天所有交易记录的清单式交易备忘录）。我点点头，随便挑了几个数字，记在了记事本上。

全程鲁珀特都没正眼瞧过我一下。不过，他和阮胡（尤其是后者）看上去确实要比 JB 忙得多，所以鲁珀特这种冷冰冰的交流方式倒也情有可原。部门里的其他交易员会此起彼伏地对他们高喊些数字或词语，而考量、消化、回应这些内容估计都很费神。他们的各种屏幕和声讯设备每隔一会儿就会发出哗哗声来提醒他们，而每次都意味着他们得去处理。

在大约半小时的时间里,鲁珀特将金融交易的道理深入浅出地讲解了一番,并图文并茂地辅以说明。有了这些繁杂冗长的表单和五彩缤纷的数字,虽然他比 JB 的解释更生动形象,但二人在风格上却完全不同。JB 的风格是激情澎湃、富有感染力的,而鲁珀特是准确至上、一个字都不能错的。我无法判断二者的高下,但我知道谁去酒吧能交到更多的朋友。

当鲁珀特给我的指教结束时,他对外汇掉期交易的分析让我比之前更困惑了。

鲁珀特没有问过我的任何个人情况。那是因为他已经知道了关于我的一切了。或者至少,我告诉 JB 的信息他都已经掌握了。这有点儿令人不安,因为我不知道他当时在听,或者应该说在场的所有人都在听。在每个人的声讯设备都不断传出说话声的环境下,他甚至还能从中分辨出我的声音,真不知道他是怎么做到的。

尽管我不知道他是怎么做到的,但我能肯定鲁珀特一定听到了我和 JB 的谈话内容,因为他连绝大多数的细节都说得上来。他唯一还想知道的是我上的是什么样的中学。但这个问题来者不善,如前文所述,我因为校园贩毒被文法学校开除,因此我的简历上清清楚楚地写着我从文法学校转学到了综合学校。凯莱布肯定看过我的简历了,可以合理推测鲁珀特大概率也是晓得的。好在我对这个问题早有准备,我告诉鲁珀特,我之所以离开文法学校去了综合学校,是因为我听说综合学校的学生有大学入学配额。鲁珀特的脸上几乎看不出一丝波澜,但我可以从他的微表情中读出他是满意这个回答的。因为一个不易察觉的英式微笑从他紧紧抿着的嘴角边轻轻滑过,十分微妙。

听完我编造的转学原因后,鲁珀特进入了下一个他真正想问的问题。这时他才第一次拿正眼看我。他打开文件柜抽屉的第一层（就是他从中取出名片的那一层），然后拿出了一包交易游戏的卡牌。他把卡牌放在我面前的桌子上，然后像一只猫头鹰一样全身只动脖子以上的部分，第一次转过头来面向我。

"说给我听听，你是怎么赢得交易游戏的。"

和鲁珀特突然的四目相对，再加上他这种诡异的身体移动方式，让我措手不及，我一时语塞。但很快我就平复了下来，并快速说了自己的思路：理想的策略需要根据对手水平高低进行调整；对于水平次点儿的，直接套利就可以赢下游戏；高手则通常不太擅长虚张声势，气势汹汹的大叫就会让他们乱了阵脚。在我讲述的时候，鲁珀特就这么纹丝不动地注视着我。当他的电脑发出哔哔声时，他选择直接忽视，胡果帮他应答了。我突然意识到出于某种原因，鲁珀特已经完全忘记了介于应答讯号和完全无视两种做法中间的那些模棱两可的做法。一年后，毫无来由地，这位鲁珀特·霍布豪斯先生带我去了拉斯维加斯，并对我说，只要问10个问题，他就能百分之百肯定一个女人是否会和他共度春宵。但他从没告诉过我那些是些什么问题。

听完我对交易游戏的思路说明后，鲁珀特转回到他的电脑前继续工作，就好像他从没停过手一样。我感觉我们俩之间的空气安静得都要凝固了。而此时我仍尴尬地跨坐在鲁珀特左侧的文件柜上，而那是另一边不知道哪位交易员的柜子。更糟的是，我周围的所有人都在埋头干他们自己的事，这让我本就滑稽的坐姿更显眼了。

好在快到午饭时间了，为了缓解尴尬，我凑到鲁珀特的视线范围内对他说："呃……需要我帮你……去带午饭回来吗？"

听到这个问题，鲁珀特的身体才动了动。他转过身（这次显得自然多了），抬起了一边眉毛，然后把手伸进口袋，掏出钱包，递给我 50 英镑纸币。

"行。你也帮凯莱布、胡果、JB 都带午饭回来吧。"

讲真的，听到这个回答，我长舒了一口气。以前在 DFS 沙发店打工时，我经常帮店里的售货员带午饭，这是提高自己在新环境中的存在感和赢得身边人好感的小技巧。我转了一圈问每个人午饭要吃什么，然后从交易大厅溜了出来。

金丝雀码头的大楼与大楼之间都由一个超大的地下购物中心连接起来，让它们连成了一座超大型建筑。而当我穿过这些巨大、宽敞、灯光明亮的通道，从一家外卖餐厅到另一家时，我感觉整个人都活过来了。下来之前和鲁珀特的"交流"（如果真能算得上一种交流）快让我喘不过气了。

买完所有人的午饭，我又匆匆赶回到交易大厅，无声地把每位交易员要求带的饭放在他们旁边的桌子上。和其他人一样，我来到鲁珀特的跟前，放下他的午餐和找零：一张 10 英镑的纸币，上面还堆着一些硬币。

他条件反射地看了一眼这些硬币，就像人们听到钱掉地上时下意识的反应一样。

"那是什么？"

"呃……找的零钱。"

鲁珀特一动不动，沉默不语，但仍盯着那堆硬币。我想，自己也许说错话了，于是换了种方式又说了一遍。

"呃……准确地说是 11 英镑 74 便士。"

我能一分不差地说上来是多少，是因为我在纸上草草记下了每个人午饭花的钱，以确保找回来给鲁珀特的钱数是对的。

鲁珀特打开他最上层的抽屉，把钱扫到桌子边缘，然后扫进抽屉里。随后他向我转了过来，好像要告诉我什么秘密。但我想错了，他恶狠狠地看着我。照理来说，这就是一个再平常不过的场景了，他发哪门子的无名火。

"我们部门的人一向会告诉别人不用找零了。"

真是开了眼了。

接下来几天的生活陷入了一种单调循环的模式。一早醒来，我在冰凉的澡盆里用橡胶软管冲个澡，非常早就到了交易大厅——其实一天比一天到得早，原因我随后就会解释。凯莱布终于良心发现，看不下去了，开始让我做些看似复杂但实际没什么意义的电子表格，所以我每天上午都会用几个小时琢磨如何给 Excel 表的隔行填上柔和的颜色。早高峰时间过后，我就会和鲁珀特或 JB 坐在一起，取决于谁更乐意看到我。事实是，总是 JB 更热情友好，但我也学会了揣摩鲁珀特微妙的情绪变化。给这两位留下好印象会成为我将来走上百万富翁之路的通行证，所以我竭力使他们对我满意。

和 JB 共事很舒服。他只想有个观众能听他讲故事和笑话，而且说真的，听他讲这些也不失为一种乐趣。而他也想听我说关于伦敦东部的生活，我之前在 DFS 店拍枕头的故事，还有周末和我爸一起在雪天看东方队 0 比 0 踢平达根汉姆和雷德布里奇队的生活日常。攻略鲁珀特则需要点儿心计。我很快就发现，没有什么比我犯错更能让他开心了。准确地说，鲁珀特乐于见到的不是我做错了什么，而是我错了以后一个字也不分辩地被他说一顿，并且老老实实地承认自己错了，诚心诚意地道歉，接下来夹起尾巴小心做人，郁郁寡欢地避开和他对视，一心想做得更好。鲁珀特太享受这个流程了，以至于我决定动不动就来这么一手，就算犯错的次数远多于做对的次数也在所不惜。

一个上午的例行公事结束后，我会开始给部门的同事打包午饭上来，就像第一天来报到时顺利完成的那样。每位交易员挑的店都不同，要确保每个人拿到手上的午饭都是对的绝非易事（哪怕只是把那么多份饭一个人带回来就已经很不容易了），但这是一个表现自己做事靠谱和基本工作能力的简单方式。直到今天我都坚信，给同事带好午饭是我在部门实习的那一周里发挥的最重要的作用。一开始我很纠结是否要听鲁珀特的指令，把所有的找零都自己留着，但他提出这道指令的时候是那么横眉怒目，让我觉得自己别无选择，只能听他的。几天后，凯莱布评价说午饭变得越来越贵，一点儿找零都没有，但是他一边说这句话，一边回头看我，那眼神好像在逗自己的大儿子玩一样，那时我就能确定我做对了。真是一群怪人，我心想。光靠午饭找零的钱，我一天能赚20英镑。

通过闲聊，我开始逐渐搞清部门每个人的来头。我得知，才28岁的凯莱布是整个交易大厅有史以来最年轻的董事总经理（我不知道董事总经理是什么，或其缩写"MD"的意思，但很明显这是个很重要的职位），他在花旗集团日本分部干得很好，不久前被调到伦敦分部担任主管。而坐在角落里那位满头银发、闷不吭声的利物浦人比尔，是部门前几年从哈利法克斯银行花大钱挖来的人，但令鲁珀特哭笑不得的是，这钱花得完全不值。不同于部门内的其他交易员，比尔是没上过大学的。也许这就是为什么他总是独来独往。

下午一般比较安静，这时凯莱布就会踱步到我所在的角落，查看我那花花绿绿的电子表格以及我调用的各种函数公式，并对这些公式指点一番。凯莱布拥有美国斯坦福大学的经济学学位，也正因如此，整个部门里他的教育背景与我的最接近。数学上的专用术语他能讲得头头是道，但不知怎么的，从他嘴里说出来的、这些本来枯燥无味的东西，丝毫没有折损他的魅力。凯莱布希望我能快速吃透这里面的逻辑关系和数学原理，以及我们部门的金融产品在理论上的运作方式。这是唯一一项能让我学有所用的实习工作。在交易大厅内我说过话的所有人里，我觉得只有凯莱布能看穿我脸上那副假装听懂的表情。不知怎么地，他给人一种感觉：他很清楚你几斤几两，哪些是你没弄明白的，哪些是你真正听懂了的，他都有数。他会让你觉得他真的很懂你这个人。

不过，部门里还有另一位交易员完全知晓我不知道自己在干什么，那就是史努比。听说史努比不是通过传统的校园招聘计划进的部门，而是先以程序员的身份入职，没多久就被凯莱布提拔为交易员。这大概就是为什么他身上总是散发出好比 16 岁青少年试图买伏特加的那种心虚感。史努比不是学金融和经济学出身的，在交易大厅工作的时间也不算长。因此，我这个无助之人明明跟不上对方讲话的内容却还频频点头的行为让他这个还没形成思维定式的外行看出了不对劲儿，他立即知道我一点儿也没听懂。好消息是，他也什么都听不懂。

但谁知道同病相怜的史努比和我，成长环境竟然有着天壤之别。他简直是来自另一个世界的人，他的家在风景如画的牛津郡郊区，他从小在高尔夫俱乐部长大，还和英国前首相戴维·卡梅伦是邻居。史努比祖上连着 17 代都是收入颇丰、德高望重的医生，他从出生以来没有哪一天是会饿着肚子睡觉的（这一点从外表上也能看得出）。然而，尽管家庭背景间存在巨大的鸿沟，我和史努比还是迅速形成统一战线。我知道史努比什么都不知道，史努比也知道我什么都不知道。我知道像史努比这样的人本不应该来这里，史努比也知道我这样的人本不应该出现在这里。我们的直觉似乎很默契地都嗅出了一点儿深层次上的东西：我们被一群疯子所包围，而重要的是他们自己并不知道他们不正常。我俩像是一艘开往藏宝之地的海盗船上的偷渡者，在到达目的地之前，只要心里保持镇定就行。也许，如果我们能熬得足够久，我们就能抢在这些疯子前头发现宝藏。

我和史努比并肩坐在角落里他的工位上，离部门里其他人都比较远，利用这一地理优势，在第一天实习结束之时，我向史努比坦白，这一天里我跑去跟 JB 和鲁珀特都聊了会儿，但听他们讲那些业务上的东西对我来说如听天书。

"听着，兄弟，"史努比压低声音，带着一种密谋似的神情靠过来说，"别担心，大家也全都听不懂。看到那边那个人了吗？"

史努比的手举过肩膀，用大拇指指了指左边：他在说那个皮肤黝黑、嗓音低沉的意大利人。

"那个家伙名叫洛伦佐·迪·卢卡。他是我见过最笨的人。他每天除了混迹在女人堆里，其他啥也不干。我甚至都不确定他会不会说英语。有一天，他上班迟到了 3 个小时，凯莱布问他原因时，他只是耸耸肩说：'过瑞典新年去了。'这家伙根本什么都不会。但他还是给部门赚了几百万美元。如果他能做到，那任何人都能做到。所以不用担心。车到山前必有路，你可以的。"

我看了看洛伦佐·迪·卢卡。他确实有点儿帅，但也确实看着有点儿蠢。此时他还是老样子，戴着耳机，用性感低沉的意大利嗓音对着耳麦大笑。我心想，好吧，这也行。

史努比接着往下说："另外呢，兄弟，你是永远不可能从 JB 和鲁珀特那里学到什么的,他们自己都说不上来自己每天在忙些什么。如果你真的想学到点儿干货,你得去请教比尔。"

又是那个名字,比尔。我仔细审视了他一番。他还是我刚见到时那样,像霍比特人一样,身材像个球,坐在椅子上一边看着窗外一边把他那部棕色电话夹在肩膀和耳朵之间。每个人都提到了比尔,但我还没跟他说过一句话。每次只要我走近他,他就会把头扭过去,像被人逮到正在舔自己毛的猫一样,我只好迅速改变前进方向。

好吧,比尔。我制订好了一套攻略他的计划。

我注意到比尔每天都要喝很多咖啡,便问史努比他喝哪款咖啡,史努比说是卡布奇诺。所以第二天早上我 6 点半就到了,这样就可以在比尔到之前在他的桌子上放一杯卡布奇诺。但我没想到的是,比尔 6 点半人就已经在那儿了。整个部门只有他来了。一个人摸黑坐在角落里。天哪,他几点到的啊?不过至少他桌子上还没有咖啡,他人也没在打电话。我走过去问他我能不能给他买杯咖啡。比尔没有转身,但把自己的工牌啪的一声扔在了桌子上。凭工牌可以在交易大厅这层楼的小咖啡厅买咖啡。

"可以,去吧,给你自己也买一杯。"

我拾起了那张工牌。照片上的他眉头微皱。名字一栏写着"威廉·道格拉斯·安东尼·加里·托马斯"。

第二天,周三,我 5 点 45 分就来了。这次终于比他早到了,不然我就要疯了。于是我买了一杯卡布奇诺,放在他的桌子上。6 点 5 分,比尔还没到,我觉得咖啡肯定已经凉了,就把它倒了,重新买了一杯。6 点 15 分我又重复了一遍这样的操作,还好比尔随后就从外面走了进来。当他坐下来并发现那杯咖啡时,我没有看向他,否则如果被他发现我在看他就太刻意了。但他坐下以后肯定

是发现那杯卡布奇诺了,因为我听到他用利物浦口音喊道:

"谢谢你,小加。"

我则会转过身来,装出一副吃惊的样子,然后说:"哦,不客气,比尔,没事的。"

周四,我6点到,上述场景又重复了一遍。

周五,是我在部门实习的最后一天。比尔是拿着咖啡进来的。当他走过我身边时,他把那杯卡布奇诺放到我的桌子上。

"谢谢你,小加。等你回来的时候,坐到我旁边吧。"

我答应了。

这里再多说一个关于比尔的小故事,听完这个故事你们对他的了解就会更全面一些,也许你们就知道为什么我这么希望给他留下深刻的印象了。

比尔是英镑的交易员,也就是说他是主要负责观测英国经济走势的人。在我实习的第二天,也是一个周二,英国经济的一些数据于当天晨间发布。具体是什么我现在已经不记得了,大概是通货膨胀之类的数据。

就在数据发布之前,隔壁部门的人(其实是销售人员,而不是交易员,我也是后来才知道的)不知道在乐什么,载歌载舞,有说有笑的。他们平时也经常这样。

比尔虽然在身高上没有优势(他和我一样,比交易大厅的一票巨人平均矮了近20厘米),但他仍然站了起来,走到隔壁部门,让他们把音乐声调小。

他们照做了。比尔又坐回原位,像老鹰一样,等待数据发布。发布时间和以往相比肯定是晚了一些,因为几分钟后,音乐声又响起来了。比尔又去隔壁部门要求把音乐声调小点儿,这次他的态度更坚决了。

音乐声又变小了,比尔又开始专心等待着。

没过几分钟,音乐声又大起来了。但这一次比尔没有起身。隔壁部门就在比尔的正对面——那些销售人员是和他面对面坐着的,只不过被两面巨大的屏幕墙隔开,比尔这边一面,他们那边一面。所有电源线都要汇入这两扇屏幕墙中间的接线口,包括扬声器上用来放音乐的数据线。

比尔默不作声。他打开桌子抽屉,拿出一把剪刀,直接把对面扬声器的线路给剪断了。整个过程一气呵成,平静得好像什么都没发生过一样,甚至连目光都几乎没有从他的屏幕上移开过。

当然音乐声戛然而止。那些销售人员花了一会儿工夫才明白是怎么回事。销售部的领导阿奇博尔德·奎格利,一个威武雄壮、金发阔鼻、帅得一塌糊涂的英国男人气势汹汹地冲了过来,骂骂咧咧的,好像准备好要恶战一场了。

把一切都看在眼里的凯莱布见此情景只得连忙从座位上跳起来,把自己当成人肉盾牌挡在对方面前。阿奇上来就对着凯莱布一顿痛骂。

比尔则全程都在盯着屏幕,眼睛都没眨一下。

我想,这真是号人物。

我在部门实习的最后一天,鲁珀特和凯莱布给我准备了一个惊喜。

他们两个从支使我下楼给大家买午饭中享受到了某种奇怪的乐趣,因此我的带午饭任务被他们变得一天更比一天复杂。他们会要求我从不同的、相距甚远的餐厅购买单独的菜品,或者附带一些稀奇古怪的配餐备注。他们还会让我给他们分散在交易大厅各处的朋友也带午饭。有的时候我都在想，他俩真的认识这些人吗？我觉得他们可能是在考验我，看我能不能把事情办好。（当然能了，这是我在为期一周的实习中唯一稍微需要动点儿脑子来完成的事。）不过，我也觉得他们只是乐于见到我汗流浃背的样子罢了。

周五10点半，凯莱布叫我过去。

"今天中午我请交易大厅整层的人吃饭。"

他轻描淡写地说着，好像完成这件事比放个屁还简单。他怎么可能不知道交易大厅有多大？

但我没有惊慌。虽然我知道他想看到我紧张发虚的样子。我直视着他的眼睛，对他说：

"好，没问题。"

他就喜欢这种感觉。

但这是个大工程。一个人是不可能完成的。我只好一个一个部门地走过去，告诉他们中午不用自己买饭了，有人请客（一定花了凯莱布几千英镑）。我还要说服各部门的经理允许我把他们部门的初级交易员借走一个钟头。这是能把那么多份午餐带回来的唯一方法。但也不是每位经理都愿意借人手给我。后来我自己一个人就带了至少100个汉堡回来。再回头看这件事时，我觉得应该暗含了一部分羞辱的意图。但老实说，我根本就不在乎。因为就在两年前，我一年有364天要在早上7点就到处送报纸，每周才赚12英镑。我到现在都记得送完当天所有报纸后被老板叫进办公室，告诉我说他要把我的工资从每周13英镑降到12英镑的那一天。有时，在送厚厚的周日版报纸时我会送错地址，结果一天下来不赚反赔。而就给眼前这帮家伙送该死的汉堡，我一周就能赚700英镑，更不用说这帮人是我成为百万富翁的最佳门路了。他们如果愿意，让我扫厕所都没问题。

当我分发完所有的汉堡时，都下午2点多了。我筋疲力尽地坐到自己位于角落里的那张椅子上，上半身都快歪躺到过道里去了。鲁珀特和凯莱布的椅子都旋转了90度，他们并没有看着各自的电脑，而是看向我。我累得不行了，直接忽视了他们的存在。

"嘿，小加！"凯莱布大声喊道。他一直位于我桌子的另一端。

我这才转过身来看着他，他那灿烂的笑容从鲁珀特的肩膀上冒了出来。两人都往后靠在椅子上。

"你有护照吗？"

还真有。那是两年前大学入学考试成绩出来以后，我和朋友们去西班牙的特内里费岛庆祝时办的。

"回家拿去吧。你要跟我们去滑雪了。"

在回斯特拉特福站的地铁上，我给我爸发短信。

"我的护照在哪儿？"我问。

"在我床下的抽屉里。"他回复道。

果然在那儿，藏在他的内衣物下面。

你们知道吗？去滑雪时，一般会直接先到山顶。在上山的路上，能看到四周的山峰也都被雪覆盖着的景象。而作为一个从没滑过雪的人，直到这趟旅程之前，我对此完全没有概念。原来他们是这么滑雪的。

我妈给我发了条短信：

"这意思是你被录用了？"

"不确定。也许吧。"

她立马开口管我要钱。

第二部分
想要点儿业务做吗?

1

3月在短期利率交易部实习的那一周最终让我获得了暑期实习资格。当我再次出现的时候，所有人都已经知道我是谁了——那个给每个人买了汉堡的小朋友。这个有一定难度的小把戏让大家都知道了凯莱布想把我留下来。凯莱布这样的人精表现出了想留用我的意思，其他部门就也都想用我。信贷交易部费了很大的劲儿想挖我过去，这就让凯莱布更想留下我。但无论怎么争抢，他们似乎都完全不考虑一件事——直到暑期实习了，我还是一点儿也不知道每位同事具体都在做些什么工作。从某种意义上来说，我的情况也属于一种"投机泡沫"。你如果坐下来好好想想这个道理，就可以对比特币的运作机制略知一二了。

言归正传，我好像都能看到终点线在对我招手了，因为我正步步为营地实现着自己的人生计划（除了这学年的期末考考砸了）。我马上就要在暑期实习里大杀四方了，然后我将得到对应的一份全职工作，在一年后完成大学学业后即可入职。继而我将成为世界上最牛的交易员，接着总有一天会成为百万富翁。但我的计划中缺失了一些细节上的东西——比如我不知道怎么进行实战交易。但如果我通往胜利的道路因此就停滞不前了，那我就太蠢了。我那一年都在拼命努力。

那年夏天，我埋头钻研怎么在所有的实习竞争中击败对手。3场不同的交易游戏，我都赢了。其实你只要研究透了，就会发现都是有技巧可以充分利用的。说到底，这些不过都是游戏罢了。我甚至还在一个演讲比赛中获胜了，不过关于这个比赛我确实不知道有什么经验可以传授的。我猜我可能就是单纯靠好胜心强才把把都赢的。

马蒂奇也搞到了花旗集团的一份实习机会。他一定在交易游戏的决赛中找到人脉走后门了。他这个人社交能力是挺强的。然而，他被整惨了。他整个实习期都靠咖啡和咖啡因药丸强撑着。因为他被放到了大名鼎鼎的信贷结构化部，该部门以领先全人类不知道多少年的超高科技以及永远处理不完的电子表格和公式著称。那时候，这个部门的人简直是神一般的存在。整个实习期间，马蒂奇几乎没回过家。白天，他一整天都因为做Excel表而忙得晕头转向；晚上，他就睡在桌子下面。他会设一个凌晨5点左右的闹钟，以便他能在第一个来上班的人到部门之前醒来，这样就没人知道他整宿都待在办公室里了。实习结束时，花旗给他提供了一份全职工作，但他拒绝了，转头去了剑桥大学读计算机科学专业的硕士。然后在第二年的夏天，他又回来实习了。有些人可能就是脑子不太正常吧，我想。

晚上，我会在大家都下班回家后去找马蒂奇，在他做电子表格的时候坐在他旁边。他本来是牛一样壮实的大块头，那时握着鼠标和敲着键盘的手却总是在微微颤抖，疲惫的双眼在密密麻麻的单元格之间飞快地扫视着。

在一次对话中，我问马蒂奇，就目前我被多部门争抢的情况，我应该如何妥善处理，他有何高见。

马蒂奇明确表达了自己的观点："别去短期利率交易部。"他称该部的交易员为"停留在20世纪80年代的老古董"。是不是老古董倒不是我关心的，但马蒂奇紧接着抛出的下一个论断更令人不安：

"FX交易员是赚不到钱的。"

"FX"的意思是"外汇"。虽然"STIRT"的含义是"短期利率交易"，但出于某种原因，部门归属于大一级的外汇部门。交易大厅里那些自认为是天才信贷交易员的人普遍认为，外汇交易员都是白痴，他们的工作很快就会被计算机取代。外汇交易员没有前途可言。其他人曾把外汇交易员称为"猴子"，而外汇交易员们欣然接受了这一绰号。然而，比这一切更伤人、更尖刻的是，有人严厉地指出，外汇交易员很穷。这也是唯一让我担心的一点。

尽管如此，出于某种我自己也说不清的原因，我想我在那个阶段就已经拿定主意了。

和马蒂奇聊完之后，我通常会给他留一罐红牛或一杯咖啡。然后，我就会收拾好走人，而他会在地板上睡觉。

无须赘言，在实习结束时我拿到了花旗集团校招计划的一个全职岗位，而当我返校去完成最后一学年的学业时，短期利率交易部的老男孩们也一直密切关注着我。而作为男人，他们每个人都对一点深信不疑：如果不是因为青少年时期的一些伤病，或残酷的命运转折点，他们本来都会成为职业运动员。过去他们总因达不到一场常规足球赛所需的人数而伤脑筋，但现在他们有了我，就终于能凑够人数好好玩了：不管我们少几个人，我总能从伊尔福德的街头拉来足够多的孩子，他们很乐意来免费踢场球，再喝上几杯啤酒。足球这一共同爱好意味着我每周都会见到短期利率交易部的大多数人。他们当中踢得最好的，一个是胡果，而另一个居然是挺着他那圆滚滚的小肚子满场跑的利物浦人比尔。鲁珀特则完全无法隐藏自己的存在——他什么时候跑到你身后你都知道，因为你总能听到他的咆哮声。

凯莱布和鲁珀特时刻关注着我这边的风吹草动，他们在这一年里对我多次示好。当时，我以为他们二人是和谐共处的，直到过了一段时间，我才意识到这两个人都恨对方恨得牙痒痒。在留用我这件事上，他们的那些示好举动更像是带有拉拢性质的竞争性投标。

鲁珀特让我和几个街头的孩子给他在克拉珀姆的公寓刷漆。虽然我不是油漆工，但他说一天给我们一人100英镑，那就干吧。可没想到他给的竟然是两张50英镑的大钞，结果我到哪儿都花不了。我曾试过在美妆品牌店博姿用3张连号的50英镑买保湿霜，但最后还是放弃了。鲁珀特的公寓太大了。公寓有3层楼，最底下一整层是电影院。除了卫生间，整个公寓都没有门。其他各处安装的都是可旋转的墙壁。他想让我们把公寓刷成白色，可它已经是白色了。管他呢，又不是我的钱，他爱怎么花怎么花，我心想。

差不多到4月的时候，凯莱布把我从学校里叫到花旗，并让我坐在一间有着玻璃外墙的办公室里，从里面可以看到金丝雀码头对岸其他办公大楼上与此类似的有着玻璃外墙的办公室。

这个年代的毕业生在拿到一份大型投行的全职工作时，并不知道自己会被分配到什么岗位上。定岗前，你得先按"校招计划"的整体要求接受培训和进行轮岗，也就是说，你得先坐在顶楼的培训

交易游戏　064

室里，听不同的人给你讲一些无人在意的内容，然后再花一年半的时间，在交易大厅的不同部门进行轮岗，并在这个过程中希望有人能开口把你留在他的部门。

凯莱布则不希望我走上那么一遭。他想让我直接入职短期利率交易部。我不确定他知不知道我听到了这个部门前景不好的风声，但他毫不含糊地给我开出了两个价码。一是我想什么时候入职都可以。二是从入职第一天开始，我就可以上手做交易业务。这就意味着在花旗集团的损益表上会出现这么一行：我的名字，旁边紧挨着一个确切的数字。现在晓得了吧，交易员的薪酬与交易盈亏表现挂钩。名字与工资一一对应。但一般人很难一步到位吃上这碗饭。

也许这就是为什么尽管马蒂奇已经把利弊分析给我听了，我仍然选择了加入短期利率交易部。当中多少有些意气用事和妄自尊大的成分在——对当时 21 岁的我来说，我知道只要能让自己的名字出现在花旗的损益表里，不出几年我就能让它对应的金额变成全集团里最大的（我本可以证明这个预感是对的）。但也可能有其他原因使我下定决心。或许是比尔的利物浦口音和 JB 关于橄榄球的故事；或许是鲁珀特的电影院和他的可旋转墙壁；又或许只是 4 月那个阳光明媚的下午，凯莱布在玻璃隔间笑容满面地看着我时闪着光的眼睛，宛若窗外码头旁波光粼粼的水面。

我在伦敦政经的最后一门考试科目是"数学分析 303：动力系统中的混沌"。考试时间是 2008 年 6 月 26 日，一个周四。我告诉凯莱布，我需要一个周末的时间购置衬衫、西裤之类的行头，我会在下周一入职报到。

凯莱布和我谈话后，鲁珀特带我去了洛杉矶和拉斯维加斯。在去参加女明星卡门·伊莱克特拉的生日派对的路上，同行的一位交易员在我们所乘坐的豪车上流了鼻血（可能是因为高原反应或什么原因），我便给了他一张纸巾。但他没有接。或许是因为我当时穿着一件花 20 英镑从 H&M 服装店买的灰色马甲。

但要知道，那几天我本该为考试复习的。

不管怎样，入职报到当天我如约而至。21 岁的我不久前刚把头发剃光了，脚上穿着崭新的托普曼尖头皮鞋。2008 年 6 月 30 日，大学最后一门考试刚结束 4 天，我，作为整个伦敦最年轻的交易员，就这么踏入了交易大厅的大门。我也不知道为什么我要把头发剃光，就感觉这么做是对的。

我还记得，一年半前我在花旗第一次为期一周的实习结束之后，我把收集到的所有名片都整理到一起，然后给每个人都单独发了一封内容不一样的感谢信。在这些邮件中，除了感谢的内容，我还请求他们给我一些建议，或推荐一些可能对于我刚刚起步的职业生涯有帮助的阅读材料。

一个眼神有些吓人的中年英国人，名叫克拉基，给我回了邮件。上面只有寥寥几行字：

很高兴认识你，加里。慢慢来，不用急于融入交易大厅。趁年轻，多看看外面的世界。因为一旦你进来了，你会发现这辈子都难以脱身。

祝一切顺利。

克拉基

交易游戏 066

当时的我没有听克拉基的话，现在才明白过来这是多么明智的建议。我为什么没有听他的话呢？

可如果我再回到 21 岁，我只能告诉你，我穷怕了，也穷得太久了。如果你也像我一样，每晚都睡在坏了的床垫上，你也会做出同样的选择。你深刻地品尝过贫穷的滋味吗？你懂我的意思吗？

我再打个比方，假设你是个要抢银行的人，这时你看到金库的门敞开着，你会怎么做？难道会在一旁等着吗？

再说了，没钱怎么出去看世界？

因此，我自然没把克拉基的话当回事。该我闪亮登场了。

我从入职第一天起就知道今时不同往日了。"给他们留下深刻印象，买点儿汉堡，拿到录用函"，事情不再像之前那么简单了。现在在我的名字旁边有了一条盈亏线。那是我的钱。只属于我一个人的钱。

那么，该怎么做呢？我有了一个双面夹击计划：

（1）学会怎么交易；

（2）开设场外交易账户。

很容易实施，对吧？但何为场外交易账户呢？

是这样的，在我们业务部的日常运作里，每个交易员都要经手外汇掉期产品的交易。如果你不懂什么是外汇掉期，不要紧。在我刚入行的时候，我也不懂。你只要知道在业务部的外汇业务范围中，任何一种掉期产品都可以进行交易，业务范围内的 10 种外汇包括：欧元（EUR）、英镑（GBP）、瑞士法郎（CHF）、3 种斯堪的纳维亚货币［瑞典克朗（SEK）、挪威克朗（NOK）、丹麦克朗（DKK）］、日元（JPY）、澳大利亚元（AUD）、新西兰元（NZD）、加拿大元（CAD）。以上所有币种都是相对于万能通货美元（USD）来进行交易的。

每位交易员负责其中至少一种货币的外汇掉期产品交易。所以，如前文所提到的，鲁珀特是负责欧元的高级交易员，因此他与阮胡共用一个交易账户；比尔负责运营管理英镑的交易账户；凯莱布负责瑞士法郎；JB同时负责澳元、新元、日元的交易账户。

你可能会说，开个户头而已，又不是什么大事。

听好，开设场外账户的意义在于，你可以让市面上所有使用该货币的客户和所有涉及该货币的交易都直接来找你。但这又有什么好处呢？

我们来回顾一下从交易游戏中所学到的知识。所有市场参与者都可以互相随时问价，而被询价者必须制定存在"2点价差"的一对价格。例如，报价67-69，意思就是"我会以67的价格买入，或者我会以69的价格卖出"。现在，我们假设有一群场外客户也参与到游戏中，并且能接受定价者以更低的价格买入，以更高的价格卖出，比如存在"4点价差"的66-70，意思就是"我会以66的价格买入，或者我会以70的价格卖出"。这就是真实的金融交易市场运作的方式。如果这样的报价是允许的，那么你可以在场外以66的价格从客户那里买入，然后立即转手以67的价格卖掉，这样你瞬间就锁住了1个点。如果你愿意把持有的时间再延长一点儿，甚至可能等到一个愿意出68或69购买的人，利润顿时就翻倍或乘以3了。这就是"开设场外交易账户"真正的意义所在——可以接触到能接受比按市场价交易亏一点儿的客户群体。开设场外账户的好处有多大，就不用我再多说了吧。（顺带提一嘴，等你捋清楚了就会发现，这正是托马斯·库克旅行社在你每次出国度假兑换外币时

交易游戏 068

对你所做的事。)

你可能又会问了,那为什么有客户愿意按比行情差的价格进行交易呢?这是一个非常好的问题,也是一个我在 21 岁时完全没想过的问题。别着急,我将带着这个问题继续往下讲。

眼下的问题是,如何开设一个场外账户。

需要注意的一点是,一旦开设了场外账户,你就要时刻操心了,你要随时准备报价。你永远不知道什么时候会有人来交易瑞士法郎或澳元,或者你负责的什么小币种。正因如此,花旗银行提供 24 小时的报价服务(除伦敦外,还有纽约、悉尼和东京的对应部门轮班报价)。如果你去厕所了或者人在拉斯维加斯度假,也得有人替你报价。所以,部门里的每个人都有一个指定的搭档,搭档的作用就是当你不在岗位上,或无法胜任这个岗位时(有些交易员就是比别人次一点儿,看到后面就知道了),代替你进行定价和报价。

这个角色也被称为"补位交易员",是一个很重要的岗位。如果在你不在的时候,补位交易员以你负责的货币做了一次报价,这笔交易仍然会记录在你的账户下,而不是他的,由此产生的盈亏也会算在你的头上。因此,对一个初级交易员来说,补位交易至关重要。作为补位交易员,首先,你可以直接影响被补位的高级交易员的业绩,你可能会为他创造收益,当然也有可能给他造成损失;其次,你可以证明自己作为交易员的定价水平。如果你能证明自己是一名够格的乃至非常会盈利的补位交易员,高级交易员们甚至会为了谁在离岗时能得到你的补位而打起来。这也会立刻让所有人都清楚,你有资格成为下一个拥有独立账户的交易员。这甚至相当于在提醒老板,角落里那位看起来精神萎靡、头发日渐斑白的交易员或许没必要一个人负责 3 个账户……

但当你是新手的时候,没有人想找你做补位。启用你对他们来说会是种风险。你可能会给他们带来麻烦。你要先赢得其中一个人的信任。这时就要双管齐下了:赢得某人的信任,向大家证明你是个得力的补位交易员。然后他们大概率就会带你上道儿。

没错,又到了要找一个目标人物的时候了。现在来分析一下所有的选项。

我一下子就把比尔作为我的首选。一方面,比尔上次一战成名的光辉形象已经在我心里树立起来了;另一方面,他又被史努比正经八百地认证为整个部门最聪明的交易员(史努比的眼光我是认可的)。还有,他和我一样,是英国人,个头儿也矮,也都不是油头粉面的蠢货。我们有很多共同点。攻略他也许是可行的。唯一的问题在于,我一入职就看到史努比已经搬去角落挨着比尔坐了,看样子是占定这个山头不放了。史努比在我入职前已经在部门干了一年半,资历和职位都在我之上,我想和他抢比尔怕是难。

接下来的两个选项自然就是鲁珀特和JB了。我给他俩都留下了深刻的印象,他们看上去也乐于和我共事。还是很有希望能让二人中的任何一个带我的,但他们身上也存在诸多问题。其中最明显的一点是,他们看着多少都有些癫狂。先说JB。他的性格很可爱,这一点毋庸置疑。而且,再怎么说,我在部门的暑期实习也持续了5个星期,我和他一起喝了不少啤酒,他的那些故事我也都听了个遍。问题是什么呢,他的语速和机关枪一样快,信息量又大得爆炸,从他嘴里说出的不管是关于交易的内容还是什么别的内容,我一个字也理解不了。我只能说,他并不是我的最佳精神向导。不仅如此,现在有一位像是从纽约调来的、看起来有点儿像《弗兰肯斯坦》中的怪物的年轻交易员已经坐在JB旁边了。所以JB的徒弟之位可能也被人捷足先登了。

那就剩鲁珀特了。要拿下他，我的优势很显著。首先，这位老兄可是带我去了拉斯维加斯。其次，他卧室的漆都是我刷的。这应该能算是给两人间的交情打下了一个很好的基础吧？虽然目前鲁珀特是和胡果共用一个欧元交易账户，但胡果已经30多岁了，他们似乎也需要一个初级交易员。而且，鲁珀特是欧元利率高级交易员，可以说是整个部门的中流砥柱，所以他肯定是个出色的交易员。同时，他呈现出来的是自己有一套高度理性且很有章法的交易风格，很适合初学者学习。但从另一方面来说，他可能有些精神错乱。到目前为止，我和他相处的时间已经足够久，所以我能肯定一件事：如果教我的人是他，过程中免不了心惊肉跳的。但我也知道金无足赤，人无完人。

当然，还有凯莱布。天塌下来也还有凯莱布在。但要搞清楚，他是老板啊。这怎么能行呢，我可不想当老板身边的狗腿子。

所以我最后还是选定了鲁珀特。或者应该说，鲁珀特选定了我。

史努比搬去临窗角落和比尔一起坐之后，我就被安排去坐在史努比原来那个离窗户很远，还有半截儿卡在过道上的位子。坐到那儿以后，左手边那个没人坐的工位就把我和部门其他同事隔绝开来了。我也不知道为什么他们一直不安排人坐这个空的工位。也许这是一种物理上的警示，现在是对我，之前是对史努比——"新来的，你要知道你的位置"。"无人之地"的左边是鲁珀特，他在我入职当天的一整个上午都完全无视我的存在。

那天下午到2点左右，我才去吃午饭。而当我回来的时候，鲁珀特已经坐在我左边那张空转椅上，转来转去的。这让我有点儿忐忿，但我装出一副若无其事的样子。我坐了下来直视着自己的屏幕，但他那两个又大又圆的膝盖正对着我，所以我没法继续假装他不在那儿。

"你上哪儿去了？"

我装作满不在乎、一切正常的样子转向他。他正在捏一个霓虹橙色的解压球玩具，捏得那么用力，都快把球捏爆了。

"噢，我就是去吃午饭了，怎么……"

"你去吃了什么？"我话音未落，鲁珀特就继续追问。

"呃……就……香肠、豆子……番茄什么的？"

"你在哪儿吃的？"

"在……楼下的食堂吃的。"

听完这话，鲁珀特又像之前那样——他就那么盯着你，一言不发，盯了好长一阵子。谁碰到这种情况都会觉得很尴尬，但当时只有我和他。

"我在这个部门工作了12年，都还没去过那个食堂。午饭，我们就在位子上吃。"

说完他继续凝视我，好像过了一个世纪。我也不知道该说些什么了。

可明明，我入职前两个月的一个良夜，我俩还在洛杉矶说唱歌手 Jay-Z 的派对上玩得很开心：我们就站在一个游池边上，鲁珀特一直在问一个穿着黄色比基尼的美女她的属相是什么（但我忘了她属什么了）。

鲁珀特和我都是属虎的。

行。你要跟我来"伴君如伴虎"这套是吧？

那就放马过来吧。

此类事件绝非偶然。在入职头几天，我大部分的时间都花在了软件安装和远程通话上（打给在班加罗尔的一个名叫吉米·约翰的人请求技术协助），而就是在这几天里，鲁珀特养成了突然从我后面牢牢抓住我的双肩并高声发难的习惯，他问的问题包括：

"最新的英国消费者信心指数是多少？？？"

"最新的美国服务业PMI（采购经理指数）是多少？？"

我知道正确的回答当然是"我不知道"，但不幸又恐怖的是，现在只回答"我不知道"已经不再像以前那样奏效了。

"再这么回答是不行的！加里！你现在可是交易员了！你得知道！"

这就很令人沮丧了，原因有两点：第一，我实习的时候，说"我不知道"这个策略我简直是走到哪儿用到哪儿，现在不能再用这招了，我感觉像失去了一条腿；第二，我真的不知道PMI是什么意思。这些3个字母组成的缩写词一直是我的短板。有一回，鲁珀特甚至在我打另一通长途电话的时候直接抓住我的肩膀把我从座位上薅起来劈头盖脸一顿问，吓得我胡乱喊出一个数字：

"47.1！"

鲁珀特对此的反应简直称得上义愤填膺，我喊出的数字既不正确又是编造的（在任何时候，这两者结合起来都不是什么好事），即便事后再回想这件事，我自己都觉得他当时勃然大怒是完全正常的反应。

但为了防止自己被这吓出毛病，我做了两件事。

第一件事是，我偷偷溜到史努比身边，问他PMI到底是个什么玩意儿，以及怎样才能获知这个指标在任何一个给定日期上的准确数据。

史努比给我看了一份"财经数据发布日历",上面囊括了全世界每天发布的所有经济数据和发布数据的确切时间。随便哪一天的数据量都是巨大的,通常在五六十个以上。不过一般来说,同一个国家当天的全部数据会在同一个时间点上一起发布出来,这就意味着每天需要高度重视的数据发布时间点只有三四个。从那时起,每天早上我做的第一件事就是检查所有数据发布的时间,并在我的小诺基亚手机上设一堆提前于发布时间5分钟的闹钟。从那以后,我再也没有说错过数据,而连着几周都回答正确后,鲁珀特也不再把我从位子上抓起来了,这让我如释重负。而在那之后的整整3年里,我每个工作日都保持着这样的闹钟设置,从未间断。不过后来我根本不在乎什么数据发布了,也没有人敢抓着我提问了。

那都是很久以前的事了,但直到现在,时不时地还会发生这种状况:如果我开着电脑走神儿了,等回过神儿来时,我会发现自己不知不觉地又打开了那个财经数据发布日历。在撰写本书的今天,英国于早上7点公布了进口生产者价格通胀指数:22.6%。一个很高的数字。

我做的第二件事则是下定决心物色其他人选。但凡有其他任何选择,我都不会再师从鲁珀特·霍布豪斯。

2

上面讲的就是我最终找到斯彭格勒的原因。

西奥多·巴纳比·斯彭格勒三世是个白痴（因为没有比这更好的词来形容他了）。

这么说他可能有失公允。他更像是个白痴天才。

斯彭格勒本来是进不了我的导师候选人榜单的。

我在下决心逃离鲁珀特的魔掌后，本想试试看比尔那儿还有没有机会。我成功说服他让我来把他的部分交易指令手动输入计算机系统，但在得到他允许的第一周，我就搞砸了一笔交易。导致的后果就是他用半个交易大厅都能听到的音量冲我破口大骂："该死，你害我亏了 4 000 英镑 !! 蠢货 !!"

4 000 英镑什么概念？大概是我爸爸月工资的两倍。我只好灰头土脸地夹起尾巴回到最后的避难所——JB 身旁。就像我来部门实习第一天干的那样。

但现在 JB 身边多了一个人：膀大腰圆，看起来像《弗兰肯斯坦》中的怪物的西奥多·斯彭格勒。

西奥多·斯彭格勒长得和电视剧《芒斯特一家》中的主角赫尔曼·芒斯特一模一样。我在以全职员工身份回到部门上班的第一天，就注意到他了——那张狰狞的面孔在 JB 旁边晃来晃去的。去年冬天，凯莱布开除了 3 位交易员。因此，我猜斯彭格勒肯定是被招进来取代那些人的后起之秀。

但我很快就意识到事实并非如此。

真实的情况是，斯彭格勒大约于一年前在花旗的美国毕业生校招计划中被纽约的短期利率交易部录用，但他们很快发现这是一次严重的用人失误，于是想尽办法把烫手山芋丢给了凯莱布。至于斯彭格勒这个倒霉的礼物给凯莱布带来了怎样的"惊喜"，我永远也不会知道，我希望别全是麻烦和烂摊子。

斯彭格勒到底是有多糟糕呢？

斯彭格勒身形庞大、行动迟缓，身材像松饼，走路的样子就像个快要摔倒的农夫。每天早上，他要到 7 点 29 分才赶到部门（再晚一分钟就算迟到了）。一坐到座位上，他就会打开声讯设备上的一个开关，给自己其中一位外汇经纪商打电话。很巧的是，他的外汇经纪商名字几乎都是以 "y" 结尾的，因为他来自约翰内斯堡或开普敦之类的地方，所以总能听到他用难以理解的口音大声说："嘿，格兰迪 / 米尔西 / 乔纳森尼！"

而斯彭格勒的这帮外汇经纪商不知为何多半都来自埃塞克斯或伦敦东部，他们总会回复一些不堪入耳的言论：

"嘿，斯彭格勒！你这个小霸王 / 风流鬼 / 人来疯，怎么样，昨晚玩得很野嘛！后来回家路上还顺利吗？"

在我和斯彭格勒坐在一块儿的头几日，有一天上午我偶然得知，他前一晚在回家路上出尽了洋相——喝醉以后在出租车上尿了

交易游戏

自己一身。我之所以知道得这么清楚,是因为这家伙居然嘻嘻哈哈地公然在电话里把这件事告诉了自己的一位外汇经纪商。电话那头的经纪商似乎也被逗得乐不可支,这令我大跌眼镜,因为这对我来说太恶心了。这时 JB 回头看了一眼斯彭格勒,他鄙夷的眼神告诉我,我不是唯一一个这么感觉的人。

我不记得斯彭格勒当时是在跟哪位经纪商通电话,应该是格兰迪吧。但这并不重要,因为斯彭格勒接着依次拨开了他声讯设备上的每一个开关,给他的 7 位经纪商讲了同样的故事,连用的词都一模一样。每位经纪商在电话里都笑得非常夸张,甚至包括那 3 位都叫卡斯滕的丹麦经纪商。整个过程持续了得有 30 分钟。就这样,我明白了经纪商们是靠赔笑赚钱的。

在公开场合高谈阔论自己个人卫生问题不是斯彭格勒身上唯一让人不爽的地方。他好像患了强迫症一样,从不间断也无休止地给我讲一些非常糟糕的笑话,一些很不得体、让人完全无法接受的笑话。每次 JB 都会训斥他,但他非但没有收敛,反倒以被人鄙夷为乐。每次挨了 JB 的责骂,斯彭格勒那痛苦的怪相就会越发夸张,呆滞的眼睛里也会闪过一丝亮光,升腾出一股笑意。

这位南非的大块头有时甚至会讲反犹笑话。这是一个极其没有脑子的行为,因为能直接决定他工资数的犹太老板,就坐在离他不到 3 米远的地方。有一次,当凯莱布走到他身后时,他正好在讲一个反犹笑话,凯莱布随即死死抓住斯彭格勒的椅背,直接把他转了 180 度,面对着自己。凯莱布俯视着斯彭格勒,后者抬头看向这个只比自己大 3 岁的男人,深深凝视着他的眼睛,他动了动嘴似乎想说点儿什么,但什么也没说,最后嘴唇停止了蠕动。斯彭格勒看上去好像要吮手指了。他们像这样对峙了大约 15 秒后,凯莱布深深

地叹了口气,把斯彭格勒的椅子转了回去,走开的同时咬牙切齿地咕哝着:

"你个智障,好好想想你都说了些什么。"

除了用地狱笑话骚扰同事和冒犯领导,斯彭格勒还会在工位上不停地挠屁股和像饿死鬼一样地吃汉堡。不过这些都不算什么,令我印象更深的,是他和他妈妈的通话。每天下午3点整,他妈妈都会打电话过来。他们会用旁人根本听不懂的南非荷兰语说上足足一个小时。直到今天,我都还很庆幸自己不会说南非荷兰语。

可也许我才是那个最疯的人——我还挺喜欢他的。

原因在于,作为一个交易员,斯彭格勒简直强得可怕。

我和斯彭格勒、JB一起坐了约一周半后,有一天鲁珀特突然转过身来,把厚厚的手掌搭在我的肩膀上对我说:

"你今天中午过来跟我和外汇经纪商一起吃饭。"

之前在拉斯维加斯之旅和滑雪之旅中,我和经纪商们打过照面,但还从未和他们一起吃过午饭,更不用说只有我、鲁珀特、经纪商的三方午餐了。

虽然列车会更快,但我们还是搭乘了一辆英伦黑色出租车去市中心。鲁珀特一坐下来就塞满了后排面朝前方的座位,我只好缩在司机背后面朝车尾的迷你可折叠椅上。

我当时一定全身都处于紧绷着的状态,因为鲁珀特看着我莫名其妙地来了一句:

"你很紧张吗?"

我告诉他我还好,然后他问我以前有没有吃过日本料理。我很诚实地回答说没有。他听完脸上掠过了一丝微表情,问道:

"是不是因为你从来没用过筷子啊？"

这种表情在我看来，像是父亲对儿子或是哥哥对弟弟才会流露出的关切，而这样的关切，我还是第一次从鲁珀特身上感受到。

他把他那只棕色的名牌包放在车内地板上，从中拿出了两支钢笔。

"看，"他对我说，"你把小拇指和无名指这样摆。"他两根胖乎乎的手指紧并在一起给我看。

"这样一来，在无名指和中指之间就形成了一个小豁口，在这里，看到了吗？相当于一个支架，用来放第一根筷子的，就像这样，然后把筷子的底部靠在虎口那里。"

他用其中一支笔示范了一下。

"好了，然后你的大拇指和食指、中指就能一起握住另外一根筷子，"他动了动指关节，"接着就可以用筷子夹东西了。"

他拿两支笔的笔尖夹了夹我的左手。

"来，"他把笔递给我，"你试一下。"

我照着他教的比画了一下，但把两支笔都掉在地上了。鲁珀特笑了。

鲁珀特并不知道，使我感到焦虑的真正原因是，我不知道在我们要去的这家餐厅吃一顿午饭要花多少钱。餐厅的日文名听上去模棱两可的，我不知道怎么拼，因此没法在谷歌上搜索人均价位（不过我怀疑就算我知道怎么拼也未必查得到）。在上车前，我去了自动提款机前，从我的银行卡里取了200英镑出来（因为那张卡当时的每日最高取款额度也就是这么多），把它们和我钱包里本来就有的40英镑钞票放在一起。但我还是担心不够。

我把笔从地上捡了起来，还给了鲁珀特。

鲁珀特把它们放回包里，然后往后靠到座椅靠背上，把双臂打开呈一字形，长舒了一口气。

"没什么好怕的，"他说，"不过是些经纪商而已。什么人都可以当外汇经纪商的，他们的档次比公交车司机高不到哪儿去。"

到现在，我都还是按鲁珀特教我的方法使筷子。

所以外汇经纪商到底是做什么的呢？

外行人有时会认为"外汇经纪商"和"交易员"是同一个意思。但其实二者有着云泥之别。这一点，即使是当时还懵懂的我都能看得出来，因为好像所有的外汇经纪商都是埃塞克斯或伦敦东部的人，而就位于伦敦东部的花旗交易大厅里，反而找不到此类口音。

事实上，正如鲁珀特曾一针见血地指出的，两种职业之间的差异不仅仅停留在语言层面。在2008年，如果不是毕业于顶尖的精英大学，你就几乎不可能踏入交易大厅的大门。即便是我们这个小小的短期利率交易部，不算比尔的话也是人手一个顶尖名校文凭，包括我在内。而大多数外汇经纪商连大学都没上过。

每一天，我们部门的声讯设备里都会传出这些经纪商的伦敦东区土话。亲切悦耳的乡音接连不断地播报着数字，不禁让我回想起儿时街头的菜市场。"草莓一磅一英镑……""欧元的3个月期掉期率4.3、4.6……"多像啊！从我离开伦敦交易大厅的工作岗位到现在已经有10年了，不知道那些音乐般的嗓音是否还带着浓重的伦敦东区味儿。我希望是的，但恐怕已经换了一拨人了。

这些经纪商并不为银行工作，而是为所谓经纪业务的联盟企业工作，从专业上讲，他们的工作是在交易员之间充当中介。真正负责交易的是交易员，经纪商只进行撮合匹配。这一点很重要：经纪商不承担任何交易风险，风险全部由交易员承担。他们和房地产经纪商有些类似，都是赚佣金。换言之，对他们来说，交易量多多益善，因此他们才不管你下的是好棋还是臭棋，只会一个劲儿鼓动你和别人达成交易。

从理论上讲，如果你是买方，外汇经纪商不会向你的对手透露你想购买的意图。如果你是像花旗银行这样大体量的市场参与者，想在对市场不构成冲击的情况下买入（资产），这一点对你来说就非常实用了。假如你想以 36 的价位买入某项资产，在你告诉外汇经纪商后，他会冲着他的声讯设备大喊 3 遍 "36 入！"，让伦敦金融城里的每位交易员知道，好让他能在当中找到有意出售者。这笔交易可能在别人不知道你想买入的情况下发生，这就很理想。因为如果所有人都知道你是（大）买方，那么他们可能会在你买入之前就把市价做高。

理论上就是这样。那现实是什么？

现实是……他们会安排和外汇经纪商共进午餐。

回到正题。我们乘坐的出租车最终停在伦敦市中心的一家高档餐厅的门口。我倒是很想和你们分享这家餐厅的名字，但我真的不知道那名字是什么。

我只知道那是一家日本餐厅。我们一进门，就有一位从头精致到脚的女招待，穿着做工精良的服装，在一个"麻雀虽小，五脏俱全"的前台接待区十分得体地迎接我们。但大白天的，前台接待区却光线很暗。我对眼前的一切精致华美感到头晕目眩，以至于是被带着上了楼还是下了楼都记不清了。总之，我们进入了一个巨大的用餐大厅，极强的视觉冲击迎面而来——从窗外射入的阳光洒满了整个大厅，但同时大厅内部又因为全部选用了黑色的家具而显得神秘又黑暗。

大厅里摆了些巨大的正圆形桌子，又都是漆黑的颜色，很有异域风情。还未到中午，桌面上几乎什么也没放。女招待领着我们，走了很长时间才穿过这个气派雄伟的大厅，然后绕过一个整面墙都摆满了各种玻璃瓶的角落，到了一个较为隐蔽的区域。我看到一张比刚刚所有餐桌都更大且颜色更深的桌子沐浴在阳光下，它紧挨着一扇从地板一直延伸到天花板的窗户。窗外投下一束角度倾斜的刺眼光线，正好照射在3位外汇经纪商的脸上。他们互相紧挨着，坐在桌子较远的那端。

我们一进来，3人方阵立即解散。他们同时站了起来，并冲过来握住我们的手。

我迅速地观察了一下这3个人：一个不修边幅、表情迷茫的年轻人，一个浑身散发男性魅力和危险气息的中年男人，还有一个年龄更大一些的人，他有着一头浓密的白发，看上去至少60岁了，而他的脑袋大得好像从出生到现在一天也没有停止生长过。

这位大脑袋经纪商用一种低穿地心的嗓音向我介绍他自己：

"你好，我叫'大头'（Bighead）。"

当然，名字里的"h"发音低得几乎听不到。

紧接着，我们5个人一阵手忙脚乱，因为要围着那张巨大的圆桌找合适的座位坐下，又不想让场面看起来太尴尬，这可不是件容易的事。后来，我发现自己的位子和鲁珀特隔得有些远，他坐在桌子的另一边，但我旁边就是大头，这点还挺令我高兴的，因为不管是他低沉的伦敦东区口音，浓密得惊人的一头白色亮发，还是他巨大的脑袋，都能让我想起我已故的祖父。我因此而放松了下来。我们5个人之间的对话是单向的，像流动的河流一样，都是经纪商们在问，鲁珀特答。我也很喜欢这样，因为这就意味着我什么也不用说，有大把时间来察言观色。

虽然大头是最年长的，但众人的谈话并不由他主导，而是由那位中年人主导，他名叫蒂莫西·特温哈姆，也有着一头浓密的头发，还黑得锃光瓦亮。谈话进行得非常顺利，像蜂蜜一样丝滑，一次中断或冷场都没有过。有时，为了叙事节奏更富有戏剧性，大头会故意突然顿一下，然后再用他那低音大提琴般的嗓音继续对话。那位年轻的经纪商坐在蒂莫西和鲁珀特之间，他什么也没说，只是在这二人之间左右来回摆头，好像在打一场网球比赛，还有一个劲儿地猛点头热情回应，偶尔会仰面嘎嘎大笑。

当他笑成这样的时候，我也会笑，但没他这么夸张。鲁珀特从来都不笑。

白葡萄酒被端了上来，第一道菜也呈上了桌，是一大盘生鱼片。我那时还不知道生鱼片是什么。其实就是没有米饭的寿司。鲁珀特远远地对我解释说，吃生鱼片比吃寿司更健康，因为减少了碳水化合物的摄入，有助于保持身材。我看了看盘子的大小，又对比了一下鲁珀特的体型，用力点了点头。我伸长手臂以够到桌面中央，用一根干净无瑕的筷子叉起一小片粉白色的生鱼片，勉力维持着平衡把它放到自己的盘子中。

白葡萄酒消耗得很快。我也喝了一些，但其实我不太喜欢喝葡萄酒，因为不想酒后失态。大厅里放着某种不知名的重低音背景音乐，此后我在伦敦的各大高级餐厅里总是听到同样的一支曲子。过了一会儿，音乐声、觥筹交错声、谈话声杂糅到了一起，我发现这下一个字也听不清了。不过问题不大，反正我什么也不用说。我所要做的就只是身体往前倾，靠到桌子上，认真注视着正在说话的人，有时看向远处并点点头。而凭借鲁珀特教我的用筷子技巧，我成功地把三片生鱼片掉在桌子上，一片掉在地板上。

第二道菜等了很久才上。我一直焦急地等待着，因为已经能感到自己醉醺醺的了，而且在第一道菜上我遇到了一些技术问题：生鱼片太滑，盘子摆得又太远。

不幸的是，第二道菜比第一道菜更难对付。一个超大的盘子被端上了餐桌，盘中除了生鸡肉和生牛肉外就没有其他的了。我知道你在想什么，鸡肉不是不能生吃吗？就算能吃也不太安全吧？是的，我也是这么想的。但直到大约一个小时前，我也是这么坚定地认为鱼是不能生吃的，而第一道菜就证明了这个观点显然是错的。我等了几分钟，想看看其他人会拿这道菜怎么办，但他们围绕摩根士丹利欧元高级交易员的话题聊得正欢，无暇顾及。那我只能靠自己了。我伸出手，用两根筷子夹起一片生鸡肉，第一次把食物毫发无损地送达自己的盘子。我吃了下去。好恶心的味道。

恶心到让我开始质疑日本的生食习俗，于是我侧身转向大头（我和他已经迅速产生了某种类似祖孙之间的微妙感情），在桌下用手肘轻轻推了推他。

他也转过身来，心照不宣地往我这侧倾斜。

"这个鸡肉，"我低声对他说，"你不觉得它……有点儿……恶心吗？"

大头也喝了不少酒，他听完疑惑地看着我。然后他看了看那一大盘牛肉和鸡肉，又转身看着我。

"你吃了盘子上的鸡肉？"他很困惑地问道。

"当然吃了,那不就是鸡肉吗?不然我还能对它做点儿啥?"

我的这位新晋爷爷听完放声大笑,他站了起来,把桌面上的一个板子移开,你敢相信这下面藏了一整个烧烤架吗?之前也没人告诉过我啊!他笑得根本停不下来,没人知道他怎么了,因为他没告诉任何人我刚刚生吃了一点儿鸡肉。讲良心话,我对这一点心怀感激。

午餐持续了两个小时才结束,但没有人结账。

一定有人付过钱了,但我没看到有人去买单。肯定不是我买的,也没人让我买单。

我们所有人都喝了不少,但还是回到办公室继续工作。

这顿饭吃得我丈二和尚摸不着头脑。

发现鲁珀特把我带出去吃饭后,斯彭格勒醋意大发。

归根结底就是斯彭格勒太孤单了。

一般人不会在工作日每天打电话给自己的妈妈,用家乡话聊上一个小时,除非他们真的太孤单了。如果你的办公室里有人这么做,记得关心一下他们,别出什么事。斯彭格勒背井离乡,和自己的母亲相距甚远,又不知道怎么交朋友。

但如果你是伦敦一家大型投资银行的交易员,从某些方面来说,那你就不需要主动去交朋友了。因为有些人的工作性质决定了他就是会来讨好你,这些人就是外汇经纪商。而除了他们,斯彭格勒的身边现在还多了个我。他为此感到很高兴。

所以,就在我和鲁珀特第一次一起外出吃午饭的两天后,斯彭格勒也请我出去吃午饭了。在此期间,可怜的史努比不得不帮忙处理一下斯堪的纳维亚货币的交易(那是斯彭格勒的本职工作)。我和斯彭格勒又搭乘了一辆黑色出租车出行，这次是去吃牛排。

在车里，斯彭格勒并没有教我怎么吃牛排（其实如果他提前教一下，我是能从中受益的）。但他给我详细介绍了一下将要会见的3名外汇经纪商和1名交易员，以及他们在瑞典克朗外汇掉期市场中所发挥的重要作用。这就是斯彭格勒每次在和我独处时会谈及的所有内容了：瑞典克朗外汇掉期市场和这个圈子里的人。我也不会再问别的。我们将约见的是：

（1）格兰迪：皮肤黝黑、魅力四射的中年人，瑞典外汇掉期经纪公司的负责人。

（2）琼斯：秃头，明显上年纪了，喜欢自嘲"真的不能再来一次了"，但还是结了3次婚，目前正在办理第3次离婚手续。

（3）巴士脑袋：利物浦人，年轻的瑞典外汇经纪商。他的绰号也是根据头型大小和头发颜色取的。

（4）张西蒙：汇丰银行年轻有为的瑞典外汇交易员。精力旺盛（小腿肌肉十分发达）、聪明过人，来自中国香港。大家都叫他李连杰，他也不介意。

这个饭局上没有一个瑞典人，这对所有人来说都不重要。而在这之后不到一年半，我自己也将成为瑞典克朗外汇掉期交易员，尽管我人生中没在瑞典待过哪怕一天。

牛排餐厅位于伦敦金融城的腹地，弯弯绕绕的，不是很好找。要走很多条蜿蜒的小巷，一直走到巷子尽头。一进餐厅就看到了设置在地下的用餐区。因为用餐区的位置太低了，完全不见天日。虽然我能肯定装有电灯，但是电灯的光线太暗了，而这个地方又充满了某种说不清道不明的情调，因此在我的记忆中，主要的照明应该是靠蜡烛。是的，正午时分，我们就在一片被超现实主义和朦胧感所笼罩的氛围当中进餐。

快走到我们几个人的餐桌时,我看到他们4个坐在一起,就开始在脑海中把他们的体貌特征与斯彭格勒告诉我的一一匹配起来,来判断谁是谁。我一眼就认出了巴士脑袋满头红发的圆鼓鼓的脑袋。斯彭格勒并不知道,我和鲁珀特在拉斯维加斯的时候见过巴士脑袋。

我一注意到外汇经纪商们,他们也注意到了我们。而当看到斯彭格勒走到桌子前面时,他们全都站了起来,又是欢呼戏谑,又是鬼哭狼嚎,甚至手舞足蹈起来,场面一度无法控制。我根本没料到是这样的场景,因为在办公室的时候,斯彭格勒可不像现在这样受欢迎。于是我一脸费解地看向斯彭格勒,只见他咧着嘴露出了一个大大的怪笑(和他那怪物般的面容倒挺相称),除此之外,我还发现他脸红了。

和斯彭格勒在一起吃饭的时候发生了一些事。

第一件是巴士脑袋在席间一次也没提及他认识我,尽管他和我在拉斯维加斯共度了3天。

而我不仅认识巴士脑袋,还很喜欢他。甚至可以说我很了解他。有一次,在凌晨3点钟,一家洛杉矶夜店门口,我曾见过他。他当时喝得烂醉如泥,正用右手歪歪扭扭地打着手势,想让演员林赛·罗韩的女友把车窗摇下来。对方颇为大度地照做了之后,他却冲人大喊"你这车简直烂透了,伙计!",酒气喷了对方一脸,然后转头就去灌木丛中解手了。

他其实不知道对方是谁,只是单纯不喜欢她的车。

我一度以为这次经历拉近了我们二人间的距离,更何况我们还有着相似的背景。但当我坐下来的那一刻,巴士脑袋瞟了我一眼,我立刻就读出了他眼神中的意思:此一时彼一时,两码事。直觉告诉我,他是对的。

他们在一片欢腾中热烈迎接了斯彭格勒的到来,但这还不算完,接下来的 10 分钟里又是连番的插科打诨。斯彭格勒被逗得怪难为情,一会儿微笑,一会儿咯咯笑,一会儿把头埋得很低,跟个害羞的小新娘似的。看得出来他挺享受的。

打趣结束以后,他们就开始正儿八经地聊起来了。聊瑞典克朗外汇掉期和红酒。斯彭格勒对这两样东西都极为痴迷。在这两个话题上,我还没碰到过比他更能侃的人。

斯彭格勒和张西蒙就像两台机器。首先他们都很沉,其次一旦开始聊外汇掉期,他们就聊得热火朝天,根本停不下来。在这个阶段,我还不知道外汇掉期为何物,所以没有加入他们的对话。但我凝视着坐在桌子对面的他们,并在他们的眼中看到了激情和热爱。他们想知道,9 月最后那 3 天的价格之所以特别便宜,是因为定价有误,还是因为瑞典商业银行的英格玛知道一些他们不知道的事情。他们还想知道瑞典央行是否会在 10 月再举行一次晚宴,如果是,那么哪些交易员会参加。还有哥本哈根国家银行的安德斯最近怎么样?还酗酒吗?和他老婆的关系是否有所缓和?

真是魔鬼啊,什么都想知道。不过我和他们一样,也什么都想知道,虽然我几乎听不懂他们在说什么。我就那么看着、听着,随着时间的流逝,一个个餐盘上了又撤,一瓶瓶红酒开了又空。我开始思考,也许我误打误撞坐到的那个在斯彭格勒的右后方、在 JB 的左后方的位子,没有那么糟糕。

全程我基本什么也没说,我也不需要说。斯彭格勒和西蒙你一言我一语,像打了鸡血一样,连周围的空气都变得燥热起来。一开始,我打算和斯彭格勒喝酒的节奏保持同频,但看到他头三杯酒下肚的速度后,我立马意识到不能学他。没有了效仿的对象,我干脆全神贯注地倾听他们的对话,最后一滴也没有碰。

我听了一个多小时,他们也都酒足饭饱有一会儿了。整顿饭下来,斯彭格勒第一次把他那张巨大的脸转向我,努力挤出一个微笑,结果露出一口被酒染了色的紫红色牙齿。他带着浓重的南非荷兰语口音,吞吞吐吐地对我说:

"加里……你不喝这红酒吗……很贵的……"

于是,我做了当时唯一能做的事:我转向自己的酒杯,把它举了起来,向斯彭格勒的方向倾斜了一下,喝了一部分,然后放下了杯子,再转头看向斯彭格勒涨得通红发亮的脸,笑着对他说:"非常好喝,斯彭格勒,真的非常好喝。"

从那以后,我外出喝酒应酬的次数直线上升,并且呈现出一种反比例规律:我越不希望和谁一起去,就在不得已的情况下和谁一起应酬得越多。

斯彭格勒和鲁珀特每周至少会带我出去一次(当然,他们是分别带我出去的),同时按他们各自独有的方式,一次比一次没有下限。

经纪商午餐变成了经纪商晚餐。相比于白天,斯彭格勒晚上的表现甚至更放肆粗野了,他的牙齿也染得更红了。在场有一个年轻的埃塞克斯外汇经纪商(看样子绝对不超过19岁),斯彭格勒喝多了以后就会踢这个小年轻的屁股,吵吵着:"再给爷倒一杯!你这个经纪商小崽子!"

当这种情况发生时，那个男孩不会回头看斯彭格勒，而是会转过身来看着我。这个没比我小几岁的弟弟，脸上会浮现出一种庄重的默契神情，他不会笑的，我自然也不会笑，我所能做的就是努力迎上他那紧盯着我的严厉目光，然后尽力和他表现得一样庄重，接着我们俩会一起点头。

鲁珀特常想在晚上带我去克拉珀姆，就是他住的那一带，这个地方与伊尔福德在伦敦不仅在地理位置上截然相反，在其他很多方面也是。

那段日子，我要花几个小时在从克拉珀姆回家的路上，有时待得太晚了，都错过末班车了，鲁珀特就只好掏钱让我坐出租车回去。所以我其实不太乐意去参加那里的局，但我没有其他选择，因为鲁珀特想带我认识他所有的朋友。

鲁珀特的朋友们都穿着漂漂亮亮、熨烫整齐的印花衬衫，他们的发型也是一看就花了不少钱，而我的衬衫都是从托普曼买的便宜货，还非"免熨烫"的懒人款不买，因此他们都开始叫我"奇葩加里"，我讲话也开始故意带点儿本来没有的埃塞克斯口音。

鲁珀特有一个朋友和我们一起在拉斯维加斯玩过：高盛的交易员，名叫皮皮-霍洛韦还是什么的，就是那个在豪华轿车上流了鼻血的家伙。不管鲁珀特带我去哪里，我们总能见到他。有一天，鲁珀特在自己的豪宅举办了一个换装派对，我打扮成了DC漫画里的超级英雄罗宾。鲁珀特还让我带了一个之前在街头认识的朋友，名叫哈利，哈利则打扮成了罗宾的搭档蝙蝠侠的样子。就在那次派对上，我们生平第一次亲眼见到有人吸食可卡因。

皮皮-霍洛韦把我介绍给他的女朋友认识。当然，她很漂亮，皮肤像瓷器一样白皙、有光泽，而她那天正好又身着一袭白裙，整

交易游戏 090

个人看起来就像仙女一样。其实，在目睹皮皮在拉斯维加斯的所作所为后，我对于他能有女朋友感到很震惊。我看着这个姑娘，心里真为她感到难过，但她看上去挺开心的。她都在笑了，那我能怎么办呢？我只好也对她笑了笑，并伸出手和她握手："你好，我叫加里，我也很高兴认识你。"

我没和她聊太久，但问了她和皮皮-霍洛韦在一起多久了，因为我一直挺好奇的，结果她告诉我他们在一起已经很多年了。

但带我一起出去玩的不只是鲁珀特和斯彭格勒，每位同事都可能有一天突然叫上我。像 JB 老是在酒吧和外汇经纪商一起喝酒，阮胡和史努比也会来，有时甚至凯莱布也会来，这样的场子只要我想就可以随时加入。史努比一有机会也会带我出去和他的经纪商一起吃饭，他的饭局我总是发自内心地喜欢去，因为我觉得他在场就很有安全感，而且他这个人不作妖，只要有高档菜吃，就会很高兴。每个周三，我们大家伙儿都会去踢足球，我的朋友哈利每一场比赛也都会来踢，其他街头的朋友有时候也会加入，一些外汇经纪商时不时也会来，踢完以后我们就会一起去喝啤酒。

和这些外汇经纪商一起玩最让我着迷的一点是，你常常会在不同的地方看到他们以各种排列组合的方式交替出现。比如，巴士脑袋虽然是斯彭格勒的外汇经纪商（因为前者钉的外汇也是斯堪的纳维亚货币），但这不影响他和我、鲁珀特以及所有其他欧元交易员一起在拉斯维加斯团建。琼斯和我与斯彭格勒共进过午餐，但他其实是加拿大元的外汇经纪商，也就是说他对标的是史努比，所以经常和史努比一起出去吃午饭。大头，那位我"捡来"的城里人爷爷，和我、鲁珀特一起吃过午饭，但他实际上不是鲁珀特的人，而是比尔的，负责钉英镑。

但真正有意思的不是经纪商们出现的方式，不是他们轮着参加不同交易员中午或晚上的饭局，而是他们在每一场饭局中都能表现出截然不同的嘴脸，好像换了个人似的。比如，和我一起在拉斯维加斯玩的巴士脑袋，就是肆意辱骂人家娱乐圈名流买车的眼光有多糟糕的那位，当我和斯彭格勒在牛排餐厅见到他时，他的表现就很难让人认出来了；而用一顿高级日本料理为饵、把鲁珀特叫出来交换情报的大头和在泰晤士河畔的老酒吧里与比尔喝酒的大头，完全可以说是两个人。当这些外汇经纪商和鲁珀特待在一起的时候，他们好像过着禁欲生活的苦行僧，一个个都很克制，神情冷峻，在谈到德意志银行的欧元交易员时，是多么尖酸刻薄、愤世嫉俗和不留情面；当他们和斯彭格勒在一桌的时候，又变得粗野无礼、满口脏话，而且只聊斯彭格勒本人和市场行情；当他们和 JB 一起玩的时候，就大谈橄榄球；和史努比在一起时，他们聊的就全是高尔夫球和美食。这些经纪商全都是变色龙，他们甚至和每一个交易员说话的声线都是不同的。他们好像对每个交易员的喜好了如指掌：斯彭格勒爱喝红酒，爱吃上得了台面的西餐，爱去夜店；鲁珀特爱吃死贵的寿司，喜欢去酒吧；凯莱布对上流社会的运动项目比较感兴趣；比尔只想安安静静地在清吧吃顿午饭，顺便欣赏一下泰晤士河的景色。这些外汇经纪商似乎从来没有问过交易员们各自想要吃什么、干什么，或者去哪儿吃、去哪儿玩，但他们好像潜移默化地就懂了，他们就是知道。

有一次，一个经纪商给我递了可卡因。就那一次。我拒绝了。然后再也没有人给过我同样的东西。我挺好奇这件事会不会被永久地记到他们给我建立的"个人档案"里。我还好奇，这样的一份档案还会记录哪些信息。

3

和鲁珀特晚上一起在外面活动的次数与日俱增,而且待得越来越晚,但晚上待得再晚我第二天还得6点半就到办公室,这样下去早晚有一天会扛不住。虽然我还年轻,但我也只是血肉之躯。

我更愿意和斯彭格勒出去玩的一个原因是,他总是到晚上9点左右就已经喝得不省人事了。这样我就可以直接回家睡个好觉,他甚至都发现不了。但同样的招数对付不了鲁珀特。他酒量太好了,千杯不倒。而且他眼观六路,随时能注意到我的动态。只有当他放我走的时候我才能回家。

一天晚上,在克拉珀姆的一家高档会所里,我们生鱼片也吃饱了,莫吉托也喝够了,眼看着要到我回家的末班列车发车的时间了。当时蒂莫西·特温哈姆也在,皮皮-霍洛韦不知道去哪儿了。临近末班车发车时间时,我总是会试着挪挪屁股,因为我知道自己如果在差不多这个点起身离开,就可以给鲁珀特省下一笔打车费,也就是说他更有可能在这个点批准我离开。

但这次他没有点头。

"先别走，晚点儿我会给你叫车的。"

但我始终没有等到。

时间一分一秒地过去了，"我给你叫车"变成了"待在我家"，后来我们一直喝到了凌晨4点。苍天哪，我6点半就要开始干活儿了。

我的闹钟按照惯例在早上5点10分响起的时候，我还睡在鲁珀特家超大电影房里的一张巨型沙发上，被闹钟吵醒的那一刻，我觉得自己要吐了。如果吐在鲁珀特的电影房里，他八成会杀了我。所以我强忍着恶心硬是坚持到了办公室，谢天谢地也还好没吐在地铁上。

但我也没坚持多久。

到7点45分的时候，我冲进厕所把自己锁在一个隔间里。昨晚吃的生鱼片我全吐在马桶里了，就像电影里狼狈的金融从业者一样。大约半小时后，我才拖着身子慢慢移动回工位。很明显，我因为昨晚的应酬而状态不佳，因此凯莱布马上让我回家了。我刚从卫生间回来，他就走了过来，把手搭在我肩上说："回去吧。"他看上去并没有生气。

我由衷地认为他的决定太英明了，所以赶紧回家了。

这不是什么大问题。接下来发生的事才是真正的大问题。

出于挽回面子和补回工作时长的急切心理，第二天一早我6点就走进办公室了，是第一个到的人。

和往常一样，比尔是下一个到的人。他拿着卡布奇诺从我身边经过时什么也没说，只是笑着掐了一下我的后脖颈。因为我的座位就在部门工区的边上，所以每个交易员同事进来时都必须从我身边走过，而他们每个人都逗了我一下。凯莱布经过我身边时，看上去心情好极了。但与其说他在对我说话,不如说他在冲着我这边说话:"昨天你怎么了,小加?今天感觉好点儿了吗?是不是老霍(指鲁珀特·霍布豪斯)干的好事?"

我笑了,但没多想。5分钟后,鲁珀特也来了。

"早上好,鲁珀特,"凯莱布看着自己的屏幕,头也不抬地说,"加里今天回来上班了,他告诉我是你害他生病的。"

我和凯莱布一样,不需要转身就能猜到鲁珀特的反应,于是赶紧装作非常忙的样子死盯着前方的屏幕。

大约持续了5分钟吧,什么也没发生。整个部门鸦雀无声。而我的每一块肌肉都紧绷着,我在努力全神贯注地盯着我的屏幕,所以别的什么也都看不到。那时,我左手边的工位还是空着的,再过去就是鲁珀特的位子了。我非常肯定,只要把头哪怕稍稍偏过去一点儿,我就能瞟到鲁珀特投来的死亡凝视。

差不多又过了一两分钟,耳边传来一种从喉头发出的沉吟声。真的很难不对此有所反应,但我还是竭力克制住了。沉吟声越来越大,直至升级为一声清晰响亮的怒吼。许多年后,我在京都一座山上的某个寺庙里遇到了一头野猪,它发出的声音基本上就是这样的。和先前的沉吟一样,人出于本能也会对这样的怒吼做出反应,但我现在铁了心要一条道走到黑,如果此时转身去面对着鲁珀特,情况只会更糟。此外,我不可能是整个部门里唯一一个听到这种咆哮声的人,其他人肯定也听到了但都不作声。于是我按兵不动(但已经开始微微出汗了),神情极其专注且刻意地直视前方,努力不做出任何反应。

只听"砰"的一声,然后是什么东西裂开的声音,停了一下,继而又是"砰砰"两声和"咔咔"两声。这种时候没有人能毫无反应。身体本能告诉我，再不做出反应就真的会有受伤的危险，于是我向左转瞧了瞧鲁珀特。下面这一幕就是当时我看到的。

鲁珀特肥大的手掌正按在自己的桌面上，手臂和手肘成90度，双臂撑起了他上半身的重量，只见他身体前倾，背部拱了起来，头向前探出去很远，但不是对他的屏幕，而是朝着我的方向，快要越过我们俩中间隔着的那张空桌子了，他的脸在离我不到60厘米的地方。他龇牙咧嘴，像只狗一样狂吠。而在每个交易员的桌子下都有两扇小门，可以朝里打开，里面放的是我们的台式计算机主机。刚刚听到的"砰砰"声和"咔咔"声就是鲁珀特用脚连续狠踹了这些小门好几下，因为他的身体现在还在抽搐，同时，从他身下传来响亮的撞击声，那肯定是门被踢到后弹开又撞到后面的金属支架上发出的声音。

当然，我目瞪口呆，但也束手无策。这种景象太震撼了，也太离奇了。我的眼睛都挪不开了。

我在还小的时候，曾卷入过几次麻烦，对方真的是些亡命之徒，我也知道有人因此身负重伤。我尝过被人威胁的滋味。但还没有人像狗一样对我恶狠狠地龇牙咧嘴过。

脑子告诉我该转身回去继续看自己的屏幕了，但我的身体还是定在了原地，一动不动地看着他。他也怒目圆睁地对着我，就这么咬牙切齿地看了我足足20秒。我的视线里只剩下鲁珀特紧绷到痉挛的身体，仿佛他体内有一只野兽，即刻就要从粉色衬衫的衣冠牢笼中挣脱，朝我猛扑过来。但什么也没发生。其他人也没有介入。

然后，就在这令人难以置信的20秒过去之后，我突然恢复了理智。我想起来，自己过五关斩六将才来到这里，不是为了观摩这条颤动不停、控制不住自己随时要扑人的疯狼狗的。于是我猛地把头转回屏幕前,耳边还能听到咆哮声,但咬牙切齿的声音停了;慢慢地,怒吼声也渐渐弱下来。在之后的一个小时里,我的视线没有移动过。再之后,那些声音终于平息了下来,最终完全消失了。

我和鲁珀特互相都没有再提起过这20秒钟发生的事。

最不可思议的一点是,发作完的他在当天剩下的时间里,甚至可以说从此以后,再也没有为这件事生气过。

可喜可贺的是,我去克拉珀姆的次数肉眼可见地变少了。

后来事情很快发生了变化。

我之所以把关于外汇经纪商和经纪商午晚餐的故事写进此书中,是因为很多对部门影响重大的事情并不是在部门办公室发生的。它们发生在金融城的酒吧、清吧、餐厅里,发生在温布尔登网球场上、温布利体育场内、拉斯维加斯的威尼斯人酒店中,发生在瑞典博斯塔德的游艇上。在以上所有的场合中,经纪商都是维系交易大厅社会关系网的关键一环。更要紧的是,上回的事过去没多久后,有一位特定的经纪商将在我的人生中扮演不可或缺的角色。

但当我回顾往昔时,我发现自己的记忆是有选择性的,而选择记住哪些事和忘掉哪些事本身就耐人玩味。

所有我去过的那些酒吧、清吧、餐厅,名字我都记不住。我从交易行业急流勇退后过了几年,有次朋友开生日派对,放在"客家人"办,这是位于伦敦市中心的一家高档中餐馆。在走进餐馆的那一刻,我被似曾相识的感觉撞了个满怀,这才意识到我来过这儿,而且不是一次,是好几次。电光石火间,我才突然想到,自己可能已经把伦敦最贵的那些餐厅都吃了个遍了。但之前吃的时候,我从没有把它们看作真正意义上的餐厅,即享用美食的地方。它们对我来说，不过是另一个工作场所。当斯彭格勒和鲁珀特小口饮啜着对我来说要多难喝有多难喝的高级葡萄酒时，我的首要任务只有学习、让在场的记住我这个人，以及融入这个圈子。

只有几家餐厅的名字我记住了。在拉尼玛餐厅，我人生中第一次吃到了小牛肉，很美味。而在洛坎达·洛卡泰利餐厅，有一位外汇经纪商拿走了我的一只鞋，并承诺如果我答应和他增加业务往来，就把鞋还我——结果那天我就穿着一只鞋回家。

还有几个晚上发生的事也让我想忘都忘不掉。比尔第一次带我出去玩时，我才重新认识了他。他并不是不爱说话、滴酒不沾，实际上他酒量十分惊人。那天晚上陪同我们的是这个行业非常稀有的一位年轻的女经纪商。她作风剽悍，颇具伦敦东区人的味道。不幸的是，比尔喝上头了，不小心把他的第八瓶酒全部倒进了女经纪商的名牌手提包。我以性命发誓，我眼睁睁看着她把一大颗泪珠憋了回去。我对她的职业素养致以崇高的敬意。

但我再也没见过她。

还有一件事也令我难忘，那便是凯莱布第一回带我去看英格兰队比赛。在我还是个孩子的时候，这是一个遥不可及的梦。

我还记得，中场休息时，我、凯莱布和几位外汇经纪商，在温布利体育场奢华的团体专区后面的吧台，舒舒服服地喝着酒，我看了一眼手机，突然意识到下半场已经开始了，便赶忙抓住凯莱布的手腕说："下半场开始了，我们得走了！"

印象中，凯莱布和手持品脱杯的其他壮汉们听完都哈哈大笑，笑得杯子里的酒都剧烈摇晃了起来。他们说喝完酒就去。而我们不仅下半场迟到了，后来还提早退场了。

我不记得那天的比赛英格兰队对阵的是哪支球队，也不记得有哪些球员参赛。哪边赢了，谁进球得分了，这些通通不记得。但我记得那天东方队也有比赛，也想到了自从自己开始干这份工作以来，就再没有时间和爸爸一起去看东方队的比赛了。过去，当我和爸爸一起去看球赛时，我们一分钟都不会错过：上半场开场，下半场开场，下半场结束。就算是输了几个球，或者当天很冷，我们也会一直留在观众区。"北安普敦队主场，格里姆斯比队客场。"我爸爸对比分情况和谁进球了永远一清二楚。

　　我仍能回想起来，在应酬结束后一个又一个的深夜里，不管是乘坐列车还是出租车返回，我经常要到凌晨 1 点以后才到家，甚至比这更晚。爸、妈、姐姐，大家都已经睡了。而住了这么久，我早就熟知我们家那陡峭狭窄的楼梯（因为颜色深，一到晚上还会与环境融为一体，根本看不清）上哪几级台阶的哪些地方踩上去不会嘎吱作响：第五级和第六级（靠外面的部分），还有第九级和第十一级。即使是在一片黑暗中，我也能精准地踩在这几级不会嘎吱作响的台阶上，在不吵醒全家人的情况下回到自己的房间，然后躺到床上，定好凌晨 5 点 10 分的闹钟。

4

太阳还是每天照常升起，部门内部也在悄然发生着变化。

我还是每天早上7点前就会到交易大厅，挨着斯彭格勒坐在他的侧后方，尝试着学习外汇掉期业务。尽管斯彭格勒身上存在种种缺点，但他既是一个称职的交易员，也是一位好老师，而且他对我倾囊相授。

外汇掉期其实很好理解，本质上就是一种贷款，具体来说，是一种抵押贷款。你可以这样理解：你去当铺当你的金表，当铺的人就会借给你200英镑。这就是一种抵押贷款。你收到了金额为200英镑的一笔贷款，把自己的金表给当铺作为"抵押物"。在这种情况下，"抵押物"相当于你给出借方提供的一种担保，如果你不还钱，他们就不会把抵押物还你。这就大大降低了他们收不回贷款的风险。从某种意义上说，这样的一笔贷款也是一种"掉期/互换"。债权人在一定的时间段内把钱借给你用，你也在相同的时间段内把金表押给了债权人，过了这段时间，你们把钱和表互相交还给对方，这是一种互换，也相当于外汇掉期中的"掉期"。外汇掉期在运作上与此类"还钱才能把表换回来"的互换交易完全一致，只有一点不同：提供的抵押物不是一块金表，而是你手上的外汇。比如，还是要借200英镑，作为抵押物，你得提供一笔等价值的欧元，按今天的汇率就是232欧元。这是一种抵押贷款，也是一种跨时期的"换汇"，称为"外汇掉期"。

但这就产生了一个问题。当你去当铺的时候，付利息的人是你，而不是当铺老板，因为你是那个要借钱的人。但在外汇掉期中，双方都在借钱——一个借英镑，另一个借欧元——那谁来付利息呢？答案很简单：你们俩都付！其中一个支付英镑的利率，按当时行情是大约4.5%，另一个支付欧元的利率，约为3.5%。这一进一出不是自动抵消了嘛，所以到最后结算时，利率较高的一方，也就是借英镑的一方，直接支付1%左右的净利率差给借欧元的一方。

那么，都是什么人在用外汇掉期产品呢？答案是，几乎每个人都在用。对获得的收益是一种货币，但投资支出又得用另一种货币的任何一只投资基金、对冲基金或任何一家企业来说，外汇掉期产品都是必不可少的。像在孟加拉国开"血汗工厂"的全球连锁快时尚品牌美国盖普（Gap）公司，或者需要购买日本股票的英国养老基金，都需要购买外汇掉期产品。按日交易量计算，它们是世界上体量最大的金融产品之一。

理解了吧？太好了。我敢说，不出意外的话，这应该是你能接触到关于外汇掉期最好的解释了。斯彭格勒差不多就是这么跟我科普的，不过他说的要比这无聊得多，也冗长得多。

事实证明，这是我了解外汇掉期的绝佳时机，因为外汇掉期交易在整个交易大厅很长一段时间内一直处于一潭死水的状态，最近突然开始盈利了。

我知道这一点的原因是，作为部门的一名初级员工，我有一部分的工作是收集部门所有人当日的盈亏情况。以防你不明白，我还是解释一下：所谓盈亏（PnL）就是盈利与亏损（Profit and Loss），也可以说是世界上唯一值得在乎的事。每个交易日结束时，我就会在部门里转一圈，逐个收集、统计交易员们当日的盈亏估计数。

早在2007年我实习的时候，业界一般认为，评价一位短期利率交易员能力是否上乘的标准是一年内能否赚到1 000万美元，也就是一天能否赚4万美元。不少交易员是能一天赚到4万美元的，但没有人能每天都赚到这个数。交易员有时也会亏损，但一个好的交易员会努力达到那个数字，脑子里也会始终绷着"1 000万"这根弦，或者按短期利率交易员的说法，"实现10个小目标"。

有必要补充说明的一点是，以上指的是交易员为银行赚的钱，而不是他们自己赚到手的钱。交易员整体上是拿固定工资的（我当时的年薪是3.6万英镑，对我来说堪称巨款），但到年底会根据他们的盈亏情况发放"绩效奖金"。至于奖金的数字是怎么算出来的，则是个未解之谜，当时的我对此更是一无所知。

时间来到2008年夏天的尾巴，同事们损益表上的数字开始出现增长的势头。以前一天能赚5万美元就很开心了，现在每周能有一到两次每天进账10万美元，甚至20万美元。8月底的一天，比尔破天荒地一天就赚了100多万美元。

虽然我每天收集并通过电子邮件发给花旗纽约总部的损益数只是估计数，但计算机系统会为每位交易员算出精确的日损益数、月度损益数和年度损益数，并在次日前通过电子邮件发给每个人。到8月底，有5位交易员今年已经为花旗赚了超过1 000万美元，分别是鲁珀特、比尔、JB、斯彭格勒、阮胡,而他们当中的比尔、斯彭格勒、阮胡甚至已经赚到 2 000 多万美元了。

不仅仅是短期利率交易本部门的交易员能看到彼此的损益数。所有的信息在内网上都有,整个交易大厅的人都看得到。也就是说,整个交易大厅没有人不知道,到 2008 年 8 月底 9 月初的时候,花旗最能干的 3 位交易员是谁。按顺序分别是:满头银发的利物浦人兼霍比特人比尔,满口南非荷兰语的变态呆瓜斯彭格勒,还有初级欧元交易员阮胡。3 个都出自短期利率交易部。

往前倒几个月,其实在 6 月回到短期利率交易部开始全职工作时,部门全员的损益数已经高得异常了,但更多的钱是在后续的 7 月和 8 月赚来的。我搞不懂其中缘由,而部门里唯二懂得用周期性变动原理对此现象进行分析的是比尔和凯莱布,他们坚称这是因为"伦敦同业拆出利息率(LIBOR)飙升",这对我来说就和说"因为金星逆行"差不多。其他交易员似乎讲不上什么所以然来,同时也对此漠不关心,他们现在眼里只有一件事,那就是,在这么多年不被人所看好之后,他们终于靠着漂亮的损益数打了一场翻身仗。你可以从他们抬头挺胸的走路姿势中看出这一点,也可以从其他部门的同事在他们走过时所行的注目礼中看出这一点。JB 变得比以往任何时候都更活泼好动,你在他位子上更看不到他人了;凯莱布已经是整个交易大厅的明星了,大家都视他为传奇人物;就连闷葫芦比尔的话都多了一点儿。唯一一个看上去有点儿闷闷不乐的人是鲁珀特。正如你可能已经注意到的那样,他没有进入赚钱标兵榜的前 3 名。

我对此感到惊讶。大家当然都很开心,但其他人似乎并不吃惊。根据我的观察,他们都沉浸在这波十年一遇的市场行情中,久旱逢甘霖，没那闲工夫管别人了。再说了，就算表现出惊讶也无济于事，还不如趁行情大热多捞一把，能捞多少是多少。

说实话，我自己也想分一杯羹，然而，虽然我那会儿已经知道外汇掉期是什么了，但还是不知道要怎么才能从中获益。我也很想请教斯彭格勒，但他和其他人一样都忙于搞钱，没空理我。另外，我还是得学一下怎么补位交易。

日子就这样一天天过去。6点20分左右早早就位的习惯让我和同样比较早到的比尔经常能在开始工作前一对一聊会儿。8月以来，他越来越多地谈及全球经济将会崩盘。我本该为此感到担忧，但他讲这个话题的时候嘻嘻哈哈的，还说他要借此机会大赚一笔，所以我就没当回事。

其他人陆陆续续到了以后，我会花一到两小时在电脑上完成一些事务性的日常工作，然后就坐到斯彭格勒旁边跟他学补位交易，一直学到我和他当中有人到时间该去和经纪商吃午饭了。

说实话，补位交易并不难。你先自己预测一下价格，然后和几个外汇经纪商（搞外汇掉期的经纪商我现在已经全部认识了）大致对一下合理的价位范围，接着，在专为本部门所设计的软件上设置好外汇掉期的起息日和交割日，软件会给你提供相关的价格建议，你在它给出的参考价格上适当调高或调低来表达交易方向（调高为拟卖出，调低为拟买入），这就完成挂单等成交了。而在这之后，你可以选择一直挂着单不成交（如果你想这样），或者马上按最优市价交割，落袋为安，薄利多销，也可以试着多找几个人讲讲价，看能不能多挣点儿。我学得很快，所以不久之后，我就开始在凯莱布、斯彭格勒和史努比离开位子的时候给他们顶班。

进入9月以后，又发生了几件事。首先，毕业生入职培训计划启动了，这意味着一群和我差不多大、同样懵懂的毕业生要被带到花旗大厦顶楼，没完没了地听花旗安排的培训课程，培训结束后还要参加花旗的金融学考试。其中自然也包括我。其次，局势有点儿不太妙，"世界经济走到穷途末路"不再只是传言，好像真的要来了。

在所有声讯设备上，打给经纪商的按钮旁边，都有一个和前者一模一样的按钮。按下这个按钮后，就可以通过喇叭外放，把自己讲的话"同步给所有人"，也就是说，整个交易大厅每一台声讯设备上都会播放你的声音。当某个交易员中午外出和经纪商吃饭时被多灌了几杯酒，导致下午到办公室晚了，从而打电话过去向对方兴师问罪，又不小心按错了按钮使得自己的声音被公放时，全部人总会捧腹大笑。

好了，说回正题。9月以来，凯莱布开始每天开一小会儿电话公放晨会，在晨会上，他会谈及最新的伦敦同业拆出利息率，我听得似懂非懂，也不确定这个数字对全球银行系统和世界经济意味着什么。

但很明显，全球银行系统全面崩溃的可能性正在迅速从"绝无可能发生"转变为"几乎可以确定不会发生"，再到"发生概率非常非常低"。听上去好像没什么可不放心的，但我还是惴惴不安。

短期利率交易部除我以外的其他人对此似乎都不太在意。应该说，他们个个都喜形于色。因为伦敦同业拆出利息率的数值越高，全球银行系统不得不承担的借款成本就越大，他们每个人就越有可能赚到更多的钱。

而在此之前发生的事情是：花旗的信贷交易部（也就是我2006年实习过的那个部门）和信贷结构化部（马蒂奇之前实习通

宵待过的那个部门），给全球各国出售了一堆按票面计是几十亿美元但实际上一文不值的垃圾资产。其实如果他们没有把这些残次品也在花旗银行"内部消化"，问题倒还不大。他们错就错在连自己人都骗，那花旗就没法独善其身了。而且，这么做的不只他们，瑞士信贷、德意志银行和摩根大通的那些人，都干了同样的事。这条船上的所有人都越发清楚地意识到，大家迟早有一天会一起完蛋。

我们短期利率交易部对这件事的看法很微妙。首先，我们认为，"对于我们的雇主花旗银行在全球银行体系和全球经济衰败过程中所扮演的不光彩的角色，我们所有雇员都有不可推卸的责任。这是全体性的玩忽职守和道德沦丧"。这显然是句玩笑话。当然了，我们没人会这么想。明明不是我们部门的错为什么要揽到自己头上？那些信贷交易员就是一群浑球儿，他们坐在这一层楼的另一边，本来就胖，还穿着粉色的衬衫，肥头大耳的样子跟猪一样。这些年他们部门没少赚，收益总是在我们部门之上。所以去他的吧，风水轮流转，也该轮到我们部门发达了。

就这样，我们部门的交易员开始每周有2~3次能日赚100万美元。无人关心我们的东家即将破产这件事。放一百个心吧，万一天真的塌下来，政府不会坐视不管的，死不了。

"这下他们该怎么办啊？"大家互相说笑着，"从外面随便找个工人进来接手这个烂摊子？"

整个部门一片笑声，然后大家继续疯狂赚钱。

除了我。我没赚到什么钱。我真的很努力地想弄清楚他们到底做了什么才能赚到这么多钱，但看来这并非易事。但当他们都在笑的时候，我也跟着笑了。

交易游戏　106

就在这个时候,那件震惊全球的事情发生了。

没有人想到雷曼兄弟会破产。

我有两个朋友在雷曼兄弟工作。还记得伦敦政经的校友萨贾尔·马尔德吗?就那个人特别好的肯尼亚人。他参加了雷曼兄弟的毕业生入职培训计划,他本人的交易员职业生涯才刚刚开始。还有一位老兄,之前和我一起在伊尔福德上传统的文法学校。他的名字叫贾佩什·帕特尔。他也刚开始在雷曼兄弟工作。这位则是走少数族裔特招通道进去的。

他俩也从没想过雷曼兄弟会破产。

而就在几个月前,另一家规模稍小一些的美国投资银行贝尔斯登也经历了类似的生死存亡时刻,当时这家银行得到了美国政府部门提供的救助,所以大家都一致认为雷曼兄弟也能拿到上面发的救命钱。

至少凯莱布在每天的电话晨会上是这么说的。

结果并没有。萨贾尔·马尔德丢了工作,贾佩什·帕特尔也未能幸免。他们都是几周前才入职,一直到被裁前,还不管去哪儿都带着公司发的印有"雷曼兄弟"标识的旅行包。

一方面,我对他们失去工作感到很难过,但另一方面,天有不测风云,这也没办法,谁叫你们找工作的时候没擦亮眼睛呢?

但我立刻又狠狠驳斥了自己的这一观点。你怎么能这么想?你有什么资格在这里说风凉话?你是靠一个破纸牌游戏获得了现在的工作岗位,你自己不也没对东家做过背景调查?况且现在花旗银行也处于水深火热当中,要不是运气好,现在在电视屏幕上收拾东西卷铺盖回家的就是我了。

不过我也不确定是否曾对自己进行过上面那一番谴责，也可能是我现编的，这样在良心上能好受一点儿。因为当时我心里更占上风的想法是：死道友不死贫道，倒霉的又不是我，至少我自己还有饭吃还有钱赚，那就歌照放，舞照跳。

当然，有个问题是，我的雇主花旗银行此时也死到临头了，稍微有点儿脑子的都知道，连我这小兵都知道。只不过，大家对这个已经摆在台面上的事实都避而不谈，它就像"房间里的大象"一样。

因此，当凯莱布在电话会议上宣布，现在的真实情况是我们银行作为债权人的到期贷款，对应借款人丧失抵押品赎回权发生的可能性为"估计不到25%"时，数字虽然提高了，但这种至少开始面对现实的表述比原先的"非常非常低"反倒莫名让我更宽心了一些。

但在9月15日周一早上的9点，当我和其他21岁的毕业生一起在顶楼学习债券的数学原理时，他们对我告诉他们的这句"我们有不到25%的可能性收不回贷款（从而要没收抵押物）"却表现出从没听过此等谬论的样子。你真应该看看他们当时听完后的表情。

不过说起来，凯莱布的判断也不一定对。如果从事后来看，那么他是对的。但从哲学角度来讲，要准确评判那样一个概率预测的正确性是非常困难的。

不过我们确实得到了救助，我也因此保住了自己的饭碗，不必用印有"花旗银行"的旅行包收拾东西走人了。还有什么可说的，感谢老天吧。

但我们当时谁都没这么做。

在我满22岁前的2008年10月初，花旗收到政府第一笔救济拨款后的那个周一，我6点10分就到了。而比尔已经到了。当我走进办公室时，整个部门只有我和他。外面天色还很黑，因为太早了。比尔正坐在角落里，小小的身影背后是大大的窗户和没有一丝光亮的天空。他的目光落到了我身上，并随着我移动，同时冲着我笑，像个大马猴一样嘴角都快咧到耳根子了，还不住地对我点头，很难不让人怀疑他精神出了问题，因为这样的举止与他的性格完全不符。他表现反常的原因是，现在能确定花旗银行不会倒闭了，而他上一周赚了3 000万美元，也就是说，年底有望拿到相应的绩效奖金了，所以才高兴得嘴都合不拢了。但我一直不信只有3 000万，到现在我都觉得，比尔在那一周赚到的数目可能远超1亿美元，他那一整周都在闷声发大财。我马上会向你解释比尔是怎么赚到这么多钱的，但现在你知道他很开心就行了。我非常喜欢比尔，所以我也为他感到开心。

下一个到的人是凯莱布。6点半以前就来了，这对他来说是很不寻常的。剩下的人很快也都到了，大家到得都比平时要早很多。整个交易大厅几乎没有其他部门的人来了，就我们部门的人整整齐齐坐在那里，一片昏暗中只有我们面前大大小小的屏幕在发光，感觉像在做一场午夜弥撒。

也没有人说话，过了一会儿，比尔把椅子转到过道上，离凯莱布近一些，然后操着一口利物浦腔对凯莱布喊道："凯莱布，你对美国政府的救助计划有何高见？"

听到这个问题，我们都纷纷转过去看他俩，但凯莱布却没有转头，还是看着自己的屏幕。他伸出左手撑着自己的下巴，想了一会儿，露出了怅然若失的表情，然后说："比尔，我也不知道该怎么说，但这感觉像是都多大了还要靠老爸接济一样。"

把整个交易大厅的人都算在内，这是我第一次，也是唯一一次听到有人从道德层面审视花旗接受政府援助这件事。

大家听完又纷纷转了回来，继续对着自己的屏幕开始交易。他们在交易这件事上赚到的钱比大多数人这一辈子赚到的都多。

那么，为什么雷曼兄弟的危机和美国政府的救助计划对我们短期利率交易部而言是双喜临门呢？

在当时，全世界几乎所有的大银行，尤其是美国的大银行，都破产了。造成的结果就是银行都停止了同业拆借，原因有两个：

（1）如果有人快破产了，你不应该借钱给他们；

（2）如果快要破产的人是你，你也不应该借钱给别人。

这些都是保障安稳人生的重要法则，赶紧记下来。

如果没有人往外放贷，贷款成本就会非常高昂。如前所述，外汇掉期说白了就是一种贷款，不仅是贷款，还是抵押贷款，这意味着作为出借方，如果你的借款人破产了，你不至于血本无归。而且，当全世界都处于破产的边缘时，外汇掉期成了唯一可行的贷款。

外汇掉期业务成了唯一的香饽饽了。

我们发现这一点的起因是，价差直接涨爆了。还记得交易游戏中67对69的价差吗？67买入，69卖出的例子？想象一下，如果价差突然变成47对89，而且买卖双边都不缺交易对手方。只要能找到一个47卖给你的人和一个89从你那儿买的人，42个点的价差就到手了，而同样的一笔两头交易之前只能赚2个点。欢迎上桌来吃价差自助餐，从现在开始，能吃多少就吃多少吧。

交易游戏 110

他们确实也是这么做的。吃得最多的就是斯彭格勒。

他一直都是个痴迷于从客户那里明偷暗抢的魔鬼，他根本就是掉钱眼儿里去了，骨子里就是个交易员。之前 7 月的时候，他搜刮"民脂民膏"搜刮得太过了，连销售人员都回来向凯莱布抱怨。凯莱布问斯彭格勒他都干了些什么，斯彭格勒坐在位子上，一脸委屈地抬头与凯莱布对视，然后张开手臂，理直气壮地对凯莱布说："凯莱布，我又没犯错，这本来就是我的工作！"

凯莱布双手抱肩俯视着斯彭格勒（那神情活像父亲低下头准备教育自己的儿子），语重心长地对他说："斯彭格勒，洗劫客户不是你的工作。把他们卖了还能让他们帮你喜滋滋地数钱，这才是你的工作。"

我一直记得这句话。但我看斯彭格勒有时会忘了这句话。雷曼兄弟的事件过后，他差不多就把这句话抛到九霄云外去了。

还是救援计划过后那一周，有一天，斯彭格勒从一个客户那里"抢钱"抢得太狠了，直接从人家那里拿走 200 万美元。就这一单，赚了 200 万美元。

完成这笔交易之后，他兴奋地从旋转椅上一跃而起，跳到过道上，结果因为劲儿太大直接来了个弓步下蹲，那动作肯定让他那条奶油色斜纹布裤看到了"裤生"的走马灯。斯彭格勒沉甸甸的大脑袋开始上下晃动，他大张着嘴，双臂也拼命挥舞着。此情此景，真是又荒唐又吓人，没有人能忍住不转过来看乐子。

凯莱布也立即从椅子上跳下来，一把箍住斯彭格勒的手臂，动作像极了足球场保安抓裸奔者时连拉带拽的样子。凯莱布抓着斯彭格勒的双肩，身体前倾，两个人的鼻头都快碰一块儿去了，他压低声音质问斯彭格勒："你小子在干什么？啊？有病吧？"

凯莱布一遍又一遍地重复着这句话,而斯彭格勒此时正向后仰着头,嘴唇还在颤抖,憋了半天连一个完整的词都吐不出:"但……但是……我……我……但……但是……"

"闭上你的狗嘴,"凯莱布听得不耐烦了,指着我们这层楼对斯彭格勒耳语道,"睁开眼睛看看你周围的人,坐这边的和坐那边的,看到了没有?他们这周就要滚蛋了啊!你明白什么意思吗?人家这周就失业了,而你又在干什么?跟精神病人一样振臂高呼?你真的知道你在干什么吗,斯彭格勒?你还想不想在这里干活儿拿钱了,嗯?嫌自己工资太高了是吧?"

请记住他问的问题:"你还想不想在这里干活儿拿钱了?"

通看全局,有一个问题,一个大问题。你可能已经发现了。

短期利率交易部的交易员之所以能赚钱是因为利率差已经大得失控了。能从中赚到钱的人都有谁呢?我来提醒你一下,是相应币种场外账户的所有者。斯彭格勒能吃斯堪的纳维亚货币外汇掉期的利率差,因为他是负责斯堪的纳维亚货币的交易员;JB赚日元的,因为他是日元外汇掉期的交易员;鲁珀特赚欧元的,比尔赚英镑的,都是同理。

作为交易员,我交易的币种是什么?无。那我赚哪门子的钱?喝西北风去吧。

这就是问题所在。

得另辟蹊径了。

如果我不能通过开设场外账户赚钱,当其他人都在赚钱的时候,我要怎么才能也赚到钱呢?

这让我想到,有一个人赚的钱比其他任何人都多,那就是比尔。

他又是怎么做到的？

以下就是他的所做所想。

比尔对全球经济持怀疑态度已经有一段时间了。他才不信光靠借钱给烂人就能维系一个经济体的运转，他已经眼见整个世界债台高筑。长期以来，他一直对信贷交易员嗤之以鼻，认为这群数学天才不过是有钱人家被宠坏的低能儿（事后来看可能还真是）。比尔就等着哪一天看他们起的信贷高楼塌下来。

问题是，他有点儿太超前了，这么多年他操作交易的方向都是在赌像现在这样的崩盘情况会出现。这些交易操作在过去的3年里可能令他损失了高达几百万美元。这既解释了为什么迄今为止他都没有给花旗银行带来过什么值得一提的收益，也解释了为什么鲁珀特认为他缺心眼儿。

比尔才不缺心眼儿呢。

比尔暗地里一直在做的事其实是就"不同种类的利率走向会多极分化"这个观点下注。想象一下：当你需要为期3个月的借款时，你会怎么做？去找银行贷，找妈妈要，找黑社会借高利贷，或者随便去哪里，只要能借到钱周转3个月就行，很简单，对吧？但如果你是一家大银行、一家投资基金公司或一家大公司，那么你还有别的办法。作为此类有用款需求的大型机构，你可以打电话给像花旗银行这样的大型借贷机构，要求提供只为期一天的借款。你肯定会想，这又解决不了问题，我需要能用3个月的钱，而不是一天。其实，这并不是什么大问题。当到了第二天，一天时间期满时，你找另外一家大型机构借款方，比如说找德意志银行，再借一天。这下就搞定两天了。3个月的每一天都如法炮制，问题就迎刃而解了。也就是说，你如果想借3个月的钱，有两个选择：一是借一笔为期 3 个月的款项，二是分开借 90 笔每笔都是次日到期的款项。

你选哪一个？你更倾向于选哪一个？你可能会想，我宁愿选一次性贷 3 个月，这样后面就不用费心了，而且一开始就可以知道利率和总共需要付的利息。但在国际货币市场上，提前安排好 90 笔单日借款也不是什么难事，所以在这两种情况下，你都可以在到期前预知利率、锁定利息。

正确的答案是，如果你是借款方，你会更愿意选 90 天后到期的一笔贷款，而如果你是出借方，你更倾向于一天一天把钱借给别人。原因是，如果你借给别人一笔为期 90 天的款项，结果在第 25 天时对方破产了，那你就傻眼了；但如果你是逐日逐笔地给，你就能全身而退。反过来，如果你是借款方，并选择一天天跟别人借钱，同样是第 25 天，被对方知道你还不起了，那你就叫天天不应叫地地不灵了；而如果你一口气借 90 天，那事情就还有转机。

当然，在 2008 年之前，这两个选项选哪个都行，因为那时不存在银行破产的问题。但到 2008 年，一切都变了。为期 90 天的借贷从金融市场上完全消失了，而单日借贷则丝毫不受影响。小老头儿比尔似乎是整个金融城里唯一一个预见到这个情形的人。多年来，他一直在赌这样的事早晚会发生。而预言成真后，他一周内就赚了几千万美元，并且在接下来的时间赚到的数比这还多得多。事实证明，他过去一直挂在嘴边的那句"全球经济会崩盘的"，原来不是随便说说。在被冷嘲热讽了这么久之后，大家发现比尔才是对的，可别提他有多扬眉吐气了。

换作是你，你不得意吗？

但可惜，这不能解决我的问题。因为这盘赌局已经结束下注了。要是早两周就好了。一旦有人在单笔交易中就血赚4 000万美元,你就可以百分之百确定现在入场已经太晚了。

那我做了什么呢?我又找回了斯彭格勒。

除了比尔,斯彭格勒是部门里另一个创收爆表的交易员。

严格来说,斯彭格勒不是部门里赚得第二多的交易员,第二名是阮胡——他后来在那一年里累计赚了超过1亿美元,仅次于比尔。但阮胡是负责欧元账户的,斯彭格勒负责的则是斯堪的纳维亚货币账户。而就不同外汇的盈利水平高低,部门内部存在一个明面儿上的排名,其中斯堪的纳维亚货币差不多处于底端的位置。

那么斯彭格勒是怎么逆风翻盘赚到这么多钱的呢?如果我能说服他演示给我看,也许我也能赚一点儿。

在雷曼兄弟破产之后,大家都被冲昏了头脑。一方面,没有人愿意再帮别人做补位交易,因为他们自己的账户赚钱都快赚不过来了;另一方面,凯莱布总是在和花旗的大佬们开会,以确保所有人的工资都能发下来。正因如此,我大部分时间都在帮忙做补位交易。

但进入11月后,行情开始有所降温,并且凯莱布又回到了自己的工位上。这意味着我又可以再坐回斯彭格勒的身后,而那时他赚得盆满钵满。很明显,到2008年底,他会成为我们银行的顶级交易员之一(可能也是最年轻的顶级交易员之一),这让他变得极为自负,但对我来说倒没有利益冲突。当斯彭格勒飘飘然,忘乎所以时,他只想聊两件事:交易和他自己。那正中我的下怀。

我问斯彭格勒他是怎么赚到这么多钱的,他给我展示了他的"杰作"——一份他一直在用的超大电子表格。它把整个瑞典克朗(别名"斯托克")外汇掉期市场细分到天。比如,12月14日的斯托克借款成本是多少？5月23日呢？并对每一天的情况单独加以分析，把当前市场价和他自己认为的价格进行比较。斯彭格勒把这份电子表格发给了我，我后来也沿用了很多年。

斯彭格勒在给我过一遍表格的时候，顺带也解释了他手上"头寸"的所有类型。"头寸"是交易员们对任一时点上自己目前持有的所有不同交易款项的称呼。在瑞典克朗外汇掉期市场中，这个词代表着交易员在任意指定日期借入和借出了多少瑞典克朗。而斯彭格勒对每一笔交易背后的原因都讳莫如深，好像只可意会不可言传。

但在查看斯彭格勒的头寸时，我注意到了一件事。他每天都在借入瑞典克朗。这没有错，外汇掉期确实是一种贷款，但也是一种"互换"，即双向贷款。不是光有借入，还有借出。就斯彭格勒瑞典克朗账户中的案例来说，对应借入的所有瑞典克朗，他借出的都是美元。这让我觉得有些奇怪。按道理应该是：在瑞典克朗利率低的时候借入克朗，在其利率高时借出。但他不是这么做的。在接下来的两年内，他每天都会借入瑞典克朗并相应地借出美元。唯一的区别是借的数额不同。

他为什么要这么做？

那天下午晚些时候，我稍微有空了，就去看了下其他交易员外汇掉期的账目。比尔也在每天借出美元。史努比也是，但金额比比尔小一点儿。凯莱布和JB也在借出美元。在未来的两年里，他们每天都在往外借出美元。

下班前，我回到斯彭格勒的位子旁边，问道：

"为什么所有人都在借出美元？怎么没人借入美元呢？"

斯彭格勒看我的眼神好像我是个弱智。

交易游戏　116

"我们是多有想不开才会借入美元？脑袋被门夹了吧。"

我只好尝试着在脸上挤出一个看上去脑袋没被门夹过的表情。但肯定没过斯彭格勒那关，因为他深深地叹了一口气，又打开了他的电子表格。

"你看看，现在美元的利率是多少？1%，对吧？之后还会下降到零。但看看在外汇掉期中的美元利率是多少。"他一边在表格的一个角落对一些数据进行操作，一边说，"超过3%。这不是免费的午餐是什么？"

他讲一遍我就懂了。不过他还在自说自话，我已经走神儿了，一门心思都在想着要怎么开口跟他说我能不能也从他那里分点儿业务过来做做。不过没耽误太久，因为就在我字斟句酌的时候，我突然注意到他直视着我的眼睛说：

"怎么样？想要点儿业务做吗？"

你觉得呢？

让我把话说得再明白一点儿，以确保你能跟得上。

先复习一下我前面说过的内容：外汇掉期是一种双向贷款，也就是说交易双方都会从对方那儿借入某种货币并支付利息，这意味着到最后只有一方付利息差。例如，如果英镑利率是3%，美元利率是2%，那么，二人中只需英镑的借款人支付息差就行了，即按1%的利率计算的那部分利息。

但是，每种货币的利率都是由谁制定的呢？

是这样的，在你所在国家的首都，在某处一定屹立着一幢非常优雅气派的古老建筑（如果你生活在欧元区，那样的一栋楼则在德国法兰克福），这座建筑被称为"中央银行"。它可能叫作"英格兰银行"或"日本银行",基本上名字中会有你所在国家的名字。在美国,它被称为"美联储"。在欧元区,它叫作欧洲中央银行。在富丽堂皇的门面里,坐着一群长不大的少爷,他们从象牙塔里出来,不知人间疾苦为何物,每每为了阻止国家经济体这栋大厦缓缓倾颓而奋力进行各种"修修补补",但总是无济于事,徒留一地鸡毛。"修补工作"失败后,他们照样去一个古色古香、金碧辉煌的宴会大厅里吃一顿豪华、丰盛的晚餐。即使你浑然不觉,这帮家伙对你的生活也起到至关重要的作用,他们在本书中的作用也是如此。

不过,到目前为止,你仅需知道的,就是这些人设定的各国货币利率,也包括你们国家的货币利率。(有个事与此有关,你不需要知道但可能会觉得好玩。比尔有一位"御用"的出租车司机,每当他因为和外汇经纪商的晚餐错过最后一趟列车,这位司机就会开车送他回家,回到比尔在赫特福德郡的庄园豪宅。有一次我和这位叫锡德的司机一起在外面喝酒,他告诉我,比尔有条原则——每次只要醉过头,就会让锡德在英格兰银行外停车,这样他就可以溜进银行旁边的一条小巷,对着银行的背后撒泡尿。锡德说,即使有时不顺路,比尔也会坚持这么做。我对这个行为佩服得五体投地。)

废话不多说,到2008年末,虽然已经没辙了,但出于一种死马当成活马医的想法,全世界的中央银行还是都迅速地将本国货币的基准利率直接砍到零,希望能力挽狂澜,给垂死的经济注入一剂强心针。我们部门所交易的几乎所有货币都经历了这一大幅度降息,包括英镑、欧元、瑞士法郎、瑞典克朗、丹麦克朗、美元和加拿大元。如果再加上近20年来都已经长期处于零利率下的日元,世界上几乎所有主要货币的利率很快就都会降至冰点。

那么，这对外汇掉期意味着什么呢？如果说在外汇掉期产品上支付的差价等于利率差，同时几乎所有货币的利率都趋于零，那么利率差也消失了，对吧？那就是说，所有的外汇掉期产品都变成免费的了！

但正如斯彭格勒指出的那样，外汇掉期并不都是免费的。时限极短极短的隔夜外汇掉期因为事实差价为零，所以是免费的。但只要超过几周或一个月，双向拆借美元就会带来巨大的溢价。这给外汇掉期交易员创造了同样巨大的套利空间——可以一次性借出3个月的美元，然后再逐天借入等额美元。正如斯彭格勒向我解释的那样，这是免费的午餐。

不过，世界上哪有什么真正的免费午餐，对吧？钱哪能是大风刮来的呢？如果赚钱真有这么简单，怎么不见人人都在做这件事呢？你还真别说，他们确实都在干一样的事。真有这样天上掉馅饼的好事？这么做到底有什么风险？

这些都是那天我坐在斯彭格勒后面，看他摆弄那张漫无边际的表格时，本可以先问问的问题。但这些问题我一个也没有问，而是对他点了点头，然后说："当然了兄弟，我想要点儿业务做。"

斯彭格勒按了一下声讯设备上的按钮和格兰迪通话，帮我下了一单。就这样，我在一份美元对瑞典克朗的外汇掉期合约中向丹麦哥本哈根的丹斯克银行借出了一笔为期3个月、价值2.4亿美元的瑞典克朗。那天回家我别提有多开心了，这是我人生中第一笔中等规模交易。

一直到我回家和父母一起吃晚饭，看着需要手动调台还布满雪花噪点的老式袖珍黑白电视，我才想起来："等等，我到底在做什么？我对美元-瑞典克朗外汇掉期交易一无所知，这辈子也从没去过瑞典。还有，我怎么知道哥本哈根的丹斯克银行是不是掌握了什么我不知道的信息？另外，2.4亿美元好像不是什么小数目吧？"

但其实，2.4亿美元，也就是斯彭格勒所建议的交易规模，对动辄进行几十亿美元规模交易的短期利率交易部来说不算什么。他们甚至有自己的计量单位，称10亿美元为"一码"。但这对我来说是一笔大得吓死人的钱，并且嘴上说一说和真的去做一单交易感觉完全不同。那天晚上我辗转难眠。

第二天，我一大早就到了。必须得找比尔聊聊这事心里才踏实。

那天早上比尔进来的时候发现我在等他，这让他多少有些意外。前一天我本该问的那些问题，到现在才条条分明地在我脑子里出现。只为了一句人言，就押上你自己的钱、声誉、职业生涯，冒这么大的风险会让你陷入漫长而痛苦的反思，反思自己是不是太轻信这些似是而非的观点了。看看新闻上那些因渎职而锒铛入狱的人，好好想想这一点。

比尔进办公室时，瞟了一眼已经等在他椅子旁边的我。他还没坐下，我就迫不及待地告诉了他我做了什么。

"我下了一单美元对斯托克的交易，3个月到期，借出了2.4亿美元。"

比尔听完立刻大笑了起来。他觉得这太有意思了。

"哈哈，是吗？你终于有种借美元给别人了，嗯？你小子怎么想的，小加？"

他笑得快不行了。

我没敢隐瞒。

"斯彭格勒教我的，他说不赚白不赚。"

一个字的假话都没有。比尔看我的眼神好像在说,这孩子不太聪明啊。出于自我辩解,我补充道:

"我检查了每个人的头寸,所有人都在这么做,是所有人,包括你!"

比尔这才笑了笑,并点了点头,态度也变了,伸出手来捏了捏我的鼻子(如果不是因为我把头发都剃掉了,他可能就要来揉我的头发了)。然后他转过身去,看向自己的屏幕。

"伦敦东边来的二货,你比看上去要聪明嘛。我们都在这么做吗?那看起来你也在这么做。"他继续大笑着,一边启动了面前的9台显示器,一边从包里拿出了《金融时报》。

"那为什么每个人都要这么做呢?有没有什么风险?"我问。

然后,比尔把他的《金融时报》丢在地上。他转过身来,一脸严肃地看着我。

"好,好,好,"比尔可享受这种拿腔拿调教育人的感觉了,"看来有人真的一夜长大了,对吧?那你觉得风险是什么?"

"我不知道。斯彭格勒说这是免费的午餐。那说明当中可能没有什么风险。"

"说得好,你如果不知道这里面的风险是什么,为什么还要这么做呢?"

"比尔,我做这样的交易是因为你也在这么做。"

比尔听完笑了笑。"这回答也很好。好吧,我来告诉你我为什么要这么做。是因为这个世界需要该死的美元,而我们花旗银行又是整个地球上最大的一家美国银行。我们有美元,他们没有,所以我们想收他们多少钱就收多少钱,你随便开价,他们都会给。你听懂了吗?"

我点了点头。

"接下来我要告诉你一些更重要的事情,听好了。你这辈子都别再跑到我面前跟我说,某一笔交易零风险。这是信贷部那些蠢货的看法,你看看他们现在落到什么下场了。最后一点,也是最重要的一点,听完这两句你就可以滚回你的小角落里去了:这类交易唯一一个风险点在于,万一全球银行系统崩溃,我们都会输个精光,你我都会失业,并且不只我们要滚蛋,整个花旗都得陪葬,世界经济这艘大船都要沉船。所以我们只能赌这种情况不会发生,赌我们是对的,不然呢?然后呢,我们赚得腰包都鼓起来了,再去喝上几杯,当然也有你的份儿。但现在,你该回你的位子上去了,从头到尾好好想想我说的这些话。你要保证这是你最后一次做你不知道风险的交易。不过,小加,你这单交易本身倒没有任何问题。臭小子,挺行的嘛。"

比尔说完就回到屏幕前工作了,我也回到了我的座位上。只可惜,这并不是我最后一次进行自己都不清楚有多大风险的交易。要是我能谨遵比尔的教诲,就不会出现后面几年的大麻烦事了。不过除此之外,正如比尔和斯彭格勒告诉我的那样,这确实是一笔很划算的交易。到圣诞节的时候,我已经赚了70万美元了。

回顾最初几个月在部门的日子,出去喝喝小酒,吃吃生鸡肉,学习怎么交易,在其他人出去撒欢的时候跑东跑西给他们顶班,赚到70万美元的第一笔个人盈利……我都不敢相信当时的工作生活这么丰富多彩。从天亮到天黑,又从天黑到天亮,完全察觉不到时间的流逝,过了几个月就像只过了一天。JB总是笑眯眯地开着玩笑,凯莱布似乎也总能注意到我做出的成绩。虽然鲁珀特还是阴晴不定,斯彭格勒还是那么令人生厌,但一切好像都不重要了,因为现在每个人都有赚不完的钱。

当然,头几个月我并没有赚到多少钱,但我能感觉到也快了。年度损益表的结果出来了,我拿到了3.6万英镑的年薪。我从来没有拥有过这么多钱。我可以出去花自己的钱下馆子了,这可是之前我从没做过的事情,而且我还脚穿尖头皮鞋,头戴蓝牙耳机,在交易大厅里来去自如地做交易。夫复何求呢?

但更重要的是,很长一段时间以来我第一次对这里有了家一样的归属感。比尔和凯莱布就像性格两极分化的两个老爸,一个是满口脏话、爱骂人的矮个儿老爸,另一个是说话做事滴水不漏的高个儿体面人老爸;鲁珀特和JB是两个来家里过圣诞节的叔叔,一个嘴巴跟刀子一样,另一个很好相处;史努比和斯彭格勒则像我的哥哥一样。

而有几个晚上当我回家和真正的爸妈一起吃晚饭时,他们会喋喋不休地向我要房租和修车的钱。不情愿归不情愿,修车的钱我还是给了。但我告诉我妈,房租我会付给爸爸;然后告诉我爸,房租我会交给妈妈,这样过了很多年,他们都没有发现不对劲儿。感觉所有的一切好像都如我所愿。

5

就在我以为日子会这样顺风顺水地过下去时,斯彭格勒突然消失了。

一开始我还没有意识到他不见了。斯彭格勒总是每天早上最后一个到的人,所以当凯莱布经过我身边(这时离斯彭格勒通常来上班的点大概还有 15 分钟)并对我说"你今天帮斯彭格勒顶班"时,我也没多想。虽然迟到对斯彭格勒来说是家常便饭(尤其是当他前一晚在外面贪杯了时),但一整天完全不出现就有些不寻常了,而且他也没有提前发短信和我说一声什么的。但我想,谁还没个身体不舒服的时候呢。

奇怪的是没有人对此发表看法。大家平时都拿斯彭格勒开涮,如果之前他在没提前通知任何人的情况下就消失了,怎么可能没一个人拿这件事取乐。但就是一片诡异的安静。所有人都一言不发。

到那个时候,我已经能很熟练地给所有人顶班交易了,所以,对于每种货币的外汇经纪商,我都在自己的声讯设备上设置好了联系方式。我们的联络机制是:每个外汇经纪商都有一条可以直接呼进我们银行的公开电话线路，你可以把他们的号码加进自己的声讯设备里。每当有经纪商向我们喊话时，他的声音就会从那些接入了他的专属线路的交易员的声讯设备中传出。你可以调节每条线路的音量大小，甚至可以直接把声音关掉（这是每个经纪商最怕的事）。举个例子，就好比当时的情况：我被叫来交易斯堪的纳维亚货币（简称斯堪迪），我所要做的就是调高我的声讯设备上接入的两位斯堪迪经纪商的线路音量。

斯彭格勒一直是负责交易斯堪迪的，所以他的通讯录里斯堪迪经纪商比别人的都多，有五六个。其中有两位也在我的通讯录上，我告诉过他们我在代班，但另外三四位不知道，于是斯彭格勒那张目前没人坐的工位上就持续传来声讯设备里那几位经纪商叽叽喳喳的声音，但又无人回应他们。这样差不多过了一个小时，在3位都叫卡斯滕的丹麦经纪商中，其中一位实在不明白为什么没人应答，就开始扯着嗓子喊道："斯彭格勒！斯彭格勒！你在吗？你在那儿吗？"就这样喊了可能有15分钟，直到坐在电话旁边的JB终于忍不住拍案而起，身体靠了过去，一声不吭地把斯彭格勒声讯设备上每一条经纪商线路都设置为"关闭"，然后才坐了下来。那一刻，我意识到可能发生什么事了。

除了不可避免地要报出一些数字，那天一天下来几乎没听到有人说什么。甚至连平时最爱嚷嚷也最活跃的JB也一言不发。

直到早上的交易高峰期完全结束，下午都过去了一半时，比尔这才把我从座位上"抓走"去办公室外面透透气——他在过道上经过我时，直接揪住我的右耳，把我拎了起来。

像之前提到的那样，这层楼有家迷你星巴克，店里有位高大壮实的巴西咖啡师，他会一边煮咖啡，一边唱花腔男高音，还会听桑巴音乐。每当我和比尔要喝咖啡时总会去那家店。但那天我们没去那儿，而是去了金丝雀码头的露天大广场上一家意大利小咖啡馆，这儿离花旗大厦比较远。在过去的路上，比尔没多说什么。到了以后，他买了两杯卡布奇诺，然后让我坐下来。那时已经是12月初了，所以下午这个点太阳已经快要落山了，夕阳的余晖从咖啡店里故意做旧的白色木窗中透过，在我们的桌板上洒下些许光斑。

"你听说了吗？"比尔问我。

"没有，我什么都没听说。到底发生什么事了？"

"鲁珀特把斯彭格勒给整了。"

这是我没想到的答案。在我看来，斯彭格勒是那种自己都能把自己整得五迷三道的人。我尽量不表露出任何情绪，只是平静地问道："这样啊，是什么情况呢？"

"你还记得斯彭格勒给鲁珀特代班的那阵子吗？"

这我还记得。大约是3周前，鲁珀特请假2周去度假了，不在部门。眼下正是大捞一笔的好时机，按理来讲鲁珀特要休假也不会选这个节骨眼儿出去，但法律强制要求每位交易者每年要休满2周的假期，而快到年底了鲁珀特都还没休；同时又因为欧元账户的交易量太大，也太重要了，胡果一个人搞不定，我也不够格给鲁珀特顶班，所以，一直以来在斯堪迪交易上成绩斐然的斯彭格勒这时就被拉来给鲁珀特补位交易了。

我点了点头表示我记得，于是比尔继续说了下去。

"那你知不知道斯彭格勒给鲁珀特赚了一大桶金？"

这我也有所耳闻。斯彭格勒代理欧元外汇交易的这段时间，赚到的钱比鲁珀特自己打理账户时要多得多，而且前者甚至没耽误同时打理自己的斯堪迪外汇交易账户（不过，有一点请记住，欧元交易不管盈利多少都是属于鲁珀特的）。这一点我们都注意到了，要不是因为知道如果我们拿这点说事，鲁珀特肯定会暴跳如雷，我们肯定会揶揄他一下的。而且，就算我们自己不说，鲁珀特知道代班的斯彭格勒业绩竟远超过他后，也会气得冒烟。还是不开口等着看鲁珀特对此的反应比较好玩。

"鲁珀特度假回来以后，检查了所有的交易记录。"

听上去简直不可思议，但如果是他倒也合情合理。欧元账户交易量巨大，每天都会进行数百笔交易，但就鲁珀特的性子来说，逐笔核对也正常。有时，销售人员会以一个略有偏差的价格预约交易，想看看能不能从中挤点儿油水出来，万一被抓到了就一口咬定是个意外。可以肯定的是，在鲁珀特的眼皮子底下肯定一条漏网之鱼都没有。但平时归平时，在你度假回来之后累积了两周的交易量怎可与一天同日而语（特别是那段时间交易部都快忙晕了，累积的量肯定比正常情况下多得多）。为了一笔笔核查完交易记录，鲁珀特那段时间一定在办公室待到了很晚。他这么做是为了什么？单纯为了搞清楚斯彭格勒到底在哪些方面胜过自己吗？

"行吧，"我接着问，"那他有什么发现吗？"

"你猜怎么着，斯彭格勒给鲁珀特代班交易时赚到的钱比我们想的还要多，多到斯彭格勒觉得这里面有一部分理应归他自己。于是他从鲁珀特名下的盈亏结余里转了300万美元到自己名下。"

我听到这件事的第一反应并不是觉得这种做法不对或者不道德。如果我能从鲁珀特的包里拿走300万美元扬长而去，我可能也会这么干。但同时我也震惊于斯彭格勒怎么会这么蠢。你偷谁的不好，偏要偷鲁珀特的，还想不被发现，做梦吧。斯彭格勒这下真把自己搞惨了。

再者，我也能猜到他会这么干。一方面，鲁珀特看斯彭格勒不顺眼是尽人皆知的事实；另一方面，斯彭格勒帮鲁珀特赚到的钞票比鲁珀特自己交易时赚到的可多多了。我都能想象斯彭格勒坐在那儿为鲁珀特顶班交易时的心理活动："我为什么要让鲁珀特吞了我的劳动成果？我才是那个坐在屏幕前干活儿的人，那个创造财富的人，那个比他更适合吃交易员这碗饭的人。我有一万个理由拿走属于我自己的那一份。不多，就一点点。"

我能想到他是怎么想的。这很容易猜到。

但还是蠢透了。

比尔现在变得一脸凝重，他死死盯着我的眼睛。

"你听着，我根本不在乎斯彭格勒会是什么下场。偷业绩就是偷业绩，他蠢得无可救药，活该被人搞，他就等死吧。但我告诉你一件事：在整个交易大厅里，他不是唯一一个偷鸡摸狗的人。他不是第一个，也不会是最后一个。这样的事我见多了。不过，小伙子，你听仔细了，从这里面你可以学到一个教训。我老了，而你还年轻。比起我，你还要在这个圈子混很多年呢。可能未来某个时候你也会干这种事。但不管你做了什么，不管有多过分、多不可告人，你都要给我牢牢记住这 3 个字母：C——Y——A。知道这 3 个字母是什么意思吗？"

我如实承认我不知道。

"CYA 的意思是'别——被——捉'（Cover Your Arse）。保护好自己，别被发现了。无论你干了什么坏事，小加，你都要保全自己。我才不管你偷了谁的业绩，只要不是我或我铁杆工友的就行。但只要你从别人那儿黑了业绩，或者有任何不正当的行为，即使不正当的程度只有 1%，也绝不能留下什么痕迹，一丁点儿可以证明是你干的痕迹都不能有，听到了吗？甚至连你的一丝气味都不要有。我是认真的。因为你现在很受欢迎，工作做得很好，大家都喜欢你。但以后哪天如果有人不喜欢你了，你信我现在说的，他们会恨不得把你做过的东西翻个底朝天，好抓到你的把柄。所以你要确保自己干过的事至少面儿上看起来无懈可击。能做到吗？听明白了吗？否则，你晚上怎么睡得着？别让这些浑蛋掌握哪怕是一件能要了你命的事。小加，你无论做了什么见不得人的事，都不能被逮到。"

我从来没有忘记过这一点，也万幸我没有。

第二天，斯彭格勒还是没来。我在部门角落里自己那张工位上给这位隐身了的超重男孩代班交易斯堪迪外汇。鲁珀特还是在我左手边过去第二个工位。趁他不注意、没有动静的时候，我就试着越过左手边那个空位子偷瞄他一眼。我想看看他有没有哪里不一样，从哪里能不能看出他背后捅人刀子。

但什么也看不出来。他看上去平静如水。如果说有哪里不一样，那就是他看上去比之前还要镇静。我敢说，他身上甚至有种禅意。有那么一会儿，他不知道从哪里变出来一本书，就放在桌面上，然后把脚跷到垃圾箱上，就这么看了起来。这本书名叫《如何怀上个男孩》。我问他，从操作上来讲，是否真有什么独门秘籍能确保是个儿子，他说这就要看你那方面的技巧了。

鲁珀特粗壮的双腿搭在垃圾箱上，脚对着我。而当他坐在那儿看那本书的时候，我便可以无所顾忌地看着他，心里同时在想，那到底是一种怎样的感觉：毁掉一个像斯彭格勒那样憨傻单纯、孤立无援（老家远在千里之外，在这儿无亲无故）的人会是什么感觉？这可是一个比过度发育的小男孩都强不到哪里去的男人。

我抬起视线又对准了鲁珀特，他正惬意地靠在他的大转椅上。这次我想的是，不知道他以后的小孩儿会不会如他所愿是男孩。这是很多年以前的事了，他现在很有可能已经有不止一个孩子了。我挺好奇是不是全是儿子。但愿他们一切都好。

斯彭格勒不见后的第二天，鲁珀特约我和他一起吃午饭。

他和我说的时候，我突然想到，他这么做可能是为了和我解释到底发生了什么，为什么他非要整斯彭格勒不可。当然，他也知道我和斯彭格勒走得还算挺近，我甚至脑子里有个一闪而过的念头：他会不会想着怎么道歉。但他既没有道歉，也没有解释什么，而是做了以下的事。

鲁珀特想去道格斯岛（一座被泰晤士河所环绕的超大圆形半岛，位于伦敦东部，也就是金丝雀码头发展壮大的地方）西岸一家昂贵的西班牙餐厅，所以我们没有搭乘列车或出租车，而是走路过去。那天天气晴朗，我和鲁珀特走在一排排的摩天大楼下，天际线狭窄加上12月的日照角度低，因此虽然天气不错，但几乎没什么光照到我们身上或落到地面上。

在过去的路上，鲁珀特并没有开口说什么。这我倒司空见惯了。当只有鲁珀特和我两个人的时候，不管是去哪儿，除非是他先开口想聊点儿什么，不然我们就零交流。但大多数情况下他会一直保持沉默。

这时鲁珀特突然开口对我说话了，但他既没有回头，也没有放慢步伐。

"加里，你还有印象吧，当你第一天到这儿来工作的时候，我们就像现在这样穿过金丝雀码头。我还记得我们边走你边抬头看，看这些大厦的顶端。"

说完他又沉默了，也没有问我什么。但我似乎都还能听到他未消散的余音在我前方回荡。

为了打破沉默，我含糊地敷衍了两句。过了一会儿，他又接着刚刚的话茬儿继续往下说，好像我刚刚回他的话是耳旁风："不过后来你就不这么干了。你不再仰望那些大楼了。"

他还是没有问我什么问题，于是这次我干脆什么也不说就等他发话。等了很久，他才说："你知道的，这个地方，就像《兔子共和国》里的情节一样，适者生存。在他们背后，还有很多被淘汰的、留不下来的人，你是看不到的。"

我心想："《兔子共和国》又是什么玩意儿啊？"后来回家查了一下，是关于兔子的一本书。

他这句话的话音落下后，中间有一段时间，我们谁也没说话，就这么安静地在冷风中肩并肩地走着，终于走出了这片全伦敦最高的摩天大楼所覆盖的区域。开始有微光落到我们身上，继而洒落在地上。

"该怎么跟你说呢，加里，我这个人其实一向有个毛病。"

这样新鲜的话从鲁珀特嘴里说出来真让我感到吃惊。而他说这句话的时候没有看向我，而是望着前方的天空。

"我一遇到谁，"他继续自说自话，"哪怕是刚刚才认识的人，我也想要马上就知道，是对方比我强，还是我比对方强。"

我没有搭话，只是一边往前走一边看着他。我真的很想知道他会说些什么。

"如果我发现是别人更厉害，我就把他当眼中钉。我恨得牙都快咬碎了，就因为他比我强。"

然后他短暂地停顿了一下。

"但如果对方是我的手下败将,那我就看不起他,这种情况甚至还不如前面那种。因为他不如我,他不配得到我的尊重。"

我无言以对,实在想不出究竟能回他点儿什么。终于走到了道格斯岛的最西端,到了泰晤士河边那家高档的西班牙餐厅。那顿饭我们两个人吃了一整头乳猪。

在那之后,部门里就弥漫着一种疯狂的氛围。虽然除了我,可能还有JB,没有人是打心眼儿里喜欢斯彭格勒的,但大家都知道鲁珀特这么做很不厚道。你不能上来就往死里整他,有事应该两个同事之间先好好商量,而不是直接闹到老板那里。

我们后来才知道,原来鲁珀特甚至都没和凯莱布打过招呼,他是直接越过凯莱布,向凯莱布在纽约的顶头上司告的状。而凯莱布的顶头上司就是个大号的人形鼻涕虫,因为他永远在以超大动静擤鼻涕,所到之处必定留下行行浊涕。鼻涕虫老板于一周前飞来伦敦视察我们这边的工作,然后鲁珀特直接到他面前说了这件事,这也就意味着轮不到我们当中的第二个人再在领导面前解释什么了,连凯莱布都没资格,JB、比尔这样资历稍长点儿的同事也不行,当事人斯彭格勒自然也没法为自己辩白。

一时间人人自危。担心被同事放冷箭的不安情绪在空气中蔓延开来,久不散去。而本来每年一到年底,交易大厅的每个部门就都会笼罩在另一个重大不确定性的阴霾下,而在未来某一天它也会主宰我的生活,这个问题就是:

想拿到报酬吗?

当时,交易大厅中存在的不可理喻现象太多了,其中最不可理喻的事之一就是交易员的薪酬机制。

那一年，比尔和胡某分别为花旗赚了一亿多美元，还有其他几个交易员也紧随其后。但除非你拿到相应的报酬，不然这些数字都没有意义。我敢肯定，他们当年的收入远高于我。我猜他们可能到手七八万美元，但具体的数字我也不太确定。可即使再翻一倍，这个数也远远达不到一亿美元。

所以，一亿美元的盈利数对应多少提成呢？我也不清楚。但鉴于这可能是很久以来短期利率交易部，第一次集体迎来年底绩效暴涨，之前他们拿习惯了的数字可比今年要少多了，所以我想大概率他们也不知道一亿美元的业绩到底能拿到多少提成。

我们甚至都不确定能不能拿到提成。还记得斯彭格勒那个饭局上的外汇经纪商张西蒙吗？3年后，他会成为整个汇丰银行最赚钱的交易员。但到了发奖金的时候，汇丰不但没有给他一分钱，还炒了他鱿鱼。

这就不可避免地在办公室里营造出了一种紧张的气氛。人人手上都握着巨额的盈利数，相当于他们从入职以来给花旗赚的总和的10倍。但没人知道他们面临的会是什么。大家都关心一个问题：我们会拿到报酬吗？

是否能拿到报酬，以及拿到多少报酬，似乎全都基于一系列神秘因素。我知道这一点，是因为交易员们无时无刻不在谈论这些因素。比如，我们部门今年大出风头，这当然人人都看在眼里，但花旗集团作为一个整体今年过得跌宕起伏也是真的，以至于虽然有我们的业绩补救，但还是元气大伤。很显然，这就是个对我们不利的因素。

很多人为因素也牵扯其中。比如，我们部门和集团高管层的关系怎么样？一般会是这样的流程：鼻涕虫老板决定总共给我们部门分多少钱，凯莱布从他手里接过钱再分配到每个人头上。那么，鼻涕虫老板是怎么想的呢？他喜欢我们吗？他知道我们背后叫他"鼻涕虫"吗？但愿他不知道。这就是凯莱布花这么多时间在部门之外的原因：他不得不巴结鼻涕虫老板和其他大人物。只有这样，我们才能拿到钱。没有人比凯莱布更会阿谀奉承那一套了。你找不出第二个比他更善于向上管理的人。

但鲁珀特和斯彭格勒的这件事等于在大老板面前给我们部门抹黑。

所有人都不停地提到这件事，但没一个人提具体的数字。在交易大厅有一条奇怪的规则：从来没有人会告诉你他们的薪水是多少。我当时真的以为只要说了就会被开除。没开玩笑，所有校招进来的毕业生都认为跟别人说自己奖金有多少会触犯解约条例。直到好几年以后，我才发现不是这样的。但至少那会儿我就没法预估到手的数字，不过我也从没想过我可以靠自己那微不足道的70万美元盈利拿到什么报酬，这还不到比尔的1/150呢。

当然，我还是希望他们这些人能拿到相应的报酬。如果今年他们能拿到，那么明年我也能拿到。

然后，正当我们都忐忑不安地等着发奖金的日子时，斯彭格勒突然又回来了。

凯莱布对斯彭格勒并没有什么特别的偏爱。也没有其他人对斯彭格勒有这样的感情。但凯莱布肯定不会容忍鲁珀特就这么骑在他头上越级打小报告。他后来一定也去找了鼻涕虫老板，并在这一点上施了些特别的魔法。于是，斯彭格勒就这么毫无征兆地回来了。

他拖着脚步走进办公室，一脸腼腆地笑着。

  凯莱布没有提前告诉过我们中的任何一个人，说斯彭格勒要回来了，或者至少他没有对我说过什么。我很确定这是因为他就想看看鲁珀特的反应。当斯彭格勒出现时，JB激动地跳了起来，一把抓住他的肩膀，还拍了拍他的脸蛋儿；史努比还有所克制，比尔则毫不掩饰地笑了起来。和所有人一样，我试着偷偷瞥一眼鲁珀特。他没有动，身体坐得僵直，目视正前方，一只手放在键盘上，一只手放在鼠标上。他面无表情，但衬衫领子都快被脖子上的青筋撑爆了。几个月后，该离开的人成了鲁珀特自己。我挺想知道他那个时候是不是已经知道了。

  然后凯莱布去把每个人的奖金都搞定了。

6

发奖金的日子设在1月的某一天，通常在1月底。在那会儿，这是唯一让人在乎的事。后来英国出台了限制奖金与工资的倍数关系的相关法律，这导致大家的工资大幅提升，同时也令奖金日跌下神坛，不再如以往那样富有戏剧性。但在2009年初，奖金日仍然神圣而重大，像某种宗教仪式。

在奖金日，每个部门的主管都会分到一间专属的小会议室，他们会把部门成员逐个叫进会议室来。短期利率交易部的交易员们和凯莱布结束一对一会面重新回到工位后，毫无意外地会引来所有人的目光——同事们都在试图解读其身体语言所释放的信号。

凯莱布通过部门内线叫第一位交易员进会议室。当时，我有一项工作就是负责接所有打进部门的电话（为此还闹了不少笑话，因为没有人能听懂我说"花旗"这个词），这意味着在奖金日，我肩负着一项光荣使命：通知凯莱布叫的第一位交易员。那就是比尔。

当第一个进去的比尔回来以后，我发现自己完全没有心情看他。我不知道为什么，但就是做不到像其他人一样观察出来的人是什么表情和反应。比尔叫胡果进去；胡果回来后，又让鲁珀特过去；鲁珀特回来换斯彭格勒去。就这样，按损益数从高到低排列的顺序，每个交易员都进去过那间会议室了。

可是从第一个进去的到最后一个进去的，我都没法看他们哪怕一眼。我完全不理解自己为什么要这么把自己当回事，今天又不是我的高光时刻，这点我当然知道，但还是觉得难受。

史努比是最后一个被叫进去的交易员。他结束谈话出来以后，叫我进去。我真没想到还能叫到我。

与凯莱布自己原本的那间办公室不同，分配给他的临时会议室在交易大厅很里面的位置，因此我费了点儿时间才找到地方。我一进去，就感到这间没有窗户的房间压抑得令人透不过气来，虽然开着日光灯，但还是十分昏暗。而凯莱布坐在这样一间屋子里，满面春风，目光炯炯，与房间的昏暗形成了鲜明对比。

凯莱布眼神发亮，看上去心情非常好，很明显，他带来了好消息。

他让我坐下来，然后从桌子对面推了一张纸过来——是1.3万英镑（支票）。这对已经做好空手而归心理准备的我来说，是一笔意外之财。

1.3万英镑是一大笔钱，这我知道。但我不记得自己当时是否有欣喜振奋的感觉。说实话，我不记得自己当时有过任何感受。我只记得房间里一片昏暗，还有凯莱布的笑容。

诡异的是，就在那一刻，在那间比杂物间大不了多少的小会议室里，我回想起了自己因为贩卖和吸食大麻而被学校开除的那一天。我的父亲，一位非常虔诚的教徒，被叫到学校来接刚满16岁的我回去。在开车回家的路上，爸爸什么也没说。我眼神迷离地看着一排排房子从眼前飞过时,他转过身来,问了我一个问题。

"那种感觉怎么样?"

我的回答很简单:

"挺好的。"

那天晚上半夜的时候,我醒过来,看到我那同样虔诚的教徒妈妈正坐在我的床尾哭泣。我睡在一张双层床的下床。

当我看到她这样时,我心里想的是:"你哭什么?要去解决这个问题的人是我,而不是你。"

这就是凯莱布给我发了1.3万英镑时我的感受。

收到那笔奖金之后又发生了两件事。第一件是我终于得到了自己的第一个交易账户。就在奖金到手的同一天,JB带我去那家迷你星巴克喝了杯咖啡。他告诉我说,一直以来,我对待工作的态度以及我所取得的进步,他都看在眼里,因此他想把新元的交易账户给我。

新元账户,或者用更恰当的叫法,新西兰元外汇掉期交易账户,可以说根本没人要。JB知道这一点,我也知道这一点。这是我们部门最烂的一个账户。但不管怎么说,对我而言仍然是里程碑式的进展,这样一根橄榄枝在我眼里就是对我的肯定和尊重。

接下来发生的第二件事倒没什么大不了的,但让我印象深刻。JB和凯莱布非得让我给我的父母买点儿东西,算是一点儿心意。

根据他们的说法,我在拿到人生中第一笔奖金之后,无论如何都得给父母买点儿什么。

我长这么大都还没有为任何人买过什么"算是一点儿心意"的东西,一次也没有。我甚至连自己都从未犒劳过。完全想不出来该买些什么。

于是凯莱布问我："你爸爸喜欢什么？"

我告诉他："我想应该是足球吧。"

这就是我给我爸订阅天空体育频道的原因。之前的周六，我、我爸和我在街头的朋友哈利会一起去现场看东方队比赛。而订阅体育频道之后，我在周六的行程改为去伊尔福德的健身房举铁。在我准备出门之前，我爸会坐在沙发上看电视上的英超联赛（这一体验我俩之前都从未有过），然后我会问他比分是多少，问完再出门。

一年后，刚好在我搬出去住的那一天，我取消了订阅。

其实不管是 1.3 万英镑还是天空体育频道，我都不在乎。新元账户在我心里有一点儿分量，但也不多。我真正心系的，或者说心心念念的，是我赚来的 70 万美元，以及对我来说，这 70 万美元来得有多容易。这么说吧，我如果不费吹灰之力就能赚到 70 万美元，那赚 700 万美元是不是也不在话下？这就是我后面要做的事情。

大约就在那段时间，哈利的母亲去世了。我不记得是谁打电话告诉我的。我接的是办公电话还是移动电话来着？除了我妈应该也没有别人了吧。

哈利和我是在同一条街上长大的。他比我小 4 岁。在我眼里他一直是个 10 岁小孩儿，但那时他其实快 18 岁了，是个膀大腰圆、血气方刚的大块头。只要在条件允许的情况下，不管什么时候见到他，他都是脚边一个球，或手拎一瓶酒。

当我们还是小孩儿的时候，哈利和他妈妈一起住，他家刚好就在从我家往后数第八户的位置。他妈妈是一位有着漂亮的棕色鬈发的律师。所以自从他到了上学的年龄，差不多四五岁的时候，我妈妈就开始帮着照看他了。每天放学他就跟着我和我妈一起回我家，直到晚上很晚了，他妈妈才结束工作回来接他。

我没有弟弟，哈利对我来说就是弟弟。小时候我痴迷于电脑游戏，但我的父母从来都买不起游戏机之类的东西。当哈利的妈妈给他买了一台PS（索尼游戏机），但他俩都不知道该怎么用时，我去了他家把游戏机安装、设置好。从那以后，我们就形影不离了。每天晚上，我们不是在他家玩PS，就是去街上踢球。

哈利家和我家在房子大小和房间布局上一模一样，但除了这两点就没有其他相似之处了。因为只有他和他妈妈两个人住，所以他家总是让人感觉很安静，而我家都要挤到爆了。他妈妈永远是那么知性平和，而我妈妈总是很粗野，情绪还起伏不定。哈利妈妈有时会问我要不要留下来和他们一起吃晚饭，因为她打算做波隆那肉酱。而用餐时，她会一边喝着玻璃杯里的红酒，一边谈论书籍。

我知道她患上癌症有很长时间了，但不知怎的，我从没想过她会去世。也许哈利一直也是这么想的。但当同样有一头漂亮的棕色鬈发的我妈告诉我，哈利妈妈去世时哈利哭了，我是很生气的，因为我觉得，这话不应该由她来说。

我站起来告诉凯莱布，我要回家一趟。我没说为什么，但他也只是看了看我就点点头，意思是"可以，那你回去吧"。

哈利和他爸爸关系并不亲近，所以在葬礼上，坐在他旁边的人是我。哈利戴了一条很宽大的橙色领带，衬衫最上面的两个纽扣没有扣上。他并没有哭，而我也不知道他妈妈走了以后他会去哪里。后来他去了埃塞克斯，和他爸爸一起生活了。

我和JB、鲁珀特、比尔都说了这事。每次都是只和其中一位谈起，我说我不知道接下来哈利要做什么。他们都认识他，因为过去每周他都和我们一起踢足球。他们也都很喜欢他，因为他球品

交易游戏

好。他是那种在自己可以射门的情况下也会传球，把机会让给队友的人，并且他总是笑眯眯的，总会随口讲个笑话逗大家开心。

所以当哈利在他母亲去世后又一次现身足球场的时候，场上所有人都起身问候他，一个接一个。我记得鲁珀特和他说话时的情形，鲁珀特把自己厚重的手掌放在哈利的一边肩膀上，一种诚挚而深切的关心之情从他的脸上流露了出来。我希望这些是哈利所需要但我又无法提供给他的。直到那时，我才注意到哈利的块头有多大了。他不再是个10岁的孩子了。我不知道从此以后，我们是否还会一起走下去。

鲁珀特、JB、比尔当中的一个，我不知道是谁，给哈利介绍了一份工作，当外汇经纪商。

这就是哈利也加入这个游戏的过程。

哈利前脚刚拿到这个圈子的入场券，后脚鲁珀特就不在这个圈子混了。或许还真就像《兔子共和国》所描述的那样。

自从鲁珀特想斗垮斯彭格勒但未遂后，他在这儿的日子就进入了倒计时。凯莱布要出手治一治他了。

但凯莱布没法彻底整垮鲁珀特。鲁珀特的防守太强了，他知道怎么保护自己。于是凯莱布给他来了个平级调动。这是伦敦金融城的职场里屡试不爽的一招。现在空出来一个新的岗位，是远在天边的一个地方。什么，你不想去？看来你还搞不清楚状况啊，你去也得去，不去也得去。

给鲁珀特准备的那份差事离凯莱布要多远有多远，远到了澳大利亚——花旗悉尼分行短期利率交易部的负责人。

我不知道鲁珀特想不想去，但他还是去了。至少他表现出了面无惧色的样子。他告诉我说，这个调动对他的事业发展有好处，而且悉尼离拉斯维加斯很近。

我查了一下地图，对他的说法难以苟同。

不过，鲁珀特的离开意味着所有人的职级都能往上晋一晋。JB被提拔为欧元高级交易员，史努比被提升为欧元初级交易员。JB原来的业务——交易澳元和日元给了胡果。每个人都得到了晋升，也分到了新的交易账户。我则什么都没有。但是，随着史努比开始负责欧元交易账户，我得到了搬去坐到比尔旁边的机会，这可令我垂涎已久了。

接着就发生了一件大事。这可能是我交易生涯中遇到的第一个真正意义上的巨大冲击。

我完全没预料到它会发生。你知道的，凯莱布当时只有29岁。有一天早上7点半，他突然站了起来，就在我们马上要进入一天中最忙的阶段时，头也不回地带领部门的人离开工位，三步并作两步地向角落里的一间小办公室走去。我真的以为肯定有人死了。

当时我已经搬到墙角的位置，坐在比尔旁边。凯莱布领着身后一条交易员的长龙正要离开交易大厅，于是我赶紧大口喝下咖啡，扔下头戴式耳机，起身去追他们。前面有人转过身来对我喊道："加里你不用来，我们部门不能一个人都不在位子上。"

我只好杵在原地看着他们，心想："这是干什么啊？"

但这样的想法并没有停留太久，因为很快，史努比的声讯设备就开始哔哔作响，然后是胡果的，接着是斯彭格勒的、比尔的。我在他们的声讯设备之间来回跑，在欧元、日元、克朗、英镑的定价中不停切换，还要把他们每个人对接不同经纪商的袖珍通话开关拨上去（这些经纪商我那会儿倒是都已经认全了）……在那一刻，我

交易游戏 142

感觉自己就像英超联赛中的罗伊·基恩或者史蒂文·杰拉德，是把控全场的中场。我对自己说："这里就交给我吧，我可以的，我的能力没有问题，该怎么做我很清楚。"

然后我心想："该死，我自己就能应付得来，那还需要那么多人干什么？就留我、史努比、比尔……"

由于过度投入到这种手忙脚乱的癫狂状态中，我甚至没有注意到大家又都回来了。比尔不得不给我的肩膀来上重重一击，让我的蓝牙耳机从我头上掉下来，这时我才听得到周围的声音。他大喊一声："凯莱布要走啦！他不干啦!!!"

凯莱布要离开花旗了。29岁的年纪就要退休了，他结婚了，且前不久刚升级当爹。他打算在加利福尼亚建一栋那种一看就是"生人勿近"的大房子，并以家庭主夫的身份在那儿度过余生。我想，这就是他理想中的生活吧。

但他的离开对我来说又意味着什么？

毫无疑问，我的第一个想法就是担忧。

凯莱布是那个拍板决定雇用我的人。可以说他就是我的大金主。是他答应我，我从入职的第一天起就可以交易了。那时的我还只有22岁。对于我这样初出茅庐的毛头小子，能被允许自己独当一面进行交易，还有自己单独的损益统计，是破例了。如果新来的领导不同意怎么办？

接下来的问题是，下一任领导会是谁。他会是部门里的某个人吗？还是从外面空降进来？作为上一年全花旗最赚钱的交易员，比尔肯定能坐上这头把交椅，但我们都知道他不会接受这个岗位的。比尔讨厌那些大佬，对此他不加任何掩饰，他唯一想做的事就是交易。接受这一晋升意味着花在钻营上的时间要变多了，花在交易上的时间就变少了。不，比尔绝不可能接受这一提拔。而史努比确信，如果比尔不肯坐到凯莱布的位置上去，那些上位者就会把这个位置留给鼻涕虫老板的人，一位纽约的交易员，一个长得像青蛙的可怕家伙。

当然，不是只有凯莱布要走了这么一件新鲜事。29岁的凯莱布离职是为了要去加州北边盖一栋自己的房子，这辈子都不再工作了。这家伙到底赚了多少钱啊？我知道我们部门去年的确赚了一大笔数目，总共大概有5亿美元，但我不知道人生原来还可以这么过。这样抽象的词组对我来说闻所未闻：29岁，离职暨退休。这是什么概念啊？

凯莱布的散伙饭，我吃了两顿。其中一顿是大排场的丰盛晚餐，整个部门的人都去了。当时是5月初，阳光明媚，地点就在我和鲁珀特吃乳猪的那家西班牙餐厅。

天气好转，风和日丽，非常舒服。打在人身上的阳光又变得暖洋洋的，天黑得也越来越晚了，餐厅里洋溢着愉快喜庆的氛围。大家都为凯莱布感到高兴。他过的就是自己梦中的生活啊。

交易大厅里的每一个交易员都把"辞职"挂在嘴边。他们会说："等明年拿完奖金，我就走。这些浑蛋不值得我效力，明年我就辞职……"

但没有人真的会辞职，除非到了被劝退的地步。

交易员们如痴如醉地畅想能在山上或者海边拥有自己的房子，绘声绘色地谈论自己以后的田园家庭生活。年轻一点儿的单身汉交易员则聊旅行，聊怎么骑行去印度，又怎么乘船去智利。

但没有人真的付诸行动。

真正的行动派出现了——凯莱布这不就要走了。29岁，仍然年轻，也仍然英俊潇洒。他完全没受到脱发的困扰，甚至连一根白头发都找不到。这也算是一种英雄了。他在做的，是大家都想做的事，并且整个过程没有惹到任何人。至少没有惹到我喜欢的任何一个人。

我们围着矩形长桌坐下，桌上放着数不清的盘子，盘子上放着奶酪碎、西班牙香肠、橄榄，还有一些我看不懂的食物。如果必须说真话，我其实不喜欢那样的食物，宁愿吃顿正儿八经的晚饭。但和大家待在一块儿，有说有笑地吃着东西，一边看着高悬的圆日缓缓沉入泰晤士河，我还是很开心的。没呈上乳猪这道菜也让我松了口气。

正吃着，比尔突然问凯莱布："那你的递延股份怎么办？"

又是个我听不懂的问题，但凯莱布露出了他在主持交易游戏时的那种笑容，那种一辈子没输给过谁的笑容，这引起了我的注意。于是，在他回答的时候，我目不转睛地注视着他。凯莱布答道：

"没事，我搞定了。"

"捐给慈善机构？"

"对。"

"那你怎么说服鼻涕虫的？"

"我跟他说这一年我不要奖金了。"

"他同意了？"

"同意了。"

其他的交易员并没有留意他们俩谈话的内容，但我的目光则来回停留在凯莱布和比尔身上。凯莱布全程微笑着，笃定地点点头。比尔看起来则严肃多了，但也点了点头。虽然我不知道他们在说什么，但我记住了他们所说的。日后的事情将证明，幸亏我这么做了。

过了一会儿，太阳基本上落山了，大伙儿差不多也都喝得酩酊大醉了，这时 JB 问凯莱布："还有什么遗憾吗？"

凯莱布望着夕阳想了一会儿，然后他说，"只有一个，我们还没法彻底扳倒鲁珀特。但不急。慢慢来。一定会有那么一天的。"

我们都笑了，于是继续举起啤酒杯，一直喝到深夜。

我和凯莱布又吃了一次告别餐，这次只有我和他。不过其实更应该说是一次告别午餐。

在跟整个部门宣布完他要离开的消息后，凯莱布走到了我跟前。他说他对于我没法参加这场会议感到抱歉，但我表示理解。他还说，他在录用我之后这么快就要走感到很过意不去，并为当时给我许下了承诺现在又做不到了而道歉。他向我保证会安排好人带着我。为了弥补我，他愿意带我去任何一个我想去的地方吃午饭，我还可以问他一个最想知道的问题，他答应会知无不言，言无不尽。

我让他带我去奇利斯餐厅。那家店的水牛城辣鸡翅做得很好，还配有蓝纹奶酪酱。凯莱布表示无异议。

因为在短期利率交易部，我们很早就开工了，所以也早早地就开始吃午饭了。当我们走进位于金丝雀码头购物中心高层的奇利斯餐厅时，还不到中午。这家宽敞亮堂的快餐店空无一人。我点了想吃的水牛城辣鸡翅。

偌大的开放式餐厅里只有我们俩，多少有点儿凄凉。我和凯莱布面对面地坐在一张方形的塑料小桌旁，摆在我和他之间的是 24 只水牛城辣鸡翅和两小罐蓝纹奶酪酱。他只比我大 7 岁，但陌生人可能会把坐在我对面、体格有我两倍大的凯莱布当作我爹。

我看着他。巨大的脑袋被厚如头盔一样的深色头发完全盖住了。他看上去很累,但又很开心,像是个刚刚干完手头上一大堆活儿的人。那时,我认识他已经有两年半了。我知道自己之后会很想他。这种感觉有点儿像在小学的最后一天:你知道自己今后会想念朋友和老师,但又不知道眼下该说些什么。

当然,这些心理活动我都没告诉他。

"是你说的,"我死死地盯着他的眼睛,"我能问一个问题,对吗?"

"问吧。"

他咧嘴笑了起来。强烈的阳光从天窗射进来,在我们的桌子上洒下一道道利刃般的光束。凯莱布在阳光直射下微微眯起了眼。

"你会如实回答我的问题是吗?"

"说到做到,小加。"

他笑得越发灿烂了。

"我想问什么问题都可以吗?"

"随便你问。"

我放下了一直举着的鸡翅。

"要怎么做才能拿到 10 万英镑呢?"

凯莱布哈哈大笑,前俯后仰。他也放下了啃得只剩骨头的鸡翅。

"10 万英镑的,奖金吗??"

"对呀。"

他停顿了一下,有些难以置信地看着我。

"这不可能。入职的头一年拿不到那么多的。"

凯莱布再一次放声大笑,但我不为所动。22 岁的我直视着他。我在尽力让自己看起来像个成熟的男人。

凯莱布终于不笑了。

"你告诉我该怎么做,我会照你说的去做。"

他发现我是认真的，但他的回答却没有变。

"你做交易员的第一年是拿不到 10 万英镑奖金的。这种事情不会发生的。不可能就是不可能。"

"告诉我，我需要怎么做。你说的我一定会认真执行。"

凯莱布沉默了半响。他摸了摸自己的下巴，然后看向我。

"那你得为花旗赚 1 000 万美元。"

那天下午，我走到工位旁边的打印机前，打开盖子，抽出两张空白的 A4 纸。

在第一张纸的顶部，我用大写字母写下了醒目的"1 200 万美元"。多出的 200 万美元是容错空间。在这行字下，我列了 5 笔交易，我算过，每笔都可以在当年带来 1 200 万美元的净利。这 5 笔交易分别是：

（1）拆出一年期折合 10 亿美元的瑞士法郎外汇掉期；

（2）拆出一年期折合 10 亿美元的日元外汇掉期；

（3）拆出一年期折合 13 亿美元的英镑外汇掉期；

（4）拆出一年期折合 15 亿美元的加币外汇掉期；

（5）拆出一年期折合 14 亿美元的瑞典克朗外汇掉期。

我把那张纸折了起来，放在自己工位的桌子抽屉里。

我在第二张纸上写了同样的内容，也折了起来，塞进我裤子的后口袋，带回了家，放在我床底下的内衣抽屉里保存。

这 5 笔都是大额交易，我的职级太低，没资格执行它们，而且这些也不是我负责的币种，都是别人在管的账户。

我怎样才能参与其中一笔交易呢？

7

凯莱布的实际离职日在5月底。在离职前的一周,他已经把所有的私人物品都从工位上收走了,所以真到了那天就没什么要做的事了,只剩下和我们逐一握手道别。他是下午离开办公室的,在下班前几个小时,大概是3点的样子。

当他从工位上起身,准备走到过道上时,JB 嚎了一嗓子:"凯莱布·楚克曼要下楼了!"

我们部门的人都起立鼓掌,然后整个交易大厅的人也都站起来鼓掌欢送。

我目送着那个男人高大而略显笨拙的背影就这么孤单地消失在过道的尽头。凯莱布是我认识的第一位交易员。他既没有转身也没有举手示意,或者以任何方式回应身后的掌声。他就这样离开了,一步也没有回头。

所有人都想知道新的头儿会是谁。如我们之前所料,比尔拒绝出任。大家都担心可能会是纽约的那个青蛙人。不过大家担心的事没有发生，继任者是查克。

查克·马蒂松也是个大高个儿。

是的，我知道，全书处处可见对交易员们庞大体格的描写，这可能是因为他们几乎都肉眼可见地比我的块头大很多。而其中，查克与我的体型悬殊是最大的。

查克是加拿大人。直到那时我都还没去过加拿大。

他可能是多伦多、温哥华或其他大城市来的人，但当我看到他的那一刻，我瞬间将他想象成一个住在冻土上的伐木工人，身上背着刚砍下来的大树，冒着严寒往家走。这人绝对有两米高。尽管他的肚子鼓鼓的，但他走动的姿势还算优雅，因此他给人的印象并不是臃肥，而仅仅是体壮。用"歌利亚"来形容他可以说是恰如其分。而与之不符的是他那张和蔼的面容，这令他看起来没有了压迫感——不过，我只能说从我仰视的角度看上去是这样的。查克50岁出头，方下巴，下颌线清晰，花白的头发梳着利落的侧分发型，看起来有点儿像我老爸的放大版。他那伟岸的身躯和富有亲和力的气质一下就吸引了我，让我很想进一步了解这个人。

查克是交易大厅的一位传奇人物。他交易的是俄罗斯卢布。正如你看到的那样，短期利率交易部只交易"发达国家"的货币，或者说是"西方世界"的货币。像俄罗斯、印度、巴西这些国家的货币则由"新兴市场"交易部进行交易。其实那些交易员坐的地方离我们不远，但可以说他们和我们是两个世界的人。查克从我还没出生的时候就开始进行卢布的外汇掉期交易了。人们都说查克认识普京。

虽然我们短期利率交易部的人都不认识查克，但我们对他已经有了先入为主的印象：除了好口碑，他的体型实在让人没法不注意。每当查克起身在交易大厅的办公区走动时,他那引人注目的脑袋就会从我们的一排排电脑屏幕上方经过,起起伏伏地,特别明显,以至于整个交易大厅的人随时都能找到他在哪里。在凯莱布离职后的几周内,有关于查克即将成为我们业务部新任负责人的谣言甚嚣尘上。而我是这么发现这不是谣言的。

凯莱布卸任后,我们一直处于群龙无首的状态,瑞士法郎交易员一职也虚悬着,这种情况要等到正式任命了新人才能改变。为此,比尔不得不担任临时经理,而我不得不担任瑞士法郎的临时交易员。这和补位交易还不一样:这些交易不会在凯莱布的账户中进行,因为他的账户已经不存在了,而是会在我的账户中进行。当时,瑞士法郎的外汇交易是个肥差,让我赚了不少钱。

比尔既不喜欢管人,也不喜欢行政事务,而因为我是比尔带的下级,所以很多行政方面的杂活儿就派给我了。这意味着我不得不经常在所有人都回家以后还留下来工作。不过我并不介意,因为就像我前面说的,只要有钱赚,就怎么样都行。

就这样过了两三周,在那些日子里的一个傍晚,我是唯一一个还留在部门工位上的人,做着些无聊的行政事务,发发电子邮件、提交一些预交易的订单。这时查克从他那儿走到我们部门来,到了我面前。当时还没有正式宣布他为我们部门的新负责人。

我抬头看着查克。在我坐着、他站着的情况下,体格差异本就巨大的我们现在相隔甚远。为了能看着我的脸,查克不得不完全把脖子垂下,好像在低头看向自己的鞋子。他笑了起来,向我主动示好。我也笑了笑作为回应。

查克向我伸出一只手,我和他握了一下。

"嗨,加里,我是查克。"

原来他已经知道我的名字了。在和我打完招呼后，他走到旁边找了把椅子坐了下来。鉴于我们部门除我以外的其他交易员都回家了，到处都是空椅子，本来应该马上就能找到一把，但不知道是什么原因，他不见了有两分钟。可能是要找一把加固过的承受得了他重量的椅子。

查克最终带着他找的椅子回来了，他不慌不忙地把椅子转过来对着我，然后坐了上去，一点点把椅子调低。他惊人的体型和重量让他的每个动作看起来都极为庄重，而我感觉自己就像一个小男孩。

查克坐好后，有那么一会儿，什么也没说，只是对我调皮地笑笑。

我不太知道该作何回应，只好也笑了笑，笑得有点儿勉强，然后继续下预交易单。

就这样持续了大约两分钟，也许是觉得这样的氛围太尴尬了，查克靠了过来，对我说了一声"嘿"。

他的微笑还没从脸上消失，看上去有点儿神经质，或者说像个男学生一样憨傻，于是我侧过身也对他说："嘿。"

这时，查克才从背后伸出了他的右手——我压根儿没察觉到他的右手一直放在背后。他的手里拿着一本《体育画报》杂志，你可能已经猜到了，是它的泳装特刊。

我看了看杂志的封面，又看了看查克的表情。他正冲我挤眉弄眼。

查克打开了杂志。但不是只对着自己，而是在我们俩中间摊开，意思是邀请我一起欣赏这些照片。我看到横跨两页的一张比基尼女郎照片。

我看了看照片，又看了看查克。他还在扬着眉毛。在眉飞色舞了一小会儿以后，他说道：

"正点啊。你喜欢这种，对吧？"

我自然是附和道："啊，对啊，是挺好看的。"

于是查克往后翻了一页。

又是横跨两页的一张比基尼女郎照片。查克的眉毛继续上下摆动着，他说："啧啧啧，哎呀。这多带劲儿啊。"

我也点了点头，说："嗯，可不是嘛。"

就这样持续了很久，久到根本找不出一个合理的解释。我搞不懂是什么状况，但就在看到大概是第三还是第四页的泳装照片时，我突然反应过来，查克肯定就是我们部门的新老大。不然就说不通了。在我们翻阅杂志的过程中，这种感觉不断增强，我越发确信就是他。

最后我们终于看完了所有的比基尼照片，查克把杂志卷了起来，塞进他肥大的裤兜里。然后他收起了笑容，用一种意味深长的表情望向远方，那表情好像在说，既然漫长的开场白结束了，他总算可以聊正事了。

"那么，你在你们部门都做些什么呢？"

我和查克四目相对，突然觉得他看起来其实挺年轻的。

真不敢想象，不到一周就要接管短期利率交易部的查克，还不知道我在做什么工作。怎么会呢？还是我搞错了？

我看向查克的眼睛，想读出他内心的真实想法。他来我这儿到底是要做什么？想先探探虚实吗？

由于之前一直都是凯莱布兼任瑞士法郎的外汇交易员，我原以为新任的一把手也会把这个岗位接过去，而我还得老老实实地回去当我的新西兰元外汇交易员,并在比尔需要的时候充当他的补位交易员。查克怎么可能不知道这是我的分内工作。还是说,其实他不知道?

我继续盯着他看。这是在玩儿我吗?还是他真的心里没数?我尝试着从他的表情中找到答案。而也许是因为我看他的时间久到有点儿不对劲儿了,他被我看着看着突然又露出了笑容。随着他的脸上再次绽放出充满童趣的灿烂笑容,我也对他回以微笑,并同时对他说:"我是瑞士法郎的交易员,查克。对,就是我。"

查克笑着,看上去深以为然地点了点头,接着慢慢地从那把加固过的椅子上站了起来,一边起身一边时不时地向我点点头。然后他绕到椅背后面,推着椅子离开了。在他消失于我的视野中之前,查克最后又转了一次身,对我说:"很高兴认识你,加里。期待有天和你共事。"

查克走了以后,部门里又只剩我一个人了。我坐了下来回想着刚才的事。

片刻后,我拨开了声讯设备的开关,打给一个叫莫利的人,他是和我最合得来的瑞士法郎经纪商。我对着声讯设备叫他的名字:"莫利!莫利!你还在吗?"

没过多久,声讯设备里传来了莫利的伦敦东部土腔:"咋了伙计?你怎么还在办公室?"

"老兄,这你别管,我就想问问你,有没有路子可以给我找来几个一年期的对手方?我想要拆些美元出去。"

"哎呀,这会儿大家都下班回家了,不过,我倒是可以问问纽约那边。你要做多大的单子啊?"

"差不多一码吧,哥。"

如前所述，一码是 10 亿美元。

还真给我做成了。我先是正式成了瑞士法郎的外汇掉期交易员，并且也真的完成了我在那张纸上所写下的 5 笔交易中的第一笔交易计划。

到那一年年底，我刚好赚到 1 200 万美元出头。

和我在那张纸上写的一模一样。

8

在我之前,从来没有交易员能在第一年就赚到 1 000 万美元。这是我一赚到这个数他们就告诉我的。

在我看来,那就产生了一个问题:为什么我是第一个呢?

我可以对你说,这是因为我聪明,或者我有胆量。

这话倒不假,因为之前确实没人有勇气在这么小的年纪就开展这么大金额的交易。

但真相并非如此,这两点都不是主要原因,不过当然没它们也不行。真正令我在那一年赚大发了的两个主要原因,一是此类交易很容易操作,二是这样的交易是被允许的。

容易是指所有人都在这么做。在我借出美元的时候,其他人也在进行着相同的交易。以 2% 的利率放出美元长期贷款,再以基本等同于零的利率每天拆入美元。

也许基于同样的原因,这样的交易是被允许的。不然我周围的所有人凭什么个个都在下单,而且他们交易的规模都远在我之上。比如,比尔在 2009 年又赚了 1 亿美元,他已经连续两年成为花旗最赚钱的交易员了。整个花旗都找不到第二个赚到1亿美元的人，但有几个赚了7 500万美元。谁又会关心我的死活？关心那个坐在角落里、勉勉强强才赚了1 200万美元的人？拉倒吧。就连史努比在2009年也赚了3 000万美元。查克有时候倒会从我背后踱步经过，他像一棵老松树一样缓缓朝我走来，在我的电脑屏幕上投下黑压压的巨大影子。但也别指望这时他会说点儿什么关心我的话。他只会露出一个让人不明就里的微笑，你也不知道他是大智若愚还是真的有些疯癫，总之他就那么轻轻地前后晃动我的椅背，但同时目光游离。我心想，搞不好他就是不知道我具体在做些什么工作。

但在我如何能做这么大规模的交易这个问题背后，隐藏着一个更大的基础问题：怎么我们每一个人都能这么做？是出于什么样的考虑才允许所有人进行相同的巨额交易，还能都赚到这么多钱？这样难道一点儿风险都没有吗，就不怕产生什么严重的后果？

直到2009年都过去了一半，我才实在忍不住问了比尔这个问题。他告诉我，在金融危机刚爆发的时候，凯莱布就去找了那些高层领导——不只鼻涕虫老板，还有鼻涕虫老板的上级，以及他上级的上级。凯莱布通过游说这些家伙，为部门争取到了一项特殊的豁免权：允许我们所有人开展相同的交易。用比尔的话说，如果该交易能盈利，我们就都会盈利；比尔、我、查克、鼻涕虫老板、鼻涕虫老板的上级，从下到上皆大欢喜。可恶，连首席执行官也能从我们漂亮的损益数里切走一块蛋糕。但如果事与愿违，整个银行系统就会崩溃，要"死"大家一起"死"，那还有什么好怕的。这就是为什么这样的事能获批。上梁不正下梁歪，从根儿上就开始烂了。

有一次，我往查克的方向看去，心里在想，查克和我们所有人都在做的这些事，是否有问题。和往常一样，查克在对着空气微笑和点头。他刚从抽屉里把一大堆零钱呼啦啦倒在桌子上。我看他数了数硬币,又把它们一叠叠地垒起来。

你可能会认为,赚到第一笔1 200万美元的巨款对我来说是一件大事,一件毕生难忘之事。你可能还会认为,这一人生重大转折点应该在我的脑海中留下了不可磨灭的记忆,一段弥足珍贵、历久弥新的记忆。

但真实情况是,1 200万美元不是一口气就能赚到的,得稳扎稳打,一步一个脚印。

我花了6个多月的时间才赚到那1 200万美元。平均每个月只有200万美元。那是什么概念呢?一天10万美元?可能还不到?

这才是现实。积少成多,滴水穿石,这里赚它10万美元,那里赚它10万美元。有的时候一天可能只有5万美元。

而通往目标的路上,我都在做些什么?这个过程中有哪些事是我记得的?

要知道,数字的力量是很强大的。它可以催眠你。我还记得那张记录了每个人的名字和盈利数的电子表格。每一天,我们都能收到最新的一份。那段时间,我的盈利数不断攀升着。先是100万美元,然后是200万美元。

有天晚上,那是个周末,我看到了一辆银色的标致106,我以为那是我最好的朋友开的。车子停在了肖尔迪奇的一个红绿灯前,于是我跑了过去敲了敲车窗。而当窗口摇下来以后,我看到一张女孩的脸,她也正对着我看。那姑娘有着显眼的"M"形唇,留着黑色短发,是我见过最漂亮的女生,后来也成了第一个我认真谈过的女朋友。

我的累计盈利达到了300万美元,又变成了400万美元。

有一天,首相戈登·布朗在议会中谈及对银行征税,听到这话时,我感到心脏都剧烈抽搐了一下,但转头又看到正在摇晃JB肩膀的比尔,他俩笑成一团,大块头查克也在一旁乐着。我不清楚发生了什么,但还是深呼吸了一下:看来我们不会有事的。

累计盈利达到了500万美元……550万美元。

那个女生住在伦敦的西北边,所以我得有辆车才能去找她。正好,我那位铁哥们儿需要750英镑,因为在中央圣马丁学院学习时装设计的他需要买一个肩膀可折叠的人体模型。于是我花了710英镑买下了他那辆标致,剩下的钱他从他妈妈那里借了。

累计盈利达到了600万美元,接着达到了700万美元。

哈利现在搬去埃塞克斯和他爸一起生活了,但我只要有时间,都会开车去接他,然后一起去健身房。我会问他工作是否还顺利,他一般回我非常顺利。当我问到他和他爸相处得怎么样时,他则会回答还好。

800万美元了,900万美元了。

每个周末,我还会开车兜一大圈去那个女孩在伦敦西北部的那间窄小的单身公寓,然后整个周末都待在那儿。房间的四面墙上都是梅花鹿骨架结构的手绘图,地板上堆满了些零散的布料和衣服。冬天的时候,她拒绝开暖气,说是因为暖气费太贵了,不开可以省钱。

1 000万美元。1 100万美元。

我爸还是在晚上和周末看天空体育频道,不过无所谓,因为我基本也不在家。而因为金融危机,我的好些朋友找不到工作,所以每当有空的时候,我就和他们一起玩PS,开开玩笑。

1 200万美元。

目标达成。

直到盈利数达到 1 000 万美元，一直埋头苦干的我才想起来要抬头看看今夕何夕了。那时已经是 11 月底了。

冬天对交易员来说是个很奇怪的季节，上班的路上，天又黑又冷，下班的时候也是一样的又黑又冷。

那时候我真的连一件像样的外套都没有，只有一件 30 英镑左右在托普曼店买的单薄的黑色双排扣短呢大衣（这件衣服到现在我都还留着）。而为了避免被冻着，冬天我常常从家里一路快跑到车站，掐着列车到站的点跑到站台上。不过，换乘的第二辆列车时间我就没法掐那么准了。在我到站换乘的时候，这班在斯特拉特福站台上的第二辆列车通常会已经停在那儿等候我多时了。我记得自己坐在车尾靠窗的位子上，冻得直哆嗦，等着列车发车，驶入地下轨道。

冬天刚开始上班的头两个小时里，我们是在一片黑暗当中工作，然后，太阳会渐渐从地平线上升起，但我们也看不到什么阳光，因为都被厚厚的云层遮盖了，天色顶多也就是从全黑变为深灰。接下来的 5 个小时，我们就在一片灰蒙蒙中度过，然后天又黑了，这便到了所有人下班回家的时间。

那时，凯莱布和鲁珀特都已经不在这儿干了，比尔成了我的直属领导。我每天都帮他买午饭上来，也只帮他一个人买。做午餐外带生意的餐厅都在地下购物中心里，花旗集团大厦里面倒是有电梯可以直达，但我每天中午都要舍近求远地绕到大厦后面的公园，走很长的一条路线过去，只是为了到户外看看能不能晒到太阳。比尔自己很少离开办公室。我都纳闷儿他从早到晚到底有没有见过阳光。在我的想象中，比尔住在某处豪华的乡野大别墅里。我猜他平时上班都不稀罕到室外晒太阳是因为周末回家住的时候阳光可充沛了。

到 12 月，交易大厅里的全员就会开始精神涣散，无心工作，天天都是去不完的经纪商饭局。那会儿我快赚到 1 000 万美元了，但离 1 200 万美元还有一定的差距。为了这个近在咫尺的目标，我一刻也不敢懈怠，但没那么容易做到，因为身边到处是诱惑——金融城里的每个经纪商和交易员都说，那年的圣诞节系列酒局我起码欠他们一人一杯。

比尔和 JB 隔三岔五就带我出去，跟着他俩混可比之前被鲁珀特和斯彭格勒抓壮丁要好多了，而我也开始见识到他们的酒量。有一次，我收到胡果的短信，说他正和 JB 在金丝雀码头主广场的一家酒吧里一起喝酒，但他得回家了，所以问我能不能过去"换他的岗"继续陪 JB。当我到那儿的时候，JB 已经喝得站都站不稳了，嘴里还骂骂咧咧的，胡果把他放到我肩上，转身就去了洗手间。

我用了好大的劲儿把 JB 放下来，让他坐到一张凳子上，并抓住他的肩膀左右平衡了一下重量，像在台子上摆放花瓶那样。他晃了晃，然后从座位上猛地脸朝前倒了下来，又倒回到我身上。我看到他快哭了。

他开始呜呜咽咽地说什么，他在澳大利亚的姐姐病了，他想回去看看她。他说的时候，我左顾右盼以防有人来看热闹，直到看到胡果回来了。于是我开始拍 JB 的脸，对他低声说道："差不多行了啊，哥。阮胡回来了。别这样丢人现眼闹笑话。"

JB 往左看，看到了胡果，便又开始嘻嘻哈哈的。他使劲捏了捏我的鼻子，导致我的鼻子淤青了 4 天。

没过多久，我们部门集体外出去伦敦市中心的信餐厅，参加部门的圣诞晚宴，那儿本来应该算一家顶奢日料餐厅，但说白了就是富人区梅菲尔的又一家菜馆罢了。比尔喝得跟不要命似的，我只好带他去厕所。就在我像球队队医拖着受伤的球员一步步往厕所挪时，他突然跳起来，扣住我的双肩，并对着我的耳朵大喊："买凯恩！"

"买凯姆！买科卡因！"他大声嚷嚷着，字母"K"的发音尤其含糊不清。

我完全听不懂他在说什么。听着像是在说可卡因，于是我凑近了点儿问他到底在瞎嚷嚷什么，但他不为所动，继续又喊了7次"买克凯伊恩"。

就在这时，演员迈克尔·凯恩从黑暗中走出来，从比尔身旁走过。在震惊中，我松手放开了比尔，后者的身体开始朝后面晃悠，同时直接用手指着我的脸大喊道："那是'迈克尔·凯恩'，你这个伦敦东边来的土老帽儿！"

然后比尔在我眼前又向后醉倒在了地板上。

回到家里，爸妈已经放好了圣诞树，墙上还挂了3只（用来装礼物的）袜子。一只给我哥哥，一只给我姐姐，一只给我。

这棵圣诞树并不大，但把客厅的位置都占满了，所以不管坐哪个沙发上都看不到电视。如果想看电视，要把自己塞进圣诞树和电视屏幕形成的缝隙中。这倒碍不着我，反正我从来也不看电视。

那年圣诞节期间，每次我喝到很晚才回来的时候，家里所有的灯都已经关了，但圣诞树上的小彩灯还亮着，这让客厅也都亮了起来。彩灯变换着颜色，一会儿紫，一会儿橙，一会儿粉，让我想起自己还是个孩子的时候。也许我就没长大过。

那年圣诞节我没有给任何人买礼物。但他们还是都给我送了礼物。

9

我并不害怕奖金日的到来。因为我对能到手多少有个大概的预期,那还怕什么?我心里已经有底了。凯莱布之前告诉我的,1 000万美元的业绩对应10万英镑的绩效奖金。所以1 200万美元差不多对应12万英镑。

那天在和凯莱布的对话中,我挑了10万英镑这个数字问他,其实并没有什么非选这个数字不可的原因。大概只是因为那是我当时能想到的最大的数目,大得我都害怕。还记得吧,就在4年前,我还在每天送报纸,一周才赚12英镑。后来我负责拍枕头,每天进账40英镑,连一天40英镑在我眼里都感觉像是一大笔钱。另外,我当时还住在家里,和爸妈住一起。因此,10万英镑对我来说简直无法想象。我甚至都无法想象要怎么花它。

当奖金日真的来临的时候,我一点儿也不发怵。印象中,我原以为自己会是最后一个被叫进去的,因为上一年是按照盈利数降序的顺序来的,而我的盈利数在部门最低。但实际情况是,第一个被叫进去的比尔(如我所料)回到部门后,他告诉我下一个就是我。

那年的奖金谈话不在上回的"杂物间"里。大个子查克不知道怎么做到的,在花旗大厦的一个犄角旮旯抢到了一间很好的办公室,办公室里的两面窗户正对着金丝雀码头。这太符合他的行事风格了。我记得那天是个晴天,大个子查克坐在办公室里,双手平放在膝盖上,一脸平静,和善地微笑着,整个人沐浴在阳光下,就像一尊黄金铸成的大佛。毫不夸张地说,当时的情形我现在还历历在目,好像昨天发生的事一样。

大个子查克只是笑,什么也没对我说。我在他对面坐下来,学他那样也把双手放在膝盖上。桌子的正中央放了一张白色A4纸,正好在我和他的中点处。纸张被刻意摆放成对着门的角度,这样我和他都看不到那上面的字。

我看着查克,他则颔首垂眸,波澜不惊地看着我。我很快明白过来,他是不打算说点儿什么了。于是,我低头看了看那张纸。

纸张上方有一些字。上面有我的全名(包括中间名)"加里·沃尔特·史蒂文森"。名字下面是一个小小的表格,表格里有好些数字。但没有一个是我预想的那个数。你懂的,12万英镑。

我这才发现这张纸下面还有几张纸,但我基本可以确定,绩效奖金的数字就在最上面的这张纸上。我指了指表头的第一个数字,也是最大的数字:39.5万英镑。

"是这个数吗?"

这么问并非出于什么策略。我其实不记得自己当时的原话了。只记得当时的画面是这样的:我看见自己的胳膊伸出去指了指,然后听到自己嘴里说出的话。

我抬头看着查克。查克的眼睛弯成了月牙状,嘴角明显上扬,整张脸都露出了笑意,然后非常和善地笑了起来。

"对，就是这个数字。"

"哇，"我惊叹道，"这么多。"

这一幕，我不仅是有印象。我印象太深了。但说完这句话，我的头脑就一片空白了。

等到再次回过神来的时候，我已经回到了自己的座位上。我坐在桌前，右手放在鼠标上，左手放在键盘上，心中五味杂陈，既有像做梦一样的难以置信，又有苦尽甘来的心酸，感觉自己快哭了，又得忍住不哭出来。

我感到右边的比尔在盯着我的脸。我本能地转过去，以确认他是否真的在看我：还真是。于是我急忙又把头转了回来。看来我被他看出来快忍不住要哭了。

比尔站了起来，绕到我左边，这样他就挡在我和部门里其他交易员的中间，使得他们看不到我。他把双手撑在我的桌子上，压低身体贴着我说："你出去走走吧。在公园里坐坐，不用急着上来，过会儿就会觉得好点儿了。没事的啊。"

接下来的记忆就是我坐在公园里的草地上，像个孩子一样。它其实算不上一个公园，充其量就是个中等大小的广场，上面有草坪罢了。草坪的三面都被摩天大楼包围着，但那个点的太阳位置刚好在开口的第四面，所以我虽然坐在三长条交叉的阴影中，却迎面对着暖阳。

在我恍惚之际，我什么都忘了带：围巾、外套，甚至连上班时不离手的黑色无指手套都忘了（因为工作时我会觉得冷，所以一直戴着）。我这才感到自己都冻成什么样了，但还好有阳光。

当情绪缓过来以后，我第一个想到的就是我爸。

我爸在邮局工作了 35 年。在我很小的时候，他经常很早就得去上班，在我起床之前就离开家了。如你所知，从七国王站开往金融城的列车过去会从我卧室的窗户旁呼啸而过，而我妈经常也会早早地进来我房间把我轻轻摇醒，让我看向窗外，看能不能在启明星都未升起的一片夜色中，从飞驰而过的列车上捕捉到我爸的身影。

有时列车速度很快，根本看不清楚，就找不到爸爸的身影。但列车开得比较慢的时候，我就能看到他，车厢暖黄色的灯光把他整个人都映照得很清晰，而他也总是看向窗外，就为了冲我笑笑和挥挥手。

等列车过去之后，因为天色尚早，并且又黑又冷，尤其是冬天的时候，我会回床上补觉，而爸爸则到了邮局开始工作。我要等到深更半夜才能再见到他，或者至少对那时还是孩子的我来说是很晚的时间。爸爸回来的时候总是很疲惫，但再累他都会对我们和颜悦色的。

我想到他多年如一日，披星戴月地赶早班车，又披星戴月地回来，冒着严寒风里来雨里去，都是为了我们这个家。为了我。他图什么？图那一年只有 2 万英镑的工资吗？

而我坐在这儿，被摩天大楼所投下的影子包裹着，本就矮小的个子在楼宇的阴影下显得更加渺小。我盘腿坐在一小片有阳光照射的草坪上，衣衫单薄，没有外套穿，也没有围巾围，刚刚年满 23 岁，就在片刻前，收到了 39.5 万英镑。

这意味着什么？

我又坐了一会儿，寒意让我平静了下来，还让我想到了其他人的爸爸。我想到了小学同学伊夫兰·汗，他爸爸是残疾人。这位叔叔没有自己的卧室，就睡在前屋的沙发上，这样就不用爬楼梯。虽然我吃不惯他家的食物，因为太辣了，也喝不惯他家的茶，因为太浓烈刺激了，但他们父子俩都对我很好。我怎么就没有和他保持联系呢？他们现在在哪儿？我还想到另一个叫穆扎米尔的男孩，他是在我们只有七八岁的时候从巴基斯坦移民过来的。因为不会说英语，所以每次到了游戏时间和午饭时间，他就只会一个接一个地翻筋斗，并喊着他唯一会说、我们唯一能听得懂的词——他自己的名字："穆扎米尔！穆扎米尔！穆扎米尔！"

那又意味着什么呢？

我的下一个想法是，现在该做些什么？

接着，我想到，他们其余的人又会拿到多少奖金？如果我的1 200万美元业绩带来了39.5万英镑红利，那么阮胡的7 000万美元业绩对应多少钱呢？一年前鲁珀特凭着8 000万美元业绩又赚到了多少呢？比尔连续两年的盈利数都是一亿美元，他又能到手多少？

还有那些穿着粉色花字衬衫、把整个世界搞得鸡飞狗跳的信贷交易员，他们能拿到多少呢？他们在把一切搞砸之前，又拿到了多少奖金？

我继续思考：赚到1 200万美元很容易。我可以赚2 000万美元、5 000万美元，甚至1亿美元。我很清楚地知道自己比鲁珀特聪明，也比JB聪明。也许我没有比尔聪明，但我如果全身心地投入业务，也能与他相比肩。毋庸置疑的是，我肯定比那些穿粉色衬衫的信贷交易员聪明。我还可以赚得更多。

如果我的业绩能达到5 000万美元，那又意味着什么呢？也许能拿到200万英镑的奖金。我拿着200万英镑能干什么呢？还有什么是干不了的吗？什么都干得了。我可以直接退休了。自由了。我可以完全由着自己的性子来，可以在加州北边建一座房子，也可以坐船去智利。智利在哪儿来着？说不定我就能做到。不，不是说不定，是一定能做到！为什么粉色衬衫佬和鲁珀特之流可以是大富豪，而像伊夫兰、穆扎米尔和我这样的人就不是？为什么不能是我？我又并不比他们差。相反，我比他们强。我、伊夫兰、穆扎米尔，我们都比他们强。而我又是以上所有人当中最聪明的一个。我就是最棒的那一个，也会是最棒的那一个。

我觉得，在那个寒冷的1月，在那天的阳光下，我好像哪里变得和从前不一样了，同时迎来转折点的，还有我的职业生涯。对我而言，这不再是我的职业了。从那一刻起，我开始抱着抢银行的心态发展我的事业。

第三部分
回家问问你妈吧

1

那天我拿到奖金以后,不知道为什么就是不想回家,于是我给我的女朋友发短信问我能不能去她那儿过夜,她答应了以后,我坐银禧线去了伦敦西北部。

那天晚上很冷,是伦敦那种结霜的夜晚。头顶一点儿云都没有,难得地能看到好几颗星星,你能真切地感觉到来自整个宇宙的寒意。

我到了她那里以后什么也没做,其实是感觉自己连动弹的力气都没有了。所以就只是瘫在她小公寓里的床上。她那时是半工半读,在完成时尚设计的学业之余,通过手绘T恤衫来赚钱养活自己。她的公寓墙上贴满了她的旧画作,全都是马、鹿和其他不知名物种的骨架。一个小小的便携式可旋转取暖器将舞动着的温暖的橙色光线洒满了整间屋子,而在这样的氛围中,我躺在床上,数着那些骨架,而她光着脚,在木地板上轻手轻脚地做着我们两个人的晚饭。

我们之前聊过奖金日,她知道我对此一直很期待。而当我们在她的小桌子上吃着饭（吃饭前得先把桌子上的缝纫机、零碎的布料和成衣都移到一边），她告诉我我不需要告诉她发了多少奖金时，她都不知道我心里有多感激。我想，她应该也不知道我那天为什么这么安静。其实我自己也不知道。

半夜我醒来了，发现她在哭。

她哭得很大声，我只好调整了她身体的位置，让她躺在我身下，这样我能低头看着她。我问她怎么了。

"你为什么不告诉我呢？你为什么不告诉我呢？"

她一边抽抽搭搭地说着，一边抬起头幽怨地瞪着我。我抚摸着她的头发，想让她平静下来。我还没有决定好要告诉谁。我甚至不知道自己会不会跟某个人说。但我想，起码我该告诉她，或者我只是不想看到她哭，又或者我只是想把奖金的事跟活生生的人说一说，以确定自己不是在做梦，也不是疯了。

所以我告诉了她。

她下一秒就停止了哭泣。然后她的脸如泥塑般一动不动，仿佛看见了什么幻象，就那样一言不发地抬头望着我，像是要看穿我这个人一样。在那一刻，她看起来很像一个幼儿。她的眼睛似乎越张越大，大到我可以看到她那止水般的虹膜，以及虹膜周围那一大片如开阔海洋一般的眼白。我以前从不知道人的眼睛会这样变化。

我马上就后悔自己告诉她了。

几个月后，我们分手了。

在那之后，我觉得自己不应该告诉任何人奖金的事，但就在一个周末，朋友贾佩什打电话给我，叫我去他妈妈的家里和一群老同学打《实况足球》游戏。贾佩什就是在2008年金融危机中随着雷

交易游戏　172

曼兄弟的破产而失业的那位，但之后他设法在德意志银行又找到了一份交易员的工作。我们的其他几个朋友也在不同的投资银行找到了工作，尽管可能不是像交易员那么光鲜亮丽的岗位。当我们互相传递 PS 手柄时，话题来到了奖金上。

贾佩什收到了 6 000 英镑的奖金，他对此非常满意，并把这个问题继续抛给赫马尔，后者只收到了 3 000 英镑。当马什菲克被问到这个问题时，他说他分文未得。可以看得出，他很生气，但他总是一副不爽的样子。

而这段时间，我一个字也没说，光坐在那里打游戏。最后，这个问题终于问到了我头上。

"你收到了多少，加里？有收到奖金吗？"

我本来都已经决定好不告诉任何人了。但问到我的时候又真的拿不定主意了。那个屋子里的人都是我最好的朋友。我们从小就认识了，到现在已经 10 多年了。我能怎么办呢？难道要对他们撒谎吗？

就在那一刻，我决定干脆说出来，试一试。

"我收到了 39.5 万英镑。"

你能感觉到，整个房间很快缺氧了。你甚至都能听到这一过程，像一阵狂风一样一扫而过。10 秒钟的沉默后，响起了 PS 手柄落地的声音，它掉到地上以后回弹了两下，塑料外壳发出碰撞声。

从那以后就再也回不到从前了。

2

不过,我还是得把发奖金的事告诉一个人:哈利·桑比。他必须得知道。但我不会透露确切的数字,因为我已经清楚地目睹了这个数字的威力。我只能这样告诉他:奖金我拿到了,还算挺丰厚的。我8岁、哈利4岁的时候,我俩就认识了。第一次亲女生、第一次喝醉,这些我都告诉过他。你能理解被一个孩子一直当成偶像的感觉吗?再说,我们现在在同一个工作圈子了,我得让他知道干这行是有甜头的。

所以,在一个周六的早上,我开车去了埃塞克斯,去了哈利他爸爸家。我没有提前告诉他我要来,但我非常早就到了他那儿,这样就能确保哈利肯定在家。

我按了门铃,哈利的爸爸来应门了。我和这个男人一直不太熟。他看上去有点儿憔悴。他的身体撑在门框上,当我问他能否让我见一下哈利时,他挠了挠凌乱的头发和满是胡茬的下巴,好像不是很确定有没有这号人。

他终于露出了恍然大悟的神情,并说哈利正在客厅里睡着。我觉得很奇怪，为什么哈利会睡在客厅而不是卧室，而就在我想这个问题的时候，他爸爸趿拉着鞋上楼了。我之前从来没来过哈利他爸爸的房子，于是我摸黑走进这会儿没人的走廊，穿过走廊去找哈利。

客厅的陈设十分简陋，只有仿木地板、素白的墙、电视和棕色的旧沙发。虽然这是一个冬天阳光明媚的早晨，但暗红色的窗帘被紧紧地拉上了，两片窗帘之间只漏出一小片锐利的光线，穿透了房间的黑暗。

哈利脸朝下趴在沙发上。他的整个脸都深深地埋进了一个破旧的深棕色枕头里。我顿时纳闷儿他怎么呼吸。他的身体比沙发长，所以只能两只脚都靠在沙发的扶手上，看起来像在祷告一样。他穿戴整齐：穿着白衬衫和长裤，以及一双大到滑稽的黑色鞋子。他有一只脚的脚后跟从鞋子里挤了出来，好像是随便甩了两下想把鞋子脱掉，但又没脱成。他的右臂弯弯地往下垂着，手掌平抵在地上，手腕处折成了90度。

尽管看上去没个正经样子，但哈利现在的睡姿只是房间里第二吸人眼球的景象。如果有人走进房间，会立刻引起其注意的并不是穿戴整齐、好像在祷告的、身体埋在沙发里的哈利，而是在沙发后面和上面的景象。那景象在白墙上肆无忌惮地尖声叫着，好像要从墙上跳下来。

从墙壁的边缘开始，有一串巨大的鲜红色大写字母，字体狰狞而潦草，一直延伸到了敞开的大门处。

哈利　国王　是　冠军　桑比

我站在那儿，半晌无言，只是静静地看着这行字。唯一的一缕晨光穿过哈利的腰部，映照到墙上，指着"国王"这个词。真是一件艺术品。

哈利动了动。枕头里传来一声痛苦的呻吟。

我捶了捶哈利的臀部,并试着通过抓他的头发把他的脑袋一把提起来。

"哈利!你在干吗呢?你小子为什么要穿着鞋睡觉?"

哈利侧身撑起沉重的身子,把脸转过来朝向我,露出了笑容。沙发靠枕在他的脸上留下了一条条印子。

我和他一起使劲,终于让哈利坐了起来。他嗤嗤地笑着,吐字不清。很明显,他酒还没醒。后来终于能完整地说人话了,我才得以问他我刚才就想问的问题。

"喂,哈利,你到底在干吗?为什么睡沙发上?"

"哦,这个……哎,没事啦。就,就……和人出去玩了。和同事!"

听上去含混不清。而当他说这话的时候,先指了指左边,又指了指右边。

"你怎么还穿着鞋?"

他朝我咧嘴一笑,踢掉了右脚的鞋子,差点儿击中电视,又踢了几下左脚,但鞋子没有掉下来。哈利咯咯地笑了两声,就不再踢了。

"哈利,你知不知道你自己在墙上用大红漆写了'哈利国王是冠军桑比'这些字?那可是大红漆和你家的墙!天杀的你从哪儿搞到红色油漆的?!而且你写的是什么,根本狗屁不通!"

哈利露出了吃惊的表情,然后很快就扭头去看自己的杰作。他看到那行字后,脸上先是掠过一丝惊讶,然后好生欣赏了一会儿,接着慢条斯理地对着我念了出来:

交易游戏

"哈利，国王，是，冠军，桑比。"

他转过身来，若有所思地点点头，然后用手揉了揉太阳穴。

"你说得对，伙计。语法确实有问题。'国王'和'冠军'这俩词应该对调。但别担心，这是我几个月前就漆上的。它老早就在那儿了。你不喜欢吗？我觉得挺好！"

于是，我从父母家搬了出来，在伦敦东部靠内陆的堡区里由老旧火柴工厂改建的一栋楼房里租了一套公寓（所有的尘垢音乐人都混迹或发迹于此）。我把19岁的哈利·桑比带到了那儿，我们一起住。自此，我们就无异于家人了。

在那之后，我就不得不开始学着做饭了。

不过这些都不重要。我一回到部门就知道了，所有这些都不重要。我为自己喜怒形于色还让比尔看到了而感到难为情。当那天发完奖金，我从金丝雀码头（广场上）的那一小块草坪上起身离开，收拾好心情回到交易大厅后，我知道比尔在我右边看我，而我左边的JB和史努比可能也在看着我。比尔站起来绕到我左边，又像之前那样把我和部门其他同事隔开了。他俯下身子问道：

"没事吧，小加？"

我没有看他，只是回答道："嗯，没事。你在做什么交易？"

因为这就是我们眼下要做的事情。我们现在要做的一切就是进行交易。我们要赚到一亿美元，然后成为百万富翁。

该怎么做呢？

诚如你所见，关于交易的套路到目前为止都还很简单：利用外汇掉期工具，拆出美元长期贷款，再每天借入美元。这对于我们是一棵屹立不倒的摇钱树。但这些炙手可热的交易就像一筐橙子，哪怕最鲜嫩多汁的那几颗也总有一天会被榨干。

在2008年金融危机的余波之后，所有人都想要美元。但没有人有美元，而我们（花旗）有，所以我们赚的钱数都数不过来。但这样的情况不会永远持续下去。没过多久，世界各国的央行都意识到了，缺少美元可借会使全球的银行系统都面临着破产的风险。很快，美联储就开始向其他国家的央行贷出美元。它们通过外汇掉期来完成这项操作，和我们部门交易的金融产品一样。借入这些美元的外国中央银行又将美元借给了它们本国的商业银行。如果把美元比作水源，这些银行在过去就如同快要渴死的人，但没过多久，它们就变成了只是需要喝水的人。这削减了我们的利润。不仅如此，在2009年全年，各国政府和央行提供了巨量的低息贷款，同时购入了巨量的银行系统不良资产，事态也因此变得起来越清晰：银行系统不会崩溃的。

一方面，这非常好，正中我们下怀，说明我们赌对了，赌赢了。这也是我们短期利率交易部（包括我在内）在2009年赚大发的原因之一。另一方面，这也很不妙，意味着发横财的日子到头了。随着各国对美元的需求变得越来越不紧迫，全球银行系统得以苟延残喘，越来越多的交易员和银行进入了这个借出美元的游戏，曾经的暴利业务开始变得越来越没有油水。我们再也不能以2%的利率贷出美元、以零成本借入美元了。能有1%的利差就很好了。

这对2010年初刚下定决心要成为天字第一号交易员的我来说，无异于晴天霹雳。这里解释一下，当新的一年来临，你之前赚的1 200万美元的业绩已经换来了相应的提成，那1 200万就不再是你的了。新年的钟声敲响后，一切归零。

交易游戏 178

这对交易员来说是个问题，我来给你讲讲原因。

交易并不是免费的午餐。根本不存在那种无须承担重大风险就能让你赚大钱的交易。这也是一条很好的人生准则。如果有人告诉你有这种坐享高收益还不用承担高风险的好事，立马从此远离他。

美元的拆借也是这个道理，不可能没有风险。尽管从长远来看，它回报颇丰，但每天都在波动。虽然6个月之后基本稳赚不赔，但你不能保证每周甚至每个月都是这样。

当你已经躺在1 200万美元的功劳簿上时，这点儿波动不是个问题，但当你在起跑线上的时候就是了，因为如果在起点赔了钱，你就会陷入一个可怕的泥潭：赤字。

出现赤字意味着你今年开局就输子儿了，意味着每天那份有所有人名字都在上面的损益表被发到每个交易员面前时，你的损益数是标于括号内的红色字体。

你不会想看到这样的画面的，相信我。

但当这样的情况出现时，你的老板就会出现在你身后。你所做的每一笔交易，他都要过问，然后他要跟他的上级汇报你的这些交易。你的交易是真的好，还是你在瞎搞（顺便说一下，其实都是瞎搞），所有人的眼睛都在看。你必须得给你的直属领导和领导的领导发一封邮件解释你进行这些交易的合理性，还要告诉他们，在"止损离场"（结束交易同时结算损失）前，这单交易你最多能接受亏多少。最糟糕的是，有时你的领导或领导的领导会亲自出手叫停你的交易。没人会希望自己的业务被领导叫停。这听上去比让妈妈擦屁股还叫人难堪。

所以，不能让赤字出现在你的选项中，要知道它同时还会限制你的行动。比尔就不喜欢这种被动的状态，所以他从来不让自己处于零资金的状态。我不是要明褒暗贬或冷嘲热讽他什么，但我接下来要说的是，比尔在每年的第一周总是能赚 1 000 万美元。我不知道他怎么做到的，我也不想知道。我只知道我没有这种金刚钻，所以我每年都是从零开始，和普罗大众一样。

每年从零开始意味着你的头几步要迈得小一点儿。这对我来说有点儿棘手，因为在即将到来的 2010 年里，我想达到 1 亿美元的业绩。还有一个难题是，相比于 2009 年全年，我的主干业务拆借美元，明显没那么有利可图了，而且风险还更高了。这可不只是"让我赚钱变得更难了"这么简单的问题，毕竟，如果只是单纯的利润减少，我总可以把交易规模放大一倍。它之所以是个难题，是因为这让我们所有人都更难以去进行大规模的交易了。

我在 2009 年的交易规模对一个第一年上手业务的交易员来说是巨大的，本来也是绝对不会被允许的。由于部门管理上的疏忽大意、大家的善意，以及我的上司把大部分时间都用来码硬币堆，这一系列综合原因，我才能侥幸做成当年的业绩。但最重要的原因是，我身边的交易员都冒着巨大的风险，赚了很多钱，所以我才得以浑水摸鱼，完成那些交易。

但接下来，别人可能就会注意到我的不合规勾当了。因为首先，仅仅为了让损益数的增长速度达到去年的水平，我就得把那笔对一个 23 岁的交易员来说本就规模巨大的交易再扩大一倍；其次，我们所有人现在都必须降低交易风险，这意味着我周围将全是较小规模的交易和偏低的损益数。我就没法"大树底下好乘凉"了。

这就是为什么在 2010 年初，在我把眼泪憋回去，带着"成为花旗顶级交易员"这一勃发的野心，从金丝雀码头加拿大广场的草坪上回到工位后,一边盯着电脑屏幕一边求教比尔:"你在做什么交易?"

我这么问,是因为比尔总是不做亏本买卖,也总有买卖能做。

我们其他人,说实话,比猴子好不到哪儿去,一群凡夫俗子,每天就是拆借美元、收利差,然后出去买个连门都没有的公寓。

但比尔不一样。他是个艺术家,也是个赌性很大的交易员。

到 2010 年初,在比尔旁边坐了已近一年的我开始欣赏他所做的一切。

在拆借美元这件事上,比尔当然也不例外。拆借美元这样不可多得的交易,就好比牌桌上随便哪个位置出现了一副好牌,比尔肯定会拿起牌就开始打。但除了美元,比尔还会拆借英镑。他不仅对英镑了如指掌,还熟知英格兰银行货币政策委员会每一位委员的性格和习惯。这些制定英国利率的委员是"一群榆木疙瘩"(这是比尔的原话)。真是把他们的情况吃得透透的了。我觉得比尔可能连他们几点睡觉都知道。

比尔还拆借其他货币,但并非所有币种。他说,拆借所有币种是"把鸡蛋都放在一个篮子里"的行为。现在让我们来谈谈这是什么意思。

当借出一种货币时,你其实是在赌利率会降。具体机制是这样的:假设你现在去银行申请一笔为期 5 年的贷款,银行在这个时候并不能预知未来 5 年内的市场利率会是多少。这是因为央行每个月会调整基准利率,而放贷的商业银行目前没法确定到时它们对应的操作。于是你的贷款行会去找像我们这样的人——作为风险承担方的交易员,并让我们承担对赌风险,赌的是利率的升降。

当时，在2010年初，包括英国在内的世界各国，利率几乎都为零。但所有人都（错误地）认为利率会上升。假设交易员们认为利率会在未来5年内从零逐渐提高到5%，意味着这期间的平均利率会是2.5%。这样一来，他们可能会愿意以2.55%的利率借钱给你的贷款行，而后者转头再以2.8%的利率借给你。各方都切走了属于他们自己的那份差价蛋糕。

在交易员承诺按2.55%的利率把钱借给你的贷款行后，他在什么情况下收益为正数呢？

答案是，在利率上升的水平低于预期的情况下。如果利率并没有真的如期上涨，而是保持在零，则那位同意以2.55%的利率贷出款项的交易员回头可以通过以零利率每天借入现钱（再转头贷给银行），来为你5年期、2.8%利率的抵押贷款提供资金。他自己净赚2.55%的利差，你的银行拿走0.25%的小头。神奇吧？空手套白狼！

当然，从来都是只见贼吃肉，不见贼挨打。如果利率上升得比预期的快得多，比如从零立即蹿到5%，然后5年内都保持在这个水平上，交易员就会陷入以5%的利率借入资金、以2.55%的利率借出资金这样的割肉窘境，不得不为自己的误判买单。

这里的教训是：往外借钱就是在赌利率会保持在低位。

那么，利率什么时候会保持在低位呢？一般来说是经济疲软的时候。这和央行调节利率的考量机制有关。当它们认为目前经济萧条时，就会降息；而当它们认为经济在走强或过热，从而导致通货膨胀率高企时，就会加息。降息是为了刺激你消费，加息是为了抑制你消费。

而各经济体又是休戚与共的：它们往往一荣俱荣一损俱损。如

交易游戏　182

果美国的利率一直在低位徘徊，就意味着美国经济低迷，这也意味着英国乃至整个欧洲的经济可能也好不到哪儿去，也就是说，英国乃至整个欧洲的利率也保持在低位。从某种程度上说，贷出美元、英镑、欧元都是同种性质的交易。或者更确切地说，它们是高度相关的交易。如果你一口气拆借了这3种货币，表面上好像是3笔不同的交易，本质上是把同一笔交易做了3遍。这就是比尔没有对所有币种进行拆借的原因，或者用他的话说，没有"把鸡蛋都放在一个篮子里"的原因。

比尔从来没有"把鸡蛋都放在一个篮子里"过。他玩得一手好平衡术。首先，他会从自己最爱的一道菜下手，即市场上目前最上乘的交易，作为自己交易组合的基本盘；然后比尔会问自己，该交易面临什么风险？举个例子，在了解到拆借美元的风险是全球银行系统进一步崩塌后，他会研究在此情况下有哪些交易仍然能逆流而上，并在这部分交易中选择即使银行系统不崩塌也坏不到哪里去的一笔交易，并把它加入自己的投资组合，这样他就旱涝保收了。

他就是这样把自己的投资组合构建起来的：现实世界中哪种情况会对我的一揽子交易构成风险？如果不利情况发生了，还有哪些高明的交易可选？通过这种方式，他相当于盖起了一座交易的"宫殿"，所有的风险都能被覆盖到。这就是为什么比尔总能有进账。无论遭遇何种变故，也无论整个体系受到怎样的冲击，比尔总有一张王牌来应对，兵来将挡，水来土掩。他好像怎么样都能赚到钱。

但要做到他这样并不容易。我试过，才发现前提是你必须是洞悉一切的行家里手。我做不到。我成不了比尔。

史努比精得和猴一样，所以他也知道比尔拥有最强大脑。和我一样，史努比也想成为比尔，但他也做不到。比尔25年如一日，每天早上6点就开始工作了，他整个人蜷缩成一团银灰色的小球，对着手边的电话要讲上11个小时，同时还要在他的第九块屏幕上赌马。我和史努比都想成为比尔的接班人，为此我们聊了好几个小时如何成为比尔第二的问题。但我们做不到。史努比就只是史努比，我就只是我。

我们确定了一个次优解：在不被发现的情况下尽可能多地拆借美元，然后就抱比尔的大腿，能抄一个他的交易是一个。

比尔总是把宝押在货币政策委员会上，也就是押在英格兰银行的"那一群榆木疙瘩"身上。他对他们又爱又恨。这些人拥有比尔所缺少的所有特点：充满优越感、自视甚高、受过良好教育、受人尊敬、有权有势，还有最重要的一点，愚不可及。比尔甚至算得出他们什么时候要打喷嚏。对这些人的了解让比尔赚爆了。他爱死这种感觉了。

具体操作是通过对货币政策委员会的单场会议下注来赢钱。比尔回回不落。现在假设英国的利率是1%，同时有一场这样的会议即将召开。所有人都认为委员会将把利息降到0.75%，但比尔不知道从哪儿得来的消息说他们会降到0.5%。于是你可以根据他的消息，按0.75%的利率出去疯狂放贷（只要到期日设在会议宣布降息前就行），然后在宣布降息以后按0.5%的利率借入资金。这笔横财得来全不费工夫。而这种赚钱方式的妙处在于，你甚至连等都不用等，当天就能不费吹灰之力地大发一笔。比尔会把手上的灰拍掉，弄出很大的动静，再低声说道："三下五除二，搞定！"或者他会转身对我说："让他们瞧瞧！"我那时很喜欢看到他说这话的样子,因为通常我也参与了利率赌局。史努比呢?我转头看向他,他会开心得像个孩子一样。

这就是我的计划,可以说成效显著。搭比尔的"顺风车"攒点儿小钱,积累我在业内的名气,然后用这钱来撬动我的美元拆借规模:一开始先"文火慢炖",再"大火爆炒",就这样把规模做上去,到年底的时候,还怕赚不了大钱?很简单的计划。

到了下午,交易都结束了以后,我会去维特罗斯超市买一些食材,然后回家,试着做我和哈利两个人的晚饭。我学会了炒很好吃的梅子酱猪肉。我们每周会踢一次足球,我还会去健身房锻炼。一切都进行得很顺利,好像有了一个小家庭一样。

3

然后就发生了这件意想不到的事。

2010年的头几个月,我一直让自己的盈利数保持稳中有进,到4月中旬的时候,累计已经有几百万美元了,差不多是一个月100万美元的速度。虽然与2009年下半年狂赚1 200万美元相比,没什么可炫耀的,但这基本能达到我在这一年所追求的收益速度。所有的交易员在2010年所赚的钱都比上一年少多了,所以在4月就有400万美元盈利数的我第一次进入了大部队的中等区间,而不再是垫底的那一个。

账上有钱,心中不慌。手握400万美元以后,我开始稍微增加了一点儿交易风险:多拆借了一点儿美元。但仍然谈不上大额交易,风险温和可控。我准备把高风险、高收益的大招留到今年晚些时候。

一天晚上,我做了一道波隆那肉酱和哈利一起吃,我们开了几瓶苹果酒,打开电视看欧冠半决赛,此时太阳正在下山。我们在堡区的公寓很漂亮。那座老旧的火柴工厂规模巨大,占地很广,就像一块从天上掉下来的巨型红砖积木,高耸入云的红砖瓦塔楼和大约100年没用过的巨型烟囱错落有致地排列着。在维多利亚时代,那家工厂所生产的火柴比世界上其他所有地方加起来的还要多。我们住一楼,四面都是高耸林立的厂房,视线所及满是红砖与窗扉,以及有着含苞待放花朵的枝丫。

我和哈利现在是金融业同行了,所以天没亮我俩就都起床了。堡区离我的办公室近到可以骑自行车上班,于是每天早晨我就穿着蓝色的滑雪外套和鬼塚虎休闲鞋,顺着伦敦东部的主干道脉络,经过克里斯普街市的巨型小狗涂鸦墙,穿过比林斯盖特海鲜市场的老式黄色库房,然后沿着陡峭的坡道上行,进入金丝雀码头。

在哈利不用下班后去喝酒应酬的时候(半数以上的时间里他都需要去),我们都会在5点半左右到家。当电视上放足球节目时,我们就一起看。除此之外我们还会看的另一档电视节目就是真人秀《埃塞克斯是唯一的生活方式》。我一般9点半睡觉。第二天早上如果遇到哈利宿醉不醒的情况,我就得骑着用奖金买的黄蜂牌黑色小摩托载他到车站。

那天晚上,就在足球比赛刚要开始时,我接到了一个显示美国区号的电话。我接了起来,是青蛙。

以防你不记得了,我还是再提一嘴,青蛙是纽约短期利率交易部最资深的交易员。他和我一样,也负责交易瑞士法郎,此外他还交易日元。我伸手去拿遥控器,把电视调成静音,并给哈利递了个眼色让他闭嘴。

青蛙异常兴奋,语速像机关枪一样。我没见到过他真人,但他在电话里表现得和我很亲近,一口一个"小加",就像凯莱布以前叫我的那样。

根据他告诉我的内容，他去了瑞士国家银行（SNB），即瑞士央行。这让我很惊讶，因为我甚至不知道青蛙人现在在欧洲，但他滔滔不绝地说着，完全没有停下来的意思，所以我找不到问的时机。

青蛙说瑞士央行最近会搞些大动作，保持瑞士法郎的高利率。这对我来说是个新闻，应该说，这对所有人来说都是新闻。当时经济暴跌，导致瑞士法郎暴涨，而该货币一直被世人视为避险资产（至少从"二战"以来都是如此），所以大家都认为，为了避免太多人大量购入瑞士法郎导致其价格剧烈波动上涨，瑞士央行会采取激进的手段降息，甚至降到负利率也在所不惜。

青蛙说，那样的事是不会发生的，瑞士央行会令法郎利率居高不下，为此他能血赚一大笔钱，还想拉我一把。

至少他是这么告诉我的。

他之后也确实是这么做的——通过外汇掉期借入了大量法郎。还记得吧，当我们在外汇掉期交易中借入一种货币时，我们就要借出另一种货币，其实这也就是我这一年来一直在做的交易（借出美元）。它成就了我的事业，我自然想扩大它的规模。青蛙说他会不要命地下单瑞士法郎对美元的一年期交易，还说我也应该来点儿。

现在想起来，如果我当时再成熟老到些，或者思虑更周全些，或者哪怕没那么贪心，我的脑海中都可能闪过一丝这样的想法：

"本人加里·史蒂文森，今年23岁，穿着平价休闲短裤（上面还因为蹭到了一点儿波隆那肉酱而留了个印子），日常的娱乐活动是和一个还在快速发育的19岁酒鬼一边喝便宜的果酒一边看欧冠半决赛。我这样的无名小卒，有可能在手机里被一个连面都没见过的人告知价值连城的致富门路吗？"

唉，可惜我既不够有经验，也不够聪明。

"好吧，那我开个两亿美元的单吧。"

青蛙听了以后语气明显很高兴。我把电视静音取消，和哈利继续看比赛。

两亿美元算不上大额交易。我过去做过更大的。除了借贷交易本身的规模，借贷的期限也很重要。青蛙拉着我上的是一年期两亿美元借贷的贼船。单看期限，一年不算长；单看规模，两亿美元也还能接受。问题是，我已经着手在进行这项交易了，而且规模挺可观，这一年里我本来也在逐渐把它的资金盘做大，在这件事发生之前，我一直保持循序渐进的节奏，成功地把交易规模控制在自己想要的水平上。但当我从青蛙那里接手了两亿美元的交易份额后，我的仓位一下子高出了不小的一截儿，超过了它应有的数。

好在这笔交易稳赚。每次拆出美元都能得到回报。史努比曾经跟我说过这样的话："交易利率产品的时候，你只要看两件事：目前的市场利率和交易到期时的市场利率。如果即期的市场利率高于远期，你就把资金贷出去，就这么简单，打个喷嚏钱就来了。"

我们都知道，外汇掉期交易中的美元利率高得吓人，所以自然是拆出；而相应地，我借入了一些瑞士法郎，借款利率低到冰点。青蛙信心满满地认为法郎利率肯定会上升。

好像有哪里不对。不过这笔头寸我还是继续持有了一周左右。我不应该那么干的。

大约是在青蛙牵头的那笔交易结束后一个星期。时间进入5月。一天下午，我正坐在工位上。

像往常一样，下午的伦敦短期利率交易部很安静。而同一时间美国纽约的同事们则忙得不可开交，因为他们那边这会儿正是盘中，此时绝大部分的利率询价会找上他们，而不是我们。我们部门里呈现出一片优哉游哉的氛围：比尔正在给他赌的马下注；JB无精打采地坐在椅子上，一边叼着牙签一边和人闲聊；查克呆滞的目光停留在半空中，也不知道他是不是在冥想；我和史努比正试图从比尔口中挖出他接下来准备进行的交易；斯彭格勒在给他妈妈打电话。大家手头上都没什么要紧事。5月的阳光透过窗户直射进来，要一直到我们下班回家时太阳才会开始落山。我就坐在窗边，身上暖洋洋的，想到自己账上有400万美元的累计盈利，眼见着也快500万美元了，感觉相当惬意。

在这样轻松的下午，我所做的最多就是简单过一遍自己的头寸和交易。我还在用斯彭格勒的电子表格来试算哪些日期的借贷成本低、哪些高，以校准仓位。有时，销售人员会偷偷摸摸地以你账户的名义下单交易，想从你的账面盈利中顺走一点儿油水，但他们下单的时机往往又不对，所以我会把个人交易记录都滚动检查一遍，看看有没有有问题的单子。这招是从鲁珀特那里学的。

那天我的盈利数又上升了7万美元，是个好日子。我倒没做什么特别的操作，只是我的大额美元头寸照常产生了息差利润，像拉磨似的慢慢出油。

我像处于自动驾驶状态那样机械地操作着，检查自己的交易备忘录，刷新页面，核对仓位，再刷新，核对当日损益数，再刷新一遍。

屏幕上显示当日损益数下跌了30万美元。

没事，这种情况时有发生。一般是系统开小差了。我又刷新了

交易游戏 190

一下。还是显示损益数少了30万美元。

系统对损益数的计算需要你先给它提供必要的信息源——只有在随时都能掌握市场价格的情况下，系统才能给你的头寸估值。与"外汇经纪商电脑屏幕"进行联机和导入相关数据，是系统获取信息源的方式之一。我们需要的是他们不断更新的一张页面列表，列表涵盖了所有不同期限和不同种类外汇掉期产品的当前价格。这么做是有道理的，因为外汇经纪商一直在从四面八方接收交易员的询价和报价，可以说，对于任一时点上的价格情况，他们都掌握了最清晰全面的情报。

每当市场出现波动，外汇经纪商就必须马不停蹄地更新这些页面信息，有时他们会输错数字，这样就有可能让你的整个损益数出现偏差。我猜想刚刚肯定就发生了此类情况。而我用来给自己的瑞士外汇掉期头寸估值的特定页面信息源来自经纪商莫利（他也是我在2009年进行瑞士法郎大额交易时合作过的外汇经纪商）。我调出了他那边的屏幕，想要一探究竟。

一年期外汇掉期产品的价格被他大幅调左，这意味着美元利率上升，瑞士法郎利率降低。我心想，一定是他输错了。我继续滚动鼠标查看其他不同期限外汇掉期产品的价格：3个月、6个月、9个月期限的，都是如此。那就不可能是手误了。我打开声讯设备开关，一通电话打了过去：

"怎么回事，莫利？为什么你把一年期的价格移动到-40的水平了？什么情况？"

莫利没有马上开口回答。这很不寻常。当他开口时，我听得出来他在故作轻松以掩饰内心的慌乱。他前后两句话之间的停顿太短了。

"你那边都还好吧小加,是的好像没人来找我要买入,全都是卖出。我也不确定到底发生什么了,但就是看不到有人来找我做左侧交易的迹象。"

我挂断了莫利的电话,拨通了另一位来自另一个公司的瑞士法郎经纪商的电话。

"一年期的,给个价?"

又是一个长到不正常的停顿。然后从声讯设备那头传来一长串带有伦敦东区口音的支支吾吾的声音。

"啊呀呀呀,噫诶诶诶,那什么,似乎没人要做左侧交易……所以价格可能要到 −50。"

这就很糟糕了。

外汇掉期产品的报价分为"左侧交易价格"和"右侧交易价格",而非"买入"价和"卖出"价。这是因为在这两种情况下,都是借出一种货币同时借入另一种,所以不是真正意义上的"买入"和"卖出"。以美元/瑞士法郎的外汇掉期为例,左侧交易的意思是贷出美元和借入法郎。这时,没有左侧交易就意味着没有人想把美元借给别人。而我又灾难性地借出了一大筐美元,回头还得借回来。莫利的页面上,价格已经跌到 −45 了。我又刷新了一遍损益数,现在显示亏损 60 万美元。这比我之前最惨重的单日损失亏得还要多,而且是多多了。

"莫利,到底怎么了?"

又是一阵漫长的沉默。至少对我来说很长。

"老弟,老弟你听我说,我算是知道怎么一回事了。瑞士央行在它的官网上发布了一些消息,是关于 3 个月后到期的一桩交易的。这样,我给你发 IB 聊天室里大家在传的一条链接。"(IB 聊天室是一种傻瓜式的在线实时通信服务。)

我的屏幕上弹出了莫利发来的消息,点击链接后,它跳转到了瑞士国家银行的网站。网页设计得朴素而干净,上面有一小段文字,估计第一遍是用瑞士德语写的,然后用英语又写了一遍。底部的角落显示的是瑞士央行图标,同样很简洁,和整个网页一样都是极简风的。

用英文写的那几句话意思是:"瑞士国家银行将通过期限为3个月的美元/瑞士法郎外汇掉期工具向外界提供瑞士法郎,价格为 -35(掉期点)。如有意愿,请拨打电话……"

我坐在电脑前盯着它看了一小会儿。这像是某种恶作剧。中央银行的货币政策通常不是这样公布的。通常,央行会在会议上宣布政策,并举行新闻发布会,而不是直接把它发布在官网上,好像发了一篇个人博客一样。

一种外汇掉期产品的价格由两种货币之间的利率差决定,所以,如果确定了价格和其中一种货币的利率,就可以倒推出另一种货币的内含利率。我不死心地打开了斯彭格勒的电子表格,表格的计算结果告诉我,瑞士央行拆出瑞士法郎的内含利率为 -4.5%。负的!百分之四点五。

我环顾四周:右边的比尔正把脚靠在垃圾箱上,看《赛马邮报》,稍远一点儿的查克像位哲学家一样神情淡漠地对着电脑屏幕。我拿起了连在终端通信设备上的棕色电话,拨了网站上的电话号码。

一位女士接起了电话,她很有礼貌地说了一些我听不懂的话,应该是德语。

"你好,我叫加里·史蒂文森,是花旗银行伦敦分行的瑞士法郎外汇掉期交易员。做 3 个月期限的外汇掉期交易是打这个电话吗？"

我用手捂着嘴说话，以防被其他同事听见。

"是的，这是 3 个月期限外汇掉期产品的热线电话，请问您想进行相关交易吗？"

"嗯……价格是 –35 吗？"

"是的，–35。你想来多少呢？"

"我不知道，能做多少？"

"没有规模限制。"

我回头又看了看查克。

"那什么……我等下再打给你。"

我挂了电话。

–4.5% 是一个非常低的利率。这对任何一国的货币来说都是"前无古人，后无来者"的情况。

我从桌子抽屉里掏出一张纸。事关重大，必须自己动手算一遍。当我借出美元、借入法郎时，二者的预期利率都接近为零，但我还是能得到大约 1.1% 的利差，因为美元的贷款利率比法郎的借款利率高了 1.1%。记住，重要的永远是差额。到交割时，我需要等额反向操作——借入美元并同步借出法郎以关闭头寸，并将这笔平仓交易的利差控制在小于 1.1% 的范围。如果美元利率下降（一般情况下，它都会下降），或瑞士法郎利率上升，我就能从中赚到利润。

就算乐观一点儿，假设我可以像设想的那样，以零利率借回美元，但我还是得以 –4.5% 的利率借出瑞士法郎，这意味着什么？

还是会在平仓时产生 4.5% 的利差。而开仓时的利差是 1.1%，也就是说我亏了 3.4%。在那时，我开展的一年期美元/法郎外汇掉期交易金额累计已有 12 亿美元左右。12 亿美元一年亏 3.4%，那就是……4 080 万美元。这是按照目前的实际情况所推演出来的最大损失。虽然不一定真的发生，但也够糟糕的了。损失相当惨重。

你可能会想："那就给瑞士央行回个电话啊，就说你要退出一年期的那些交易。"如果这么想，就说明你还不理解眼下是什么状况。对于法郎，瑞士央行现在要以一个远低于我当时借入它的利率来借出，还不限制金额大小。我无法退出之前和它的交易。瑞士央行想要做的交易，就是我现在需要做的（右侧）交易。目前，市场上没有任何左侧交易。

没有人会接过我手上这块烫手山芋的。

有那么一刻，我感觉心脏在胸腔里都绷紧了，手臂上也都汗毛倒立。一个字都没有夸张。

我知道有些人，比如我最好的那些朋友，在他们意识到自己可能会损失 4 000 万美元的那一秒，就会惊慌失措甚至连滚带爬，想要立刻从那种处境中脱身。

但我没有。

我只能承认眼前的事实。它反倒让我燃起了斗志。

利率不可能保持在 -4.5% 的水平上。这不现实。也太低了。

保存钞票的办法有好几种，你可以把钱从银行里取出来，藏在床底下，或者埋在园子里，但这些做法给你带来的利息为零。然而，如果（存款）利率是 -4.5%，零利率也比存银行倒贴利息要好啊！还不如直接藏枕头底下呢。

但你是你，银行是银行。由于（商业）银行本身没有自己的一般性银行账户，它们不能把钱取出来，藏在自己床底下。各家商业银行在央行开设了账户，所以瑞士央行如果想这么做，是可以将这些账户的（存款）利率降低至 −4.5% 的。

但它并没有这么做。瑞士央行对商业银行存在它那里的钱仍然支付零利息，但同时通过 3 月期外汇掉期产品以 −4.5% 的利率向市场注入瑞士法郎。

这意味着，我不需要承受损失。这一点是可以拍着胸脯说的。因为虽然 3 月期外汇掉期中的瑞士法郎的利率低到让人大跌眼镜的负数（且在期限比 3 个月长的外汇掉期中也如此），但我每天仍然可以以零利率借出瑞士法郎。

我还记得史努比教给我的道理：最重要的是现在的利率和最后到期时的利率。二者之差就是利润空间。我当时下的注是 1.1% 的利差会缩小至零，但现在眼看要扩大到 4.5%。不过，我所要做的就只是耐心等待，等着利差回到零点。它一定会的，不是吗？

这样一想，我甚至觉得要扩大交易规模。

我又看了看比尔。他正在给其他玩赌马的人打电话。于是我从椅子上下来，转个身来到查克面前。

"查克，我赔了 60 万美元。"

查克慢慢地回过神来，对我露出了一个温暖的笑容。

"这是怎么了？"

"瑞士央行在官网上发布说他们将通过 3 月期外汇掉期以 −4.5% 的利率拆出法郎。"

"−4.5?!"

说这话的人不是查克，而是史努比。他一直在忙着给自己的马尔代夫度假之旅预定行程，但我的话似乎吸引了他的注意力。

查克摸着自己的下巴。他还坐在椅子上，但已经转过来和我面对面说话了。

"那你要怎么办？"

"我想加仓。"

查克听完觉得甚是有趣。比尔已经给赛马下完注了，他直视着我；JB 也看了过来；斯彭格勒把手机贴着耳朵，但也默默地盯着我的方向。查克又陷入了沉思。周围安静得我都能听到斯彭格勒的妈妈正用有气无力的声音和他说着南非荷兰语。

"为什么？"

"因为他们没有对隔夜拆借市场采取任何行动，所以瑞士法郎的日息还是零。就算 3 月期外汇掉期的行情保持在 -4.5% 的利率水平，我们做个展期就行了，然后每天拆出法郎。"

"带我一个。"

说话的人是史努比。他要"入股"了。

"如果他们降低隔夜拆借的利率，怎么办？"

"没有这种可能性。他们不可能把隔夜拆借利率也降到 -4.5%，那样的话银行系统将会崩溃。"

"那我也加入。"

这次是 JB 开口。他还叼着牙签。说完，他又转向了电脑屏幕。

查克没有看向我，他还在思考，足足思考了好一会儿才说道："好，我同意你这么做。祝你好运。"

这样一来，史努比注资了，JB 也进场了，而我本来就在牌桌上。

我现在的 3 月期美元 / 瑞士外汇掉期仓位大概是其他任何一个

人的 20 倍。

但比尔没买我的账。

所以，到底发生了什么？

瑞士央行在采取的行动其实是一场汇率保卫战，但不是为了阻止它的货币贬值，而是为了阻止其升值。如果你本国的货币汇率上升，所有商品对外国人来说都会很贵——出口行业就会缺乏竞争力，出口贸易的开展就会举步维艰。瑞士央行已经把法郎的官方利率降到零了，但它还想进行一些大胆的尝试。其中的真相我永远无法获知，只能说它应该是出于某种考虑才选择在外汇掉期市场上来了这波让人看不懂的疯狂操作。

把 3 月期外汇掉期中的法郎拆出利率设定为 −4.5%，基本上就是将 3 个月期限的法郎贷款利率下调至 −4.5%。但对于瑞士的商业银行每日新增的存款准备金，瑞士央行还是按零利率计算存款利息。这似乎给"套利"（arb）创造了机会。如果一组各不相同的交易相互抵消后可以给你带来无风险收益，那就意味着你可以从中"套利"。在这个案例中，你可以以 1% 之类的利率借入大量美元，再把它们借出给瑞士央行（通过外汇掉期工具）换法郎，拿到后者倒贴给你的 4.5% 利率，然后每天再把这笔法郎（通过商业银行）原封不动地存回瑞士央行，享受零日息。这样一进一出，到手 3.5% 的息差。

但套利的一个缺点是：它多少还是有一点儿风险的。如果真的完全没有风险，它就不会存在了。因为有人会不断重复这样的操作，直到价格回到正轨、可套利空间消失。它的另一个缺点是：要完成套利，你需要做很多不同的交易，而我们短期利率交易部所能做的只有外汇掉期。我们不能随随便便就出去找人借点儿美元来，也不能把法郎借给瑞士央行。诸如此类的交易是由其他业务部负责操作管理的。

所以我只能给我的外汇掉期做展期，比如从3个月延长到一年，并寄希望于自己每天都能以零拆出利率进行瑞士法郎的隔夜拆借。但愿那些手上的法郎虽然被套牢在瑞士央行，但实际按零而非负数计算存款利率的其他交易员，能接受按接近零的贷款利率，从我这边借走法郎。

然而，此交易面临的风险太明显了，连查克都注意到了。如果瑞士央行降低它的法郎的隔夜存款利率怎么办？考虑到它已经对3月期外汇掉期市场做出了丧心病狂的事情，再对隔夜拆借利率做出什么失智行为也不是不可能。如果真到那一步，又该作何打算呢？

我用来说服查克这种情况不会发生的理由是，法郎隔夜拆借利率的下降会导致银行系统崩溃。这背后的逻辑如下。

首先，我们要知道，-4.5% 不仅仅是负利率，它从绝对值上来说也高得登峰造极。其次，如果瑞士央行迫使瑞士的商业银行给它们在央行的所有法郎存款都按 4.5% 支付利息，商业银行就不得不将这些利息成本转嫁给客户。但客户是不可能接受自己在银行的储蓄非但没有带来收益，反而每年还要倒贴本金的 4.5% 的。所以他们就会把全部存款从银行里取出来。而如果所有人在同一时间从银行取走自己户头上所有的钱，就会导致挤兑的发生，从而令银行系统崩溃。

至少我希望会如此，这样瑞士央行才不会动法郎的隔夜拆借利率。否则我就完蛋了。

现在回想起来,我真的不知道当时我的逻辑是否合理。不过自那之后,在西欧的大部分地区,负利率变得很常见了,只是再也见不到类似 -4.5% 之类的数。就这一点,也许我是对的,不论何时 -4.5 都是一个不现实的利率。又或者,当时的我一心只想收回自己的款项,所以愿意相信这样的想法。

怎么说都可以。总之,后来的事情是这样的。

当我和查克说完话回到自己的位子上时,我已经亏了 80 万美元了。但我成功地让自己相信这其实是一件好事。不仅我自己加仓的成本降低了,还让史努比和 JB 的注资实现了低位建仓。

那天我回家以后没有和任何人说话,而是自己去游泳,游了很久。

第二天的市场行情对我不利,但好在程度很轻。我只亏了 20 万美元出头。这使得我本轮的累计浮亏达到了 100 万美元多一点儿,当年个人盈利数也相应地变为 300 万美元外加一点儿零头。在我看来,相对平静些的市场是一个能让人稍稍放心的好迹象,便向查克、史努比和 JB 报告了这一情况。回家后,我开始翻阅自己在伦敦政经读书时的旧课本,看看是否有章节是关于负利率的,但没有找到。

然而,接下来的一天就不太平了。行情大跳水,我亏了 250 万美元。一天之内,250 万美元。史努比和 JB 他俩加起来可能损失了几十万美元。我的本年盈利数现在不到 100 万美元了。查克没说什么,但他站在我身后的时间变长了。

"你觉得接下来会怎么样?"

"法郎利率一定会回升的。它说什么都会回升。"

我继续加仓。

那天晚上，哈利邀请了我的一些朋友来吃比萨、喝啤酒、玩实况足球。在过去的 3 天里，我赔了 350 万美元，而我的六七位高中好友在一边大开玩笑，一边互相递着切好的比萨片和游戏机手柄。我有种自己不在现场的感觉。

我的意思是，人在那儿，但心不在那儿。亏了 350 万美元后，我账上只剩 60 万美元的盈利数了。到它变成零之前，我还能承受多少百分比的变动？如果陷入赤字，又有哪些事会发生改变？对了，我要玩哪一队？——英格兰元老队。我一直玩的都是英格兰元老队，其中有位名将叫博比·查尔顿，他可以在场上的任何地方射门进球。

-4.5% 的利率真的不可能发生吗？能百分百确定吗？我一边在心里这样问自己，一边提醒自己不要拿这个问题去问我的朋友们。与其问这个，不如问安德烈亚斯要不要再来一杯。他肯定会说要的，他对啤酒一向来者不拒。希望他们喝够了就别在我这儿待了，赶紧回家吧。我明天要早点儿到办公室，要在比尔之前到。

如果我的累计盈利数真的变成负数了，他们会阻止我继续进行手头上的交易吗？如果他们不阻止呢？那我的累计盈利数能跌到多低？不，我不会失去这份工作的。我从没想过丢掉这个饭碗。

朋友们，快别玩了，各回各家吧。

次日，我又亏了 200 万美元。累计盈利数已经是赤字了：-150 万美元。查克一个字也没说，只是久久地站在我身后。中间史努比来过一次。他亏了大约 30 万美元了。

"你认为接下来会发生什么？"

"法郎利率一定会回升的。它必须回升。-4.5% 的利率是不切实际、不可持续的。这样下去银行系统会崩溃的。"

"对，你说得对。它会回升的。"

我们俩又都加了一点儿仓。

那天是周五。周末我没做什么事。我根本就没出门。我在家给我的前女友发短信，但不记得对她说了些什么了。

这多可悲啊。

周一，我又赔了230万美元。这使我在不到一周的时间里的总损失接近800万美元。我的本年累计损益现在是红色字体的-380万美元。

下午，查克离开了工位一会儿，大概有半个小时。当他回来的时候，他把手放在我的肩膀上说："刚刚叫我过去的是高管层。你知道这是什么意思吧？"

"嗯。我知道。"

查克的手还放在我的肩膀上："我相信你会从中获得教训的。"

我花了两天时间才关闭了这场交易。最后一结算，我的本年累计损益数变成了-420万美元。

然后那个笨瓜查克才没有天天站在我身后，他这才回他工位上去了。

那么当中的教训是什么呢？真有教训可学吗？有的，总是有的。

教训就是，史努比错了。目前的市价和到期时的市价不是唯二重要的两件事。你还得能撑到到期。

其实，这笔交易挺不错的。决策完全无误。史努比和JB没有

交易游戏 202

被叫停，他俩因此都赚飞了。那还不是因为交易本身很好。JB甚至都不明白这笔交易是做什么的，但他就那么叼着牙签，这笔交易就让他赚了一大笔钱。

下了一个对的单不是最要紧的事情。你能熬下来，也很关键。

每个交易员都有一个疼痛阈值，也就是自己能接受的最大损失。你可以做世上的绝佳交易，但如果平仓前的市场震荡令交易浮亏达到你疼痛阈值的上限，那多好的交易都没有意义了，你照样会赔得一个子儿都不剩。

所以，教训就是永远不要让交易损失触及你的疼痛阈值上限。自从那次交易之后，我再没有重蹈覆辙过。你每次建仓时，都必须问自己：假设最后能证明自己的决策是对的，那么从现在的市场行情开始，到到期这段时间内，可能发生的最不利情况是什么？这符合实际情况吗？我有没有在骗自己？它还能再扩大吗？先确定对你所开展交易的最不利情况，然后把那种情况下的损失乘二，如果得出的结果还没达到你的疼痛阈值上限，这笔交易才能做。

我呢，自己知道自己是什么样的人。当一笔交易让我吃到苦头的时候，我会明知山有虎，偏向虎山行。它让我吃到的苦头越多，我加仓加得越猛。我也不知道为什么我会是这个德行。也许是出于想对它竖中指的报复心，这大概就是原因。我的想法是，如果一笔交易会蜇到我，那么我一定会咬回去，并且会一直和它咬死，直到我赢了。但如果我真要这么做，最好在资金上有足够的"弹药补给"，并且也能承受期间浮亏的代价。当然还有就是，到最后我最好是对的。

人生的两个准则：

（1）到最后你是对的；

（2）到最后你还活着。

把这两条写下来。

还有呢？还有其他教训吗？

是的，还有两条。第一，当比尔告诉我说，不要和你不知道风险的交易搞到一块儿去时，我就应该听他的，但我没有。没关系，人都会犯错，只要不在同一个地方跌倒两次就行。

第二，该死的青蛙。在连亏3天后，我突然想到，我的大部分美元/法郎仓位都来自青蛙。那他在做什么？他一定也亏了很多，亏得裤衩子都不剩了。于是我把青蛙的仓位调出来看。

他持有多少？

无。他当然一点儿仓位都没有了，浑蛋。他已经空仓一周多了。那他的头寸哪儿去了？他给了我呀。他往市场上倒了一大坨没人要的东西，并把我当成垃圾箱，来处理那些他自己处理不掉的剩饭。

该死。

见鬼去吧，青蛙。

4

现在可好,你该怎么办呢?你23岁半了。账上还有420万美元的亏损。该做些什么呢?

该死,我还能干什么?

只能工作啊。

最令人费解的是,这件事翻篇儿后,我在2010年度过的剩余日子,几乎没有留下什么记忆,除了几件事,脑海里只有一片空白。

我知道,有几件事确实发生了。

我开始早早地就到工位了,是真的早,比比尔还早。伴着初夏的日出,我一路骑车过去,一到交易大厅,我就戴上我的小耳机,把自己"接入"交易机器。周围一个人也没有,所以我甚至不用换衣服。于是,每天上班前的头一两个小时,我就穿着骑车路上穿的灰色普里马克连帽衫和破旧的鬼塚虎鞋子,或是看资料,或是和人电话聊天,或是下单交易。

在那段时间里,我像个探子一样不知疲倦地搜集着关于市场行情的消息；说实话，回首职业生涯，只有这一段短暂的时光是我最善于交际的时候。本质上我不是一个社交能力很强的人。我不像斯彭格勒那样每时每刻都会去打听身边所有人的动态。但在人生的那个节点上，我不得不这么做。

我开始紧密关注美元和美国经济。因为部门里每个同事交易的货币对都包含美元，所以并没有人会去专门钉美元。这件事我们其实有雇人来做，但他没有创造收益，所以我决定自己来。我希望自己对美联储能像比尔对英格兰银行那样了如指掌。

我仔仔细细地检查了自己瑞士法郎头寸中的每笔交易。虽然我被勒令清仓了，但你总不能阻止我的一整个外汇掉期交易账户继续运营吧。我们每天都要进行上百笔交易，未来的每天还会有海量的资金在我的账面上进进出出，且每天的金额都不一样。1 000个交易日就对应1 000种不同的资金流，这样一来就不可能做到对某个头寸真正"封仓"。

这意味着，当要了结给定金额的交易（而非账户交易总额）时，我可以做选择：要结束哪些日期的，又要保留哪些日期的？所有风险最低的日期的交易，我都清仓了；而那些有明显风险的则全部保留仓位。也就是说，我保留了很多风险。有人可能会说，那这就不叫收手。但我又不是一位闪耀着道德光辉的圣人，我是一个不可能认输的交易员。你觉得我会在那笔让我损失惨重的失败交易之后一蹶不振吗？

不，那不是我。

关于那段日子，我差不多就记得这么多了。整整8个月，人生就只剩交易、头寸、交易、头寸。小小的橙色屏幕上闪着的绿色短线、声讯设备的哔哔声、各种数字，又是头寸和交易。我有时候都会梦到它们。

我在开什么玩笑,明明是每晚都会梦到这些鬼东西。

到 2010 年底,我已经扭亏为盈了。本年损益数为正的 450 万美元。

我终于可以松一口气了。

但这一阶段有一件事令我印象很深。那是一个简短的对话。其实更应该说是一段独白。事情发生在我亏了那 800 万美元之后不久。而我之所以能记得,是因为这可能是我一生中最重要的一次谈话。

暴亏之后,我心有余悸,一门心思想要弄明白为什么我损失了这笔钱,以及我能否和如何把这笔钱再赚回来。

作为一名在专业上训练有素、在性子上"老师说什么就是什么"的伦敦政经毕业生,我鬼迷心窍的一个表现就是:重新捡起了书本。

我开始通读所有的旧课本,想搞清楚到底发生了什么。一开始,瑞士法郎为什么会升值?瑞士央行又为何会采取那样的措施?-4.5% 的利率是可持续的吗?当时的外汇掉期价格真的有套利空间吗?我把旧课本塞进公文包,在下午交易节奏变慢时和晚上所有人都回家了以后,我会坐在位子上把书一字不落地看完。

这种情况持续了两天。

第三天,比尔再也受不了了。

当时我正全神贯注地阅读着其中的一个章节,讲的是远期利率平价理论在数学上的细节。突然间,书本就在我的两手之间被重重地合上了,然后直接被扔进了垃圾桶。书原来的位置上出现了一张两鬓斑白、面色深红的利物浦人圆脸。

"你小子在干什么?! 你几岁了啊?!"

比尔满口脏话,但他平时爆粗口的时候脸不会那么红。我不得不想了想才回他,因为我刚刚完全沉浸在课本里,要回答这种私人问题,脑子一下子转不过弯来。

"呃……23岁。"

"那你为什么要在这里看这些该死的书呢,傻啊?你以为我们这里在拍《童话天地》啊?!"

比尔恶狠狠地挥舞着左手,指着我们交易大厅。他虽然站着,但腰弯成了90度,整个人看上去有点儿疯癫。我不确定自己应不应该顺着他的手势环顾四周,想了想觉得还是别了。

"不,我没这么想。"

比尔叹了口气。他把双手深深地插进他的一头白发里,然后用手掌抹了抹他那张还涨红着的脸。接着他坐了下来,看上去很疲惫。

"好好给我听着,你已经不是小孩子了。我知道你亏了很多钱。但你在书里是一分钱都找不回来的。如果你真想知道世界上发生了什么,你就自己出去看看。你不是想知道经济形势怎么样了吗?告诉你,烂透了。随便走到哪里都可以感受到。你去大街上散散步,就会看到所有店铺都关门大吉了,还能看到那些睡在桥底下的流浪汉。你再去看看地铁广告上都写了什么:除了债务减免就是房产抵押贷款。多少人光为了养孩子就得把房子都卖了!你都可以直接回家问问你妈,现在你自己家里的财务状况是什么样的。你还可以接着问,问问你那些朋友,还有他们家里的情况。早就不是死读书的时候了,老弟。你也该长大了啊。你现在是在一个大公司、大平台工作,眉毛下面挂的如果不是蛋,就好好睁开眼睛看看窗外的世界吧。"

言毕。

这就是我听过的最醍醐灌顶的一席话。

那年还发生了几件事。一是斯彭格勒回美国了。二是比尔连续3年成为花旗银行最赚钱的交易员。

斯彭格勒于情于理都会回美国。那时他已经离开他妈妈身边快3年了。这让他感到越来越难坚持下去了。走前他给我留下了他的瑞典克朗和挪威克朗交易账户,还有他的电子表格(后来陪伴了我剩余的职业生涯)。斯彭格勒的丹麦克朗账户给史努比了。不过后来我们还是没过过这几个北欧国家。

年底的时候,为了表彰比尔高到离谱的业绩,花旗高管层任命他为MD。MD,即"Managing Director"(董事总经理)的简称,在银行业是个相当了不起的职位。考虑到一个明显的事实——比尔很讨厌那些高管——大佬们一开始可能并不想把这个职位给比尔,但他们也没有其他选择。

12月初,高管层在广播上宣布了新任MD们的名字。他们不会直接说"以下人员为新任董事总经理",而会说"请张三、李四、王五等来办公室一趟",然后大家一听就都知道是什么意思了。

当喊到比尔的名字时,我们连声欢呼、热烈鼓掌,但他则一言不发。比尔放下报纸就过去了。

一个小时后,他回来了,手上还拿着个沉甸甸的玻璃制品。比尔面有愠色地坐了下来,把那个东西扔进了垃圾桶,垃圾桶哐当一声倒了,一小堆用过的纸巾弹落到我的鞋子上。

我正想说点儿什么,但比尔阻止了我。

"闭嘴，臭小子，你这个东伦敦傻缺。"

我就等着他去上厕所的时候，把他扔掉的东西从垃圾桶里捡了出来。这是一个球形的奖杯，内部充满了数千个小气泡。玻璃球的底部印着比尔的名字：

"威廉·道格拉斯·安东尼·加里·托马斯——被任命为2010年的董事总经理。"

我把垃圾桶重新立起来，然后轻轻地把奖杯放回到里面。

之后马上就快年底了，有一天，查克把我叫到他的办公室。我猜他是要对我的业绩来一次"年终总结与评价"。

鉴于2010年我的收益比上一年少了很多，所以我对自己的表现很失望。但又考虑到我是一路从400多万美元的赤字爬回正数的，所以我觉得最后给我的评价应该不会太差。

我们一坐下，查克就对我道歉了。他直视着我说：

"是这样，我想说的是，真的很抱歉，非常对不起。我应该早点儿知道这件事的，但真没骗你，我也是刚刚才接到通知的。"

我看着查克，完全不知道他在说什么。他的表情看上去不像是在开玩笑。他眉头紧锁，我也跟着皱起了眉头。

"我什么都做不了，实在无能为力。我和人力资源部还有管理层都谈过。但他们也都爱莫能助。全公司都是这项政策。"

我开始有点儿恍忽了，脑海中飞快地过了一遍所有可能发生的事情。我感到头脑一片空白。

"唉，对这件事无计可施真的让我非常过意不去。不过，你还好吗？"

查克自顾自地说着话，似乎完全沉浸在自己的世界里。我看着他的眼睛，试图从中读出其他信息。结果发现完全读不出，算了。

"查克，抱歉打断一下，但你能告诉我到底是什么事吗？"

查克摊开两只巨大的手掌，露出一副他自己也难以置信的神情，略带嘲弄地说道：

"加里，我想说的是，你的工资还是你的，这没有变。但你也看到了，我们都对此无可奈何——整个公司的工资都停发了！"

我逐渐反应过来发生了什么。大概是出于基本的人道主义关怀，查克很担忧我最后还能不能拿到自己的薪水，以及我本人可能受到的影响。我的年薪是3.6万英镑，当然，还要再加上40万英镑的奖金。

"我希望你能好好的。"

我凝视着查克的脸。有好一阵子，我在想这一切意味着什么。眼前的这个家伙可没在开玩笑。我叹了口气，低头看看自己的脚，然后又举起手用拇指关节敲击自己的额头。

"说实话，查克，这很难做到。"

说罢将手放了下来，扬起脸看着查克。他点了点头。看得出来他真的挺在意的。

我望向窗外，查克把手放在我肩膀上。

"别担心，加里，我们会看看有哪些是我们能做的。"

于是查克过去和高管层讨价还价，他们给我订了一趟环球之旅。

5

因此，2011年的1月，我是在夏天的悉尼和冬天的东京度过的。在新加坡一家大型酒店的18层俯瞰滨海湾时，我收到了我的奖金。

鲁珀特见到我很高兴。他在澳大利亚的奥兹市过得相当滋润。他有一套华丽的公寓、一艘精致的小船和一个漂亮的女朋友，他还很"好心"地让三者整整齐齐地站在一起，这样就可以一次性让我看个全了。我们乘船去了植物学湾，在巡游过程中，鲁珀特极其详尽地讲解了船只的各项维护费用，一个细枝末节都没放过，我则不停地在涂防晒霜，结果手背还是被晒伤了。

东京的1月很冷，寒风凛冽。到处都是钢筋混凝土建筑，整个城市显得灰蒙蒙的，但又灯火通明。在那儿，我认识了无趣的渡边久和无敌的金泽乔伊，这两位都是花旗日本分行的同僚，稍后你会看到更多关于他们的故事。

我其实没什么理由去新加坡。可以说完全没有。新加坡又没有设短期利率交易部。但有一次查克问我想去哪个国家看看，我随口来了句"新加坡",然而我甚至不知道它在哪里。所以查克后来就把这一站也加进我的环球之旅中。这有点儿像我告诉我奶奶我喜欢狮子酒吧,然后她每年都给我买乐高的狮子酒吧街景积木作为圣诞礼物,直到她去世。

新加坡风景优美。我在当地有一些伦敦政经的校友,所以那几天我都在和他们到处玩。当查克因为奖金的事打电话给我时,我正在酒店的床上坐着,整个人喝得飘飘然,神志不清。

电话里,查克告诉我,对于我能从 400 万美元的亏损中起死回生,他有多么为我感到骄傲。他还说,所有人都注意到这一点了。不只是我们部门,还有整个交易大厅的全体同事。(我倒没意识到。也许他只是随便说些好听话,哄我高兴罢了。)他告诉我,他非常看好我,预言我之后会是个大人物。他甚至说,他希望明年我就能实现这个预言,他知道我可以的。最后,他给我发了 42 万英镑奖金到卡上。

我向窗外的滨海湾望去。烈日下,耀眼的强光在所有物体的表面形成了反光:从水面到摩天大楼,再到花园,还有喷水的鱼尾狮雕塑。

那不是我的太阳,它另有所属。眼前的一切让我感到惘然。

好吧,我想,是时候回家了。是时候成为全世界最厉害的交易员了。

第四部分
恒温器

1

我回到伦敦后,整个短期利率交易部都不见了。字面意思的"不见了"。靠窗的那一片工位现在坐着的是那帮讨厌的销售人员,我们部门搬到了整个大厅的正中央。管理层看我们给花旗赚了这么多,不应该"雪藏"在角落里,他们希望我们坐在他们能一眼看得到的地方。

我为失去窗景工位感到难过,但最糟糕的是,我失去了坐在比尔旁边的座位。

我还没来得及说什么,查克就把我拉进了办公室。他告诉我,比尔已经进入半退休状态了,并打算不再亲自操刀英镑外汇掉期交易账户。比尔就想安安静静地坐在角落里,对英国经济形势展开豪赌,而史努比则坐在比尔旁边接手英镑交易账户的报价工作。

这帮浑蛋。那时我给比尔做补位交易已经有整整一年了,而且上一年我一边还忙着把自己从盈亏死亡线上拉回来,现在这帮浑蛋甚至没提前通知我就把英镑交易账户给了史努比。

他们倒是有一个用来安抚我的计划:史努比接手英镑账户意味

着与 JB 共同操盘欧元账户的岗位出现了一个空缺,他们想让我成为欧元初级交易员。但我不愿意,我就想当英镑交易员。是的,我知道这是个粪坑,但也是属于我的粪坑。我把我的想法告诉了查克。他又摸起了自己的下巴。

我已经两天没和比尔说话了。我没和任何一个人说话。应该就是从那时起,我养成了不爽的时候就掰断一堆笔的习惯。在史努比兼任英镑和欧元交易员两天后,比尔把我叫进一个房间,要求我别再任性了。

这就是我成为欧元初级交易员的过程。

欧元初级交易员这个岗位还算不赖。因为除了比尔,另一位在一年内也赚了1亿美元的交易员就是身为欧元初级交易员的胡果了。但这就产生了一个疑问——如果欧元初级交易员是这么好的差事,那又怎么会轮到我头上呢?

答案是,欧元初级交易员的工作量大到令人发指。

具体是这么个"大"法:欧元初级交易员只对小于等于一个月的超短期欧元外汇掉期产品进行报价,其他期限的都归高级交易员管。短期的外汇掉期产品风险低、利润低、能引起的兴奋度也低,但它们在市场上以量取胜。

正如前文谈到过的,大企业、养老基金和对冲基金可以通过外汇掉期来实现资金周转。但外汇掉期主要是短期金融工具(通常在一年及一年以内到期),而企业所需的借款期限会更长一些。这本身没有什么难的,因为可以一次借3个月,然后每3个月再回来借一次。有些公司会每个季度这样来一次,另一些公司则会每年或每6个月循环一次,还有一些公司选择每周甚至每天对这些外汇交易进行滚动续贷。如果作为企业,你一次借6个月,一年只需要做两笔交易；但如果你每日都要拆借，一年就要做250笔交易（假期和周末闭市）。这就是为什么欧元初级交易员有干不完的工作。换言之，在同样的风险水平下，JB一年做2~4笔交易就行，而我一年要做250笔。毫不夸张地说，结果就是欧元初级交易员的交易量比部门所有其他交易员加起来的都还要多。你如果能稳住自己的心态，在这个岗位上就能赚到很多钱。我说的是如果。史努比和胡果都放弃做欧元交易员，当然是有原因的。

不管怎么说，我现在是欧元交易员了。但我不是来端茶送水的，我是来成为全世界顶尖的交易员的。那么我的计划是什么呢？

首先，我必须换位子。分给我的新位子是在JB和查克之间。这两个人我之前就很喜欢，现在也还是。但JB的嘴每天叭叭儿地就没停过，我的耳朵都要被吵聋了；而查克的周身充满了一种"总是在与异世界通灵"的气场，这多少对我一心搞钱的状态有所干扰。我告诉查克，我需要有自己的兵，而且要和后者一起坐在我们部门最靠边的位置。

我想要招入麾下的小朋友是泰齐·拉扎里。

泰齐·拉扎里的真名叫法布里齐奥。我叫他泰齐，是因为他讨厌自己的真名。

2009年，一位22岁的暑期实习生穿着让世界都暗淡了的亮银色西装出现在我们部门。当查克要求他剃掉凌乱的潮人胡茬却遭到了他的拒绝时，我就知道，我想要他当我的小弟。

泰齐毛发浓密，体格结实，虽然长得尖嘴猴腮，但还是颇有几分帅气，总会没完没了地和我还有史努比争论。

他那时常喝单份意式浓缩咖啡。史努比好心告诉他，双份浓缩只需要多花 10 便士。泰齐回答说他知道，但他只想要单份的。史努比继续说，如果泰齐只喜欢单份浓缩，也还是可以买双份浓缩，只要倒一半到另一个杯子里，这样就等于用 1.3 英镑买了两杯单份，而不用一次花 1.2 镑买一杯单份。泰齐承认这样更划算，但还是坚称一杯单份对他来说就足够了。史努比听了不太高兴，说这是胡说八道，因为自己前一天才看到泰齐喝了 4 杯浓缩咖啡。"我是喝了 4 杯，"泰齐答道，"但如果我买了双份浓缩，把倒出来的其中一杯放在旁边晾两个小时，咖啡就冷了，不是吗？"史努比又说可以用微波炉热一下。他们就这样吵了一个小时。

到我这儿，吵架的内容就是经济学了。泰齐和我经常围绕经济学展开争论。他毕业于博科尼大学。这所学校相当于意大利人的伦敦政经。但从泰齐的表现来说，博科尼大学似乎还没有得到伦敦政经的真传——让经济学专业的学生明白一个道理：这个学位并不能百分之百保证你能得到一份银行业的工作。这孩子居然还念叨着那些经济学原理和思想！

真是难以想象！可怜的泰齐。这些老掉牙的东西都多少年没人过问了。

那么，这个胡子拉碴、西装花哨、咖啡买贵了也无所谓的意大利人，是怎么入了我的法眼的？真相是，我还挺喜欢和他争辩的。我家族里也有意大利人，我一直都以故意气气他们为乐。有什么办法，我就是有这点儿恶趣味。看到泰齐对通货膨胀的成因性质感到愤怒，或者在足球比赛中大发雷霆，一边离场一边痛骂我们英国队连给他擦鞋都不配时（不过讲道理，他这话可能还真没说错），我还挺喜欢他这样的。

但这些都不是我想让泰齐给我打下手的主要原因。我想收下这个小弟，是因为他的想法就代表了"那条街"的主流声音。

我说的不是那不勒斯的街头小巷（而且如果一定要用意大利的地名形容他的话，泰齐更像是纯净的科莫湖），而是华尔街。

泰齐总是认为市场是对的。他觉得市场永远不会错。就像他一直坚信课本上写的也都是正确的一样。我猜，有某种扎根于他内心深处的原力强烈促使着他去相信更高等智慧的存在，去相信头顶三尺有神明，一切皆在上天的安排和掌控之中。愿上帝保佑他，他爸爸一定是个好人。

这正是我想要的。我想要一个会在早上读《金融时报》，然后花一整天的时间给他的商学院校友煲电话粥的小朋友。

让我告诉你为什么。

亏掉那 800 万美元让我懂得了一些事情。不管是做什么，光靠模仿其他人绝不可能成为这个领域最拔尖的人。我什么都学比尔的，不见得能超过他；我处处照搬斯彭格勒的，也不会比他更优秀。最后，当抄别人的做法却捅了娄子时，倒霉的是我自己而不是其他任何人。比尔和斯彭格勒也不会来拯救我。这就是学人精的下场。画虎不成反类犬，永远到不了一流。

我需要真正属于自己的独门秘籍。

当比尔从我手中夺过那些课本丢进垃圾桶时，我忽然意识了自己需要的是什么。

看吧，比尔对那些教科书的看法是对的，它们就是胡扯。教科书是写给孩子看的。如果你想要了解真实的世界，那么总有那么个时候你得去亲自看一看它。对我来说，这个时候已经到了。

"一个有钱的爹、私立学校、普林斯顿大学金融学会、花旗银行、代数、微积分、拉格朗日的各种定理、一道道数学证明题……"

大多数在交易部工作的浑球都拥有这些标签,并且他们一直都还在享受着父辈的庇护。这些人对于自己在书上看到的任何一句话和听到周围人说的任何一个字,都深信不疑。是啊,为什么不呢?大家不都是通过一样的路径得到今天的高薪工作吗?这也就是为什么比尔的业绩能年复一年地跑赢这群人云亦云的家伙。

但当比尔把我的课本扔进垃圾桶时,我还看到了别的东西。我能从他的眼睛里看到那些东西。

同样的年纪,当我们在象牙塔里死记硬背代数公式、排长龙等着参加金融学会的活动时,比尔在做的事则截然不同。他坐在一扇玻璃墙后面(可能是约克郡的某个鸟不拉屎的地方),给赌马的人成把成把地发钞票。他是赌马场负责验注偿付的兑钞员。

比尔从来没读过那些书。

而我在他眼里看到的是:嫉妒。

现在,我要告诉你一个关于交易的秘密。想要通过交易盈利,核心不在于你自己的判断对错,而在于当所有人都错了的时候,你是对的。

比尔总是对的。甚至可以说是流水的交易,铁打的比尔。但他也不是每笔赚的都一样。什么时候赚得多呢?就是当有大事要发生,其他人却都没有预见到的时候,比如全球银行系统崩溃的时候。

当人们误判时,他们的预测就不可能正确;当预测错了时,报价也会跟着跑偏;当价格严重偏离价值时,我们就能一夜暴富。

而这么多年比尔能在其他人失误时一直保持正确判断,是因为他深知经济是看得见摸得着的东西。人们的房子、企业、贷款,甚

交易游戏　222

至包括人自己，都是经济。除他以外的我们这些人所接受的科班训练，无一不把我们调教成只把经济看作数字的书呆子。除此之外，这些交易员认识的人里面基本就没有一个穷人（除非算上他们雇的清洁工）。他们能对现实世界有什么了解？

这就是我和比尔相比于他们所共同拥有的一个优势。我们不用和什么清洁工聊天也知道人间疾苦。

但我还有别的优势，一项比尔从未有过的优势。比尔只是知道他周围都是些高分低能的人。但我上过大学，听过难懂的课，也背过高深的天书。最重要的是，在这些经历中，我近距离地接触过那些高分低能儿，深刻地领教过他们阴暗的内心。那种气质、那种味道，我太懂了。

所以最好的交易就是用你的鼻子来做的。如果对手方是这些人，他们蠢得你都能闻得到。

而在2011年初时，整个市场都弥漫着这种愚蠢的味道。

是这样的，2010年发生了一件我没法忘掉的事：

利率一整年都为零。

你听着可能会觉得这有什么的。那是因为从你的角度看到的是利率已经快15年都保持在零的水平上了。零利率对你来说是正常的。

但在那会儿可不正常。

更重要的是，没人预料到了零利率。

在2010年初，每个人都觉得利率会在当年回升。其实在2009年时，大家也抱有同样的观点。

但预料的事并没有发生。连续两年，所有人都错了。

这是为什么？

像泰齐一样，书上讲的那些经济学原理，我都看过了；同样也看过的，还有华尔街那些穿着粉色衬衫的二货。至于是什么原理，我现在转述给各位听。

利率可以调控经济。如果你能把控利率水平，你就能掌控经济。我们搞经济学的很擅长干这个，即通过利率工具很好地稳定住经济形势。

比如，有时人们会失去对未来的信心，从而停止消费；这么做了以后，企业就会失去客户，继而倒闭；企业歇业就意味着有人下岗失业，消费支出就更少了，反过来令更多的企业关停。这一系列情况可能会导致失业率和贫困水平的螺旋式快速上升，或将导致一个经济体分崩离析。这就是20世纪30年代大萧条期间所发生的事情，最终导致法西斯主义在欧洲的兴起和"二战"的爆发。

同样的故事本可能在2008年再次上演，但最后没有上演的原因是我们把局面控制住了。我等专业人士还是知道该如何处理这个问题的。当此类情况发生时，我们会降低利率。降息是个伟大的发明，因为它降低了把钱存到银行对人们的吸引力，而且它减少了借贷的成本，这样一来居民和企业的储蓄率就变低了，借款和消费的水平相应就提高了——完美地解决了问题的根本原因：没人消费。通过对利率勤加管控，这里调两下那里调两下，我们总是能得到所有可能状态下的首选最优解，让一个经济体达到目前最好的状态。

早在2008年，经济学家就对自己实现这一目标的能力信心十足。过去的20年是经济学家们战无不胜的黄金时代，在此期间他们成功地做到了以下几件事：

（1）力克通货膨胀；

（2）为泡沫经济的膨胀和破裂画上句号；

（3）实现了经济的持续增长。

以上这些都是利率调控带来的奇迹。

利率调控被普遍视为一剂包治百病的良药，难怪当 2008 年那场银行业危机毫无征兆地大爆发后，经济学界一致点头认为正确的应对措施是大幅削减利率。利率就这么理所应当地被腰斩了。此前央行的官员们会将利率从 5.75% 微降至 5.5%，但这一回他们却突然将利率从 5.5% 直接降到零。这种做法还被各发达国家广泛采纳。

大家都相信这会奏效。

为了不使读者感到枯燥，这里就不对具体操作细节展开长篇大论了，但可以把降息简单粗暴地理解为印钞票。央行降低利率的方式就是把印钞机开足马力，疯狂印钞，然后以跳楼大甩卖一样的利率给商业银行提供借款。

大家都相信这会奏效。

人们对于降息计划的信心有多强呢？本·伯南克在这一时期所说的一番话给出了最精辟的总结。时任美联储主席的本·伯南克同时拥有普林斯顿大学、哈佛大学的学位和麻省理工学院的教职，照理应该是全世界最有影响力也最精明的经济学家。他是这么说的：

"美国政府有一种技术，叫'印钞机'，它可以令政府想印发多少美元就印发多少美元，还是零成本……在纸币制度下，只要政府下定决心推高消费，用这招总能如愿。"

大家都相信这会奏效。

结果它没有。

这就是为什么我想让泰齐·拉扎里坐我旁边——因为他错了。

但我需要说一下，这不是他个人的问题，而是整个市场的问题。到 2011 年初，我开始越发清晰地意识到，整个金融市场都错了。不仅仅是市场，还有经济学家们，各大名校，昏招频出的英格兰银行货币政策委员会，电视新闻上"以其昏昏，使人昭昭"的半桶水们，这一整个草台班子。

这些掉书袋的草包就没搞对过一件事。从我来花旗报到的第一天开始，他们就大错特错。我刚来的时候，所有人都视那些穿着粉色衬衫的草包信贷交易员为仅次于上帝的存在。然而那些蠢货下一秒就能凭自己的傲慢无知、通过数学公式把这个世界搞得鸡犬不宁。在那之后，全世界的每一个经济体都用了两年半的时间来预测一场永远不会到来的经济复苏。有一天，我坐在位子上浏览了过去历史上一些对利率的预测，每一个预测值都多出了二里地。他们的看法都错了。我们又何尝不是。

我想知道这是为什么。

这就是为什么我需要泰齐。我需要比对大学里教的那些内容与实体经济的差距，需要衡量金融市场与现实世界之间脱轨的程度。出于这个原因，我需要一个刚从大学毕业、满脑子都还是那些矩阵知识的新人，一个熟知每一条经济学原理、翻看每一份财经报刊的人。而且这个人身边的朋友也都刚从商学院毕业，还有一个在游艇上给他发短信询问股票交易技巧的老爸。此外，这个人还会穿那种紧绷显肌肉的银色西装，越发衬得他四肢发达，头脑简单。

所以，我需要泰齐。我需要他，正是因为他错了。

2

那么，为什么 2009 年、2010 年、2011 年这几年人们都不消费了呢？

泰齐把这视为一场信心危机。2008 年的事对经济运行的一整套体系造成了巨大的冲击，严重打击了消费者。现在时间来到 2011 年初，消费者的信心渐渐恢复。两年多过去了，人们终于准备好重新出门消费了。

我想，这不失为一种观点。

比尔又是怎么想的？

那几年，银行系统被捅成筛子，老百姓被坑惨了。房子没了，工作丢了。不过那些房产现在已经有了新的业主，失业率在下降，通货膨胀率在上升，并且银行系统也得到了修复，那么经济复苏和利率回弹就只是时间问题了。

这同样也是一种观点。

7 年后的 2018 年，当我问牛津大学宏观经济学教授安东尼奥·曼奇尼时，这位系着蟒蛇皮腰带的大亨又是怎么说的呢？"我们一直都知道利率会保持在零的水平上！民众的消费－储蓄偏好受到了冲击！"

好吧……这又是另一种观点。

JB曾经对众说纷纭的观点有过一句锐评："这些观点就和屁眼一样，谁还没有个呢。"

我问了哈利·桑比，他还是个毛头小子，穿着破了洞的鞋子翻过地铁站闸机逃票，就只为了省钱。你说他都这样了，他还会消费吗？我又问了阿萨德，阿萨德说，为了能养活他和他的姐姐妹妹们，他妈妈已经把房子卖了，他现在睡在沙发上，还想从牙缝里再省出一笔钱存银行。家里都这个情况了，你说他们还可能消费吗？我还问了艾丹，艾丹的妈妈失业了，房子的抵押贷款利息还一分钱没降，现在每个月要付的房贷高得不合理。妈妈没有收入，艾丹只能自己还房贷。你看在这个处境下，他妈妈和他还有钱消费吗？

我这才后知后觉，他们连自己的家都没了。

也许，观点确实就像屁眼一样，每个人都有自己的那一个。

2月的一个下午，我像往常一样在工位上，突然想对泰齐的看法摸个底儿。

"泰齐，你觉得没有人消费的原因是大家都没钱吗？"

"你在说什么啊，我的老天爷？怎么可能所有人都没钱呢？"

浓重的意大利口音。"我的老天爷"是他最近新学到的说法，正到处用着。

"喏，我最近一直在问周围的人，他们就是这么说的：'我身上一个钢镚儿都没有。'"

"我身上一个钢镚儿都没有。"泰齐尝试模仿我的口音，但不知怎么地听起来意大利口音更重了。"拉倒吧,我的老天爷,在货币体系下,不可能任何人的口袋里都掏不出钱,不然我们这一整套体系还有什么意义。"他的脚翘在桌子上,一边说着话一边往一侧弓着身子,试图够到地板,把一张报纸捡起来,结果差点儿从椅子上摔了下去。

没过多久,花旗银行在伦敦市区以外的某个荒郊野岭租了一大片地,并邀请全球所有分行的交易员到那儿参加一个会议,还安排了一场不醉不休的酒会。(顺便提一句,鼻涕虫老板和青蛙也都来了,见面以后我瞬间就明白他们为什么被起这两个外号了。)

鼻涕虫的领导,也就是我们的大老板,发表了一番重要讲话。在讲话中,他提出了让我们大举提高自身可承受风险阈值的要求。

"你如果乐意拿100万美元去冒险,那为什么不拿1000万美元去试试呢?!"

他们给我们所有人都发了一顶部队里那种迷彩棒球帽,帽子正面印着"要么大干一场,要么回家歇着"的字样。

我没有留下来参加派对。戴上那顶帽子后,我就钻进了我的标致106小汽车,直接开回家去了。

之后我们部门里的每个人都以重金对经济复苏下注,就像我们的大老板告诉他们的那样。比尔加入了这场赌局,史努比也在,JB也是,还有查克。见鬼了,连胡果也在,他可从不押注啊。而且不仅仅是短期利率交易部,其他部门的所有人也都在这么干:现货业务部、期权业务部、新兴市场业务部。但我还在静观其变。我不喜欢那种闻上去就不对劲儿的感觉。我没跟盘,所以泰齐也没有。

过了一周，我被叫去参加个会议。之前，我们这层所有业务部的负责人每两周就要组织一次会议。凯莱布当头儿的时候，每次这种会我都得过去给大家发三明治。查克继任以后，我从没告诉过他关于这个会议的事，但自己还是会过去。我也不知道为什么，但总觉得有一天可能会派上用场。

那周的会议，主持者是整个花旗里我发自内心尊敬的几名经济学家中的一位。他来自信贷部，我还在实习的时候就记住他了。他名叫蒂莫西·普林斯。

蒂莫西把他的一堆图表一张一张讲解给我们听，每一张都是一个国家的财政状况：有不尽如人意的意大利、西班牙、希腊、葡萄牙、爱尔兰，还有稍好一些的英国、美国、日本。

但整体上大同小异，它们的情况不过是一个故事的不同版本。以上所有国家的政府年年都入不敷出，债台高筑。如果事情继续朝着这个方向发展，它们的债务利率就会提升，甚至可能借不到钱了，这样下去就只能出售自己国家的资产了。那就糟糕了。

会议结束后，我把剩的三明治装进一个棕色纸袋里，把它们带回了部门。

会上所说的情况在我的脑子里挥之不去。倒不是各西方福利国家的大厦将倾令我深感忧虑，真正久久困扰我的是这种相似感。这些国家和民众有什么区别呢？西班牙、美国、日本的政府，它们的情况就像阿萨德的妈妈、艾丹的妈妈：收入不抵支出，没法再借到钱，越来越多的收入要用来偿还债务，失去自己的资产。是不是完全一样？看来破了个洞的不只是哈利的鞋子，还有整个世界。

但这种情况就违反经济学了，就要颠覆我们泰齐聪明的小脑瓜了。是这样的，我们处在一个货币体系下，所有的经济关系一定总能维持平衡。有人背债就有人收款，有人亏损就有人盈利。整个系统设计出来的目的就是要保持平衡。除了钱，还有那些房子呢？正在不断上涨的股市？这些资产并没有消失。但如果拥有这些资产的既不是你我，也不是其他老百姓，也不是政府……那是谁呢？

我想，就是在被一帮有钱人和三明治包围住的那个时刻，我突然被这个问题击中了。

我朝我的左边看去：粉色衬衫、粉色衬衫、白衬衫、天蓝色衬衫。我又朝我的右边看去：白色衬衫、白色衬衫、粉色衬衫，哦？来了个细条纹衬衫，这年头不多见了，领子上还缝了4个字母："A.I.E.Q.。"哪个家伙的姓以Q开头？

全都是百万富翁。他们每一个都是。

那我呢？我也是。我很快就会是了。

原来是我们。就是我们这些人把这本看似没头儿的账给平了，不是吗？在这个很多人出生即贫穷的世界里，我们却会比我们的父亲拥有更多的财富。意大利人越欠越多的债，原来就是我们银行余额上越来越多的"0"。现在艾丹在还的他妈妈的房贷利息，原来流进的是我们的钱包，还有我们后代的钱包，也许其中就有我未来的小孩儿。阿萨德妈妈卖掉的房子，以后可能就是我孩子的房产。他们以后还能继续吃房租，继续收意大利政府的利息——我们的后代或许还会把收来的租金和利息再以贷款的形式借给阿萨德的后代，这样手上既有了他原先的房产，又有了对他的债权。这样财富就能不断增值，实现复利。我们用产生于这些资产的钱来购买其他资产，而你却为了还房贷、付租金，把你的资产卖给我们。没有资产的一方要付钱给有资产的一方，就是会这样发展下去。情况会恶性循环，现象会愈演愈烈，直至事态完全失控。这并不是什么信心危机，也不是什么银行系统搞的鬼，或者什么"对消费－储蓄偏好的外源性冲击"。这是不平等的问题。财富分配的不平等只会不断升级加剧，直到成为一个经济社会最主要矛盾的贫富差距问题反过来毁掉这个一手制造了它并试图压制住它的经济体。这个弊病绝非一时之痒，而是不治之症。它如癌症一般能置经济于死地。

我知道这意味着什么。

意味着我必须买入绿色的欧洲美元。

买入绿色票面的欧洲美元实际是一场赌博，赌的是两年半后的美元利率会怎样。这是个很棒、很干净的玩法，没有外汇掉期业务中那些"借A贷B"的复杂玩意儿，不用每天往回借钱。我们现在说的是纯粹的赌博，赌场里的那种赌博。比尔、史努比，还有我，全都爱死它了。

我们的工作按道理不应该在赌。我们本应向客户提供外汇掉期产品和服务。但我们因此被授予了一项权限：能接触到欧洲美元（以及可作为其等价物的其他所有币种）之类的产品，用于"对冲风险"。我们对冲掉了很多风险，不过通常是我们并没有面临的风险。现在，我要去对冲的，是我人生的风险。

因为在那一刻，我意识到了，为什么我们都错了。一直以来，我们这些人都把晚期癌症诊断成季节性感冒了：我们以为银行系统虽然崩溃了，但还可以修补；我们以为消费者信心虽然崩塌了，但还有望恢复。可真正上演的惨剧是，像艾丹和阿萨德这样的劳苦大众家庭，正眼睁睁地看着自己作为中产阶级被吃干抹净，自己的财富都落入富人手中。同样遭殃的还有世界上几乎所有大型国家的政府，它们面临的则是国有/公有资产被大资本吞食。普通家庭在资产上不断丢盔弃甲，开始逐渐陷入债务深渊。政府也一样。随着普通家庭和政府越变越穷，有钱人越变越富，中产阶级流向上层富裕阶级的利息、租金和利润就越变越多，也使问题越来越严重和复杂。它本身不但无法自行消解，甚至还会加速恶化。而经济学家没有意识到这一点的原因是，几乎没有经济学家从财富分配的角度出发去看待他们的经济学模型。他们花了10年的时间来记忆"代表性代理人"模型——这一系列模型将整个经济体（的行为）视为一个单一的代理人（的行为），该代理人的设定为"平均化"或"能代表整体"。因此，对这些经济学家来说，经济只关乎平均水平和总量。他们忽略了均值的不均匀分布和财富的不平等分配。这些人不过是一群事后诸葛亮，对他们来说，所谓经济研究只不过是装点门楣、粉饰门面的东西罢了。最后，还想说的一点是，我的学位还是有它特定的用武之地的，它让我确切地看清了不同的人是如何犯错的。

如果我是对的，这就是一件不得了的大事。这意味着市场的定价出现了非常严重的错误。经济复苏和利率的正常化将永远不会发生。在2011年初那会儿的市场预期是：仅在未来12个月内，美联储就会有近6次加息，每次的加息幅度为0.25%。他们都错了，全部人都错了，这些加息肯定不会发生，也永远不会发生。随着关于加息到来的预测日期不断推迟，今年、明年、后年……我每年都能赚到钱。这些蠢货从来没有关心过财富不均的问题。至少要再过10年，他们才会恍然大悟。

除了买入绿色的欧洲美元，还有一个选择。我可以用一个叫作"隔夜指数掉期"（OIS）的东西来下注。欧洲美元是通过机器交易的，所以必须得先懂得怎么操作机器，而有了隔夜指数掉期，你可以就单笔大额（本金）交易让另一家银行给你报价，并一次性完成整个交易。另外，猜猜谁是美元隔夜指数掉期的经纪商？猜对了，就是哈利·桑比。我想让哈利看看我这一套行云流水的操作。

我按了和哈利通话的按钮。此前我从来没有通过哈利进行过交易。在电话里，我让他给我一个一年期7亿美元隔夜指数掉期的报价，开始日期为次年春天，即从2012年的春天算起。这是一笔超大规模的交易，尤其是对我来说，因为我不算正儿八经的美元交易员。哈利大吃一惊（我觉得他可能以为我是在帮他），然后到市场上问了一圈，最后把德意志银行的报价发给了我，然后我就同意达成交易了。这感觉还不错。

然而，整个部门都在赌经济复苏的发生，我等于是完全在和他们对着干。至于是我，还是其他所有人才是对的，咱们走着瞧。嘿，我就喜欢这种感觉。是时候和这些大我好几岁的哥哥们比试比试了。那就开赌吧。

然后日本"3·11"大地震发生了。

如果一场造成2万人死亡的地震让你赚了1 100万美元，你心里会是什么感觉？

相当于从每位遇难者的口袋里掏走550美元。

但我也不知道会发生地震，我又不是个魔法师。

当走回到自己工位时，我发现自己已经收到了几百封电子邮件，其中一封来自花旗的宏观经济部。邮件中写道："我们预计这场地震将高度不利好于日本2011年的GDP（国内生产总值）增长。"

我拉开抽屉，拿出一支蓝色的圆珠笔，悄无声息地把它掰断，然后把两截儿都扔进了垃圾桶。接着拿出第二支笔，做了同样的事情。然后干脆去文具柜多拿了一些笔回来。

花旗东京分行的短期利率交易部里有个小同事给泰齐发送了一段地震期间他们交易大厅的视频：短期利率交易员渡边久蹲在自己的办公桌下面，紧攥着桌子下方的某个物体，却还不时探出他那戴着一顶硬质黄色安全帽的小脑袋，原来是想抓过鼠标做点儿交易，全然不管整个东京在他背后的窗外都晃成什么样子了。

泰齐把视频转发给了整个部门的人，但没人觉得好笑。知道他们为什么笑不出来吗？因为地震会导致利率下降。

这感觉很奇怪，不是吗？你花了 3 年的时间学习经济学，然后又花了 3 年时间在交易上。早上 5 点就起来，然后来办公室收 100 封电子邮件。每天都是这样的生活。你雇了一个刚走出大学校园的孩子，只为了听他在你耳边不停地叨叨经济学的那些理论。直到有一天，你终于有了一个举世无双的好点子，一不做二不休地把全部身家都押在这上面。之后的一天，一场地震造成了 2 万人死亡，而所有那些与你朝夕相处、不管是交易的主业还是其他什么都向你倾囊相授的这些人——这些可以算是你最亲近的人，也因为这场地震亏得一败涂地。只有你，在这一天里血赚 250 万美元，

这一切意味着什么？

泰齐一直盯着我看，那眼神好像在说我是个天才，好像我能料到地震会发生，仿佛这场地震是我造成的。

而关于众人的损失，首当其冲的肯定是比尔，因为他的交易额是最大的。他应该赔了有五六百万美元，而且只能眼睁睁地看着损失发生；史努比亏了 150 万 ~200 万美元，这对他来说是一笔非常大的数目，几乎是他全年的盈利额；JB 一直在等触底反弹从而没

有及时止损，结果他最终砸进去 400 万美元，直接把他的损益数千成负的了；胡果当机立断从中抽身，只损失了 50 万美元；最神的是查克，他简直可以说是不受世俗影响的佛陀，竟然全身而退了。我不知道他是怎么做到的，有时我甚至不确定他这个人是否真的存在。不过我什么也没说，仍然在等待和观望，一边不停地把一支支笔掰断。

当时还发生了一起核灾难，可能你对此也有所耳闻。日本从福岛县往外疏散了 15.4 万人，人们一度认为福岛核电站可能会爆炸。这倒利好于我的押注方向。我的盈利数增加到 350 万美元，接着到了 450 万美元。

仅仅过了一周，我就净赚 600 万美元，而 JB 亏到快窒息了，让人不忍多看。而接下来，我做了一些对一位交易员来说有点儿疯狂的事。现在的我应该不会再做同样的事了。

在我们隔壁部门有一位我很喜欢的销售员。他人挺好，但脑子不太好用。他是一个 40 多岁的英国人，平时总是干净清爽、温文尔雅的样子，名叫斯坦利·帕尔默。就在大众处于核恐慌的那一阵子，有一天他突然失态了。上午 11 点时，他猛地站起身来，在交易大厅的正中央尖叫道："核燃料棒裸露了!!!"

随着各个部门的小朋友们将这话大声地复述给自己部门的同事听，同样的几个单词在我耳边此起彼伏。我旁边的泰齐也站了起来，用双手在嘴边拢成喇叭状大喊着："核棒裸露了!!!"

众人连滚带爬回到座位，互相之间或对着电话那头的经纪商鬼哭狼嚎，场面十分嘈杂、混乱。斯坦利还站着，一遍遍重复着那句"核棒裸露了!!! 核棒裸露了!!!"

泰齐还在扮演着可笑的复读机角色。

我让他闭嘴。

泰齐往左右两侧展开手臂，五指大张，很夸张地耸了耸肩，好像我才是那个情绪失控的人。

"泰齐，你告诉我核棒是个什么鬼东西？"

泰齐摆出了意大利人专用手势。

我转身看向斯坦利，他还在叫个不停。

斯坦利其人，我了解多少？可以很确定的是他毕业于牛津大学。但他当时学的专业是什么？历史？古典文学？还是政治、经济、哲学一类的学科？

"泰齐你信我的，斯坦利也绝对不可能知道核棒是什么东西。"

泰齐根本没听进去，他此时正全神贯注地盯着电脑屏幕。而JB正冲着经纪商线路大吼大叫。他终于清仓退场了。

我拿起沉甸甸的棕色电话，按下了一个通话键打给我的欧洲美元经纪商。我用手捂住自己的嘴，下达了把我那一卡车欧洲美元期货都出掉的指令。这样一来，头寸方向直接翻转——我不再赌什么灾难的发生了，而是赌利率会上升。

别学我。不能凭感觉、凭一时冲动就彻底反转自己的头寸方向。别以为自己战无不胜，攻无不克，你又不是上帝。但我要告诉你的是什么呢？这件事，还真给当时只有24岁的我做到了。

那座核电站后来没有爆炸。感谢老天。

我反手又赚了500万美元。

最好的交易是用鼻子做的。它闻上去就是他人犯蠢的味道。

3

在那之后,每个人都经历了仓位血崩和割肉止损。JB 几乎是在利率跌到谷底的最差时机退出交易的,这也正是在我反转头寸的点位。

大家终于平复好心情的时候也是我第二次收割完欧洲美元红利的时候,于是我又重新走回预测灾难的老路。2011 年也许不会发生核爆炸,但可能会发生其他爆炸灾难,这是我"闻"出来的结论。到 4 月中旬,我的盈利数已经有 1 100 多万美元了,而整个部门的盈利数加起来还不到 1 000 万美元——光 JB 就倒亏了 170 万美元。

赔钱并不好玩,对任何人来说都不是一件笑得出来的事,对 JB 来说尤其如是。

JB 属于另一代人。他的优点太多了:富有运动细胞,开朗健谈,浑身充满魅力。如果不是从牛津大学退学,他本来会成为一名律师。但他对数字和细节都不敏感,那这里就不是他的主场了。

说回正题。2011 年,欧洲陷入主权债务危机。先是希腊,然后是西班牙，接着是意大利、葡萄牙、爱尔兰。这些国家就像多米诺骨牌一样接连倒下，和花旗经济学家普林斯预测的一样。没有人会买它们的国债，也没有人会借钱给这些国家。这对我来说是个利好消息，我又赚大发了。

问题来了，平时是谁借钱给国家政府？主要是各国自己国内的银行。但只要你在银行有存款，最终就还是落到你头上——银行把你的存款借给了政府。这本来完全没问题，因为在2011年以前，经济学家一直认为借钱给政府是"无风险的"。

但他们错了。

那为什么说借钱给政府没有风险？因为从理论上讲，在紧急情况下，政府有能力自己印制钞票。如果它们遇到了大麻烦，欠了你很多钱，它们可以干脆再印些钞票来还你。

问题在于意大利做不到。西班牙、希腊、葡萄牙也都没这个能力。欧元诞生的一个结果是，（使用欧元的这些）欧洲国家失去了法定的本币印钞权。但大家先前都不太担心这件事，因为在世人眼里这些国家的主权信用一直十分稳定，直到后来它们失去了这一光环。

2011年，当意识到这些国家已经破产时，人们马上又抛出了另一个问题：政府无力偿还巨债，那些曾借钱给这些国家的大债主银行是否也将一并破产？由雷曼兄弟破产所引发的银行系统危机这才过了不到3年，没有人会想看到再有别的银行破产了。因此，欧洲央行必须出手。

欧洲央行接下来的行动非常反常规：它按1%的利率向欧洲所有的银行无限量提供贷款。

这不是中央银行通常的调控方式。设定利率对央行来说可是一件大事，它们恨不得能用显微镜观察经济运行的每个细枝末节。通常，它们会密切关注银行间同业拆借的利率：如果利率过高，它们就会"开闸放水"，向市场注入一点儿低成本资金，从而压低利率；如果利率过低，它们会采取相反的做法，要么减少发放（给商业银行的）信贷额，要么回收一些已经发放的信贷额，总之就是紧缩银根从而提高市场利率。由此可见，央行是通过操控金融系统中信贷总量的方式来调控利率的。你如果控住了供应量，就可以控住价格，和苹果手机、耐克运动鞋的情况一样。

但一旦你提供无限量贷款，（信贷）供应量就脱离掌控了。控制不住数量就控制不住价格。我估计欧洲央行一定是觉得非这样做不可，只有这样才能确保没有一家银行破产，但换来的结果却是市场如脱缰的野马一样失控了。

欧洲央行和商业银行之间上演了一场令人啼笑皆非的游戏：欧洲央行在其几轮所谓的"（信贷）拍卖"中向商业银行提供利率为1%的无限量贷款（它们其实不算真正意义上的拍卖，因为对所有人来说，都是想要多少贷款，银行就提供多少贷款，上不封顶）。眼看希腊政府已不可避免地要走向破产，商业银行争先恐后地加入了信贷拍卖的行列，展开了对贷款的竞标。它们的借贷规模实在是太大了，以至于洪水般的资金量涌入了金融系统，欧元区利率狂跌到零（有几天甚至跌到负利率），比欧洲央行对外放出的"官方"利率低了整整一个百分点，这就是无限量提供信贷的代价。看到利率狂跌到零，各家银行在欧洲央行下一轮的贷款拍卖中几乎就不参与竞标了。这导致市场在接下来的一段时间内资金严重短缺，欧元利率飙升至2%以上。每周都会像这样来一次：商业银行之间互相钩心斗角，任何一家银行都想弄清自己的同业们计划借多少。如果你知道所有银行都会借钱，那你自己就会尽量不借，只等着到时候去市场上收低息贷款；如果你认为其他银行不会借钱，那你就尽可能地多借，待价而沽。所有人都想走和大家不一样的路，最终的结果只能是整个市场哀鸿遍野。

有时一周内会有数次拍卖。于是根本没有办法得知任何一天的利率会是多少，它可以从零以下涨到 2% 以上。在连续的几天里，利率能在这两个极端间剧烈地摇摆。说实话，我对此也是懵的。但没关系，因为我有泰齐，这小子每天都像警犬一样追踪着那些狗屎一样的利率数据。

但 JB 没有泰齐。JB 一无所有。那时的他也慢慢不再年轻，成为时代的老人了。之前的利率从没像这样异常过。在他那个年代，央行每月会调整一次（基准）利率，设定好了以后这个月的利率会连屁股都不带挪一下的。我们所有的估值体系和定价体系都是基于这样一套世界运行的法则建立起来的。JB 因此无法适应当下的变化。我的报价工作只针对即月（欧元外汇）的利率，也就是 26 个或 27 个工作日的利率，这需要泰齐每天手动更新数据，除此之外没有别的办法。而 JB 的报价工作覆盖了从一个月到两年期的利率，差不多有 600 天。他已经不堪重负了。

JB 日复一日地遭受到市场的重创。他那些价格都错了，这一点我心知肚明。前文中我们提到的汇丰银行交易员张西蒙也被提拔为欧元交易员，这人每天都在 IB 聊天室上找我，问为什么我老是报出错误的价格。

"我没错，"我敲着键盘，"错的是 JB。"

"行，那为什么 JB 的报价老是错的？他这样下去会完蛋的，你为什么不告诉他呢？！"

好问题。我为什么没告诉他呢?

你知道吗?其实这个想法压根儿没在我的脑海中闪过。我也不知道为什么,也许我就是这种人。

JB 正在苦苦挣扎,他快喘不过气来了。每天他都在赔钱。而我却干得风生水起,赚得盆满钵满。泰齐手动更新的所有利率数据让我实打实地赚到了钱。同时,我押注天灾人祸的头寸让我每天上班时都能直观地感受到什么叫日进斗金。但 JB 从来没有转过身来问我为什么。

事实上,他这段时间几乎就没怎么出现在工位。

过去这几年对 JB 来说一直顺风顺水,对部门里的其他所有人来说也是如此。每个人都赚翻了,也包括我在内。JB 已经过上他梦想的生活,他甚至可能连你的那份也享受了。

JB 买了一排可以俯瞰泰晤士河的豪华公寓,还让自己的一位秘书怀孕了,后者要生下的是他的第一个孩子。

他现在经常不在部门。中午他会和经纪商吃上很久的业务餐,而等他回来的时候,已经喝到全身通红了。但他一口气没歇就直接扑进市场厮杀了,像一条撞到挡风玻璃的虫子。看他这样真的很难受。

我告诉史努比,我很担心 JB。

"不用担心他,"史努比笑了笑,"在我认识的人里面,就属他家境最殷实了。"

行吧,那就由他去吧。

当 JB 不在部门的时候,我就得给他顶班。其实他不在的时间比在的时间还长。记得吗？我的账户（也就是短期欧元外汇交易账户）是整个部门里业务最繁忙的账户，在欧元市场失控前就已经如此了，现在更是变成了一辆停不下来的狂野过山车，而我还承担了JB一半以上的工作量。工作强度巨大。

但你能怎么办？你还能做什么？只能干活儿。随着欧洲深陷主权债务危机泥潭，我的盈利数直接原地起飞，到6月已经突破了2 200万美元。那时我成了整个交易大厅的头号赚钱能手，略胜第二名一筹。这是我大杀四方的高光时刻，我是不会让昆士兰来的酒鬼拖我后腿的。

我自己的活儿，加上JB的活儿，我都干了。每天早上我都很早来上班，并且也让泰齐早点儿到。从自行车上下来以后我径直就来到交易大厅了，然后就把自己"锁"进电脑屏幕、电话、耳机的世界里，在一片哔哔哔和叮铃铃的声音中，我很快就进入了工作状态，称霸市场。我每天的交易额超过了5亿欧元。虽然不知道在世界上排名第几，但我猜这样的交易规模让我在当时全球外汇交易榜单上一定位列前茅。除了不断加杠杆，没有其他办法可以在那个已经失常的市场中交易。

我忙到渐渐不记得换掉自己的骑行装，并且很快都根本不在乎什么换不换的了——我甚至都不带正装来办公室了。每天从早到晚就穿着灰色连帽衫和旧到褪色的鬼塚虎休闲鞋、戴着黑色露指手套办公交易。我在电脑上设置了提醒声，只要触发了特定事件它就会告诉我。因此，我的工位变得嘈杂喧闹起来，每当我的盈利数又多了50万美元时，电脑就会大声地发出类似收银机收款时的声响。这样的声音隔三岔五就会来一下。在收益特别好的交易日里，我会在平静的午后通过扬声器外放雷鬼音乐。伴随着最大音量的音乐，我和泰齐会把脚翘在桌子上，一次喝两杯意式浓缩咖啡，然后跟着音乐扭动上半身。《清算人》(*Liquidator*)、《姜戈归来》(*Return of Django*)和《54-46》这几首歌我常放。在动感的旋律中，我更觉得自己已经坐上了整个花旗外汇交易的头把交椅，是交易大厅之王。而作为我的得力助手，虽然泰齐自己并没有赚到钱（这是当然的，他还没开始正经从事交易业务），但他还只是个孩子，就算在一旁看着我攻城略地也很开心。呸，他算哪门子的孩子？我们都24岁了，他比我还大一点儿。

那阵子下班回家后，我每天晚上都会梦到外汇市场。

"有人说过你这个人很……傲慢吗？"

这是刚从洗手间回来的JB问我的话。他每次上完厕所都会莫名其妙发个癫。

我真是受够他了。他从不在位子上，每天都因为错误报价在亏钱。好不容易赚的那一点儿还都拿去喂给经纪商了，而现在他居然还想说我傲慢。

我没有看他。虽然感觉自己的左脸都快被他的目光烫到了，但我还是目视前方的电脑屏幕，手放在鼠标上。当时我戴着一副小小的蓝牙耳机，于是我把左边的耳机从耳朵里拿开，以表示对JB的尊重。

"没有。从来没有一个人这么说过我。"

"这样啊。那我就不得不说一句了，这完全出乎我的意料。而且你不觉得这种回答本身就很傲慢吗？"

我从抽屉里拿出一支蓝色的圆珠笔，用笔头敲击了塑料桌面好几下。本想把它掰成两截儿，但过程中我突然决定还是不掰了。我把笔放下，侧过身对 JB 说：

"JB，你打算到什么时候才扭亏为盈啊？"

我们的脸相距不到 30 厘米。从他鼻头处开始破裂的毛细血管正在往整张脸蔓延开来，显得他面色涨红像生病了一样。那一刻我突然想到眼前的这个人曾经帮过我太多了。我为自己刚刚说的话而感到愧疚。但我没有让自己的脸上表现出这种情绪。

"不用你操心。同样的事我以前就做过，现在也能再来一遍。我知道自己在做什么。"

"少来了，JB。说吧，那你要做什么样的交易？"

JB 盯着我的眼睛看，我也盯着他的。我们的脸靠得更近了，几乎快要贴到一起，我都能听到他缓慢而克制的呼吸声。这时我注意到他的瞳色有多蓝。这么多年，这个老男人就是用这样一双湛蓝的眼睛去看世界的。我们相顾无言了很久。我不确定他是在试图看透我的想法，还是在想着要怎么回答。我也不确定自己是不是也在试图看穿他的心思。

"股票。"

"股票？"

"对，股票。"JB 很坚定地又重复了一遍。

"就靠买卖股票？"

"没错，股价现在虚高，正适合做空。"

"你在扯什么啊，哪儿来的股价虚高啊？"

"你自己去看看吧！股价太高了，几乎就没降下来过。经济都不景气成什么样了，股价肯定要跌的。"

我转过身去，又拿起圆珠笔，然后在光秃秃的桌面上捣了大概 20 下。

"JB，你怕是没搞清楚吧？股票的运行机制不是那样的。股价永远不会下跌，只会上涨。经济形势好的时候，股价走高；经济形势差的时候，因为加印了太多钞票出来，股价上涨得反而更厉害了。这个不讲理的规律也同样适用于房地产。该涨的不该涨的全涨了。有产者永远高枕无忧。有钱人从来不会输，只会赢。如果你一定要交易股票，算我求你，别做空，只做多。股价会高到天上去的，这样你就能起死回生了。你信我的，准没错。"

说完，我去买了4份浓缩咖啡。

说实话，JB不在部门的时候，我在做两人份的报价工作时，对他的不如对我自己的上心。毕竟他的报价影响的是他的账户和损益数，我的影响的是自己的。我有我的优先级。对不住了，兄弟，但我还是得以自己为先。

JB其实知道自己的报价不对。肯定会出大问题的。

也许你还记得这一点：我们交易员作为做市商，吃的就是中间的差价。假设真实的市场价是71，我报给你的是70-72，你从我这里按72买走，我再找个人按71卖给我，钱货两清。你买到了你想买的，我得到了属于我的利润，皆大欢喜。

问题是，真实的市场价并不存在。或者更公允地说，它一直在变动。而如果你没有注意到它发生变动的时刻，那会发生什么？

假设就在我上厕所的时候，突然发生了什么事，导致现在的价格变成74了。但我的经纪商莫利还没有调整他屏幕上的价格，因为他也忙不过来，而且这是刚刚才发生的变化。这时你打电话给我，要我报个价。我看了看屏幕上显示的数，告诉你说72买70卖。你说你要从我这儿72买，那我现在就得上外头找个可以71卖给我的。

我向莫利要价,他给我报 73-75.5。

该死。

看来不损失个 3.5 是完不成这单了。

我告诉莫利,我愿意付 73 买。

"你晚了一步。人家现在最低都是 74 了。"

"好好好,该死的,那还有人报 75.5 吗?告诉他们我愿意出 75。"

电话那头沉默了两分钟。

"不好意思啦,75.5 也没了。现在最好的价格已经是 77 了。"

看到了吧,做市商的工作也不是那么简单的。连上厕所的时机你得都深思熟虑。

JB 又离开办公室出去花天酒地了。鬼知道是去了哪里灌自己一肚子的啤酒、清酒,吃生鱼片,可能还有些别的。

忽然有人打电话过来问我 JB 的报价,但我当时正在忙其他的。我在忙什么来着?说不上来。可能正在构思晚餐做什么。我想再改进一下自己做的鲜橙烩鸭(一道法国菜)。

接到电话后,我迅速地把食谱收到桌旁,把电脑屏幕上的价格页面拉起来,问了个在线经纪商:

"3 月期的掉期点了多少?"

"34-37。"

34-37,嗯,感觉没什么问题,于是我对着电话那头的销售又重复了一遍:

"34-37。"

"行,37 买入,2 码。"

说完他就挂了电话，声讯设备中传来几声类似收音机信号不好时"嗞嗞嗞"的轻微爆鸣。

2码。这数目不小。可能得马上给我们的JB补点儿仓。于是我把开关拨了上去，打给那位经纪商。

"马尔科，你那儿还有3月期的吗？"

"还有。34-37。"

"我要买1码。"

"嗞嗞嗞"。长达两分半钟的沉默。看看电脑屏幕上的价格页面，你会发现有人正在调整它们。35-38。36-39。该死的马尔科，根本就是无中生有的37。满口跑火车。

"马尔科，我要的3月期上哪儿了，怎么回事？"

"伙计，真的很抱歉啊，它已经没了，现在我能拿到的最低价是39。"

"该死！那你前面为什么告诉我你手上有37?!"

"哎，你听我说，刚刚是有的，真的有，我也没想到这么快就没了啊。"

放屁，我看他连37的鬼影都没见到过。顿时我就意识到，37的价位已经一去不复返了。

我刷新了JB的损益数。损失了10万美元。他刚刚才一只脚从赤字里走出来，这损失数足以让他重返负数。我往泰齐那儿靠过去：

"泰齐！"

"哈？"

他正在用一个塑料叉子吃硬质纸盒里的千层面。

"泰齐，我给JB顶班的时候在3月期上吃瘪了，原来的价位现

交易游戏 248

在没了，一下子让他亏了 10 万美元。该怎么办呢？"

"啊？他才回到零以上呢。还能弥补吗？"

"如果我们现在平仓，他会亏 20 万美元，直接就干回负数了。你觉得呢？"

"我觉得你应该给他发个短信说一下。"

我开始编辑给 JB 的短信：

"3 月期的行情让你的损益数摔了个跟头，少了 10 万美元。"

就在我发送短信之前，我刷新了他的损益数：少 20 万美元了。于是我删除了"少了 10 万美元"这几个字，换成"数字不是太好看"。

然后点击发送。

当 JB 回到办公室时，已经是下午 4 点了，那笔交易已经亏了 40 万美元。他看起来既亢奋又像是随时要摔倒的样子。我瞬间就知道他肯定没看短信。我看了看右边的泰齐，他也正看向我。我把衬衫最上面的两三粒纽扣解开了，泰齐也照做了。接着我把电脑提示音调成静音，这会儿可别再发出什么收银机的声音了。

"爷回来了，兔崽子们，行情怎么样了？"

JB 在他的椅子上坐了下来，刷新了自己的损益数。我尽量不去看他，但在余光中瞥到他流鼻血了。他几乎是条件反射般地按下了和马尔科的通话按钮。

"马尔科，3 月期的是多少？"

电波的嘈杂声。"41-44。"

"这什么玩意儿？"

我没有看 JB，而是看着他的声讯设备。马尔科的通话灯没亮。

这也就意味着他是在对我说话。

"兄弟，你那些亏损就是3月期的问题，我告诉过你了，都写在短信里了啊！你没看短信吗?!"

我只好这么说。他就是没有看那条短信。我和他都知道他没有看那条短信，也都知道他本该看的。

JB缓缓起身，把手伸进口袋里取出手机（那动作好像拿出来的是一把枪）。随后他一字一顿地把短信慢慢念了出来：

"3月期……的行情……让你……的损益数……摔了个跟头，数字……不是……太……好看。"

JB放下手机，站了起来，我也跟着站了起来。他转身和我面对面，我俩剑拔弩张。JB冲我的脸重复着最后那几个词，唾沫星子横飞：

"不是太好看。不、太、好、看。"

我琢磨了一下他重复这句话的用意，说：

"呃……我的意思……就是说，确实……不尽如人意，我没说错吧。"

JB噘起嘴，以难以察觉的幅度飞快地点了点头：

"那你要怎么做？"

他的言下之意再明白不过了。我的盈利数一路高歌猛进，到了2 400万美元，而那笔3月期的交易却置JB于赤字的境地。但我敢肯定，换成JB自己也会开展那笔交易的。

我还记得第一次见到JB的时候，他是怎么接纳我这个新同事的。他是整个部门第一个跟我说话的交易员，也是他给了我第一个交易账户。我还记得当我亏了800万美元的时候，他是怎么安慰我的。他对我说的原话是："没有过不去的坎儿，只有打不倒的人。"

现在，我看向他涨红的脸，透过它，我还看到了4套能俯瞰大本钟的豪华公寓。

我把舌头顶在脸颊内侧，然后紧紧地咬住它。

"JB，没有过不去的坎儿，只有打不倒的人。"

JB直接气炸了。他拿起他那部沉甸甸的棕色电话，使出全力把它往他的屏幕墙上扔。电话笔直地撞到了中央的那块屏幕上，屏幕瞬间变形，出现了裂痕，而电话则毫发无损地弹回到他的桌面上。没有东西被砸碎。我想，现在的屏幕和以前不太一样了。我清楚地记得，这一套本身迅速果断而充满力量的动作，发出的声响小得令人失望。

JB显然和我一样失望。他拿起电话，再次用全身力气砸到桌面上，这样砸了至少七八次，每次还都伴有独特的澳大利亚口音的"该死"。

如果要论对人造成的影响，那还是这些刺耳的噪声更有效。

接下来有一段片刻的平静，大家都在看着JB，而JB在目不转睛地看着电脑上的期货行情，右手还抓着电话。但很快又不平静了。几乎像是身体的条件反射一样，JB把左手伸到声讯设备前，右手把电话举到耳边：

"罗比，3月期什么价位？"

他按下了莫利之外另一位经纪商的通话按钮。

"罗比！3月期！什么价?！"

短暂的停顿后，伴随着同时发出的"该死！"和"砰！"的声音，电话被重重地摔在桌上。哎，这个音量大小才叫撒气嘛。

"蒂米，3月期的多少？""该死！""砰！"

"米莉齐，3月期的多少？"该死！""砰！"

他把经纪商的电话打了个遍。这两声交替出现，甚至产生了一种富有节奏的韵律感，一种乐理上的美感。

"JB，你怎么了？"

查克把双手拢在嘴边，以一种非常自然的方式呼唤着JB，仿佛这些骚乱是办公室外面发生的事一样。JB还忙着打电话，所以并没有回答。

"加里，怎么回事？"

一言难尽，这个问题还真不好回答。我在脑海里把各种听上去还算合理的答复都掂量了一遍以后，最后选择的说法是："我觉得是JB的电话坏了。"

这一点应该与实际情况也没有出入。

查克十分理解地点了点头，好像认同JB的所作所为是一个电话坏了的交易员唯一会有的自然反应。查克从椅子上艰难地起身，慢慢挪着步子，经过JB和我的位子，到了交易部的另一头，那里有一个装日用品的小柜子。他俯身弯腰，费了好大的劲儿才够到最下面的那格抽屉，然后从中拿出一部备用的同样笨重的棕色电话，上面还连着很长一根卷曲的、晃荡着的电话线。

查克接下来做的事，我永远也不会理解。他没有像一个正常人一样沿着工位旁边走过去，然后把电话递给JB，而是大喊道：

"JB接着！"

然后他就把电话向空中抛去。

在我看来好像投掷出了慢动作画面。电话擦着大厅上高悬的吊顶飞了过去，抛物线的顶点正好在泰齐脑袋的正上方，也就是我的右边。泰齐抬头往上看的时候它正要往我的头顶上落，我连忙后退

交易游戏 252

几步躲开。

其实我不用躲的,因为查克百发百中。电话完美而精准地打在了 JB 秃头的正中央。

有那么半响,整个交易大厅鸦雀无声。包括我在内的所有人都在等着看 JB 怎么发作。我甚至在想 JB 会不会杀了查克。

但他毫无反应。他只是停下了手上的动作,其他什么也没做。按钮也不疯狂摁了,电话也不摔了,只是缓缓地坐进椅子里,看上去好像经历了一番极其深沉的思想斗争。他拨开声讯设备上的一个开关,打给了一个经纪商,这样就不用使用他那部坏了的电话了(其实一直都可以这么干的)。

"3 月期的多少?"

"41-44。"

"44,我要买入 2 码,行吗?"

对方顿了一下,然后说:"可以,确定要吗?"

"确定。44,2 码。"

挂了电话以后,JB 也没有什么多余的动作。他就只是坐着,深呼吸了大约 5 分钟。而后他突然伸出右手摸了摸头顶,然后看了看自己的手指,好像在检查头上有没有被砸出血。接着,他站了起来,直接回家去了。

我不觉得能通过击打他人的头部来强行让对方恢复理智。这种事情应该只能发生在漫画里。但谁又说得准呢,你可以试试。

而这是查克所做的倒数第三件事。

再来说一说居家生活。哈利开始担心我了。因为我老是不出门活动,不是在家做饭就是上班赚钱。

圈子里开始流传关于我的事迹，哈利也听说了。很明显，我现在也是有头有脸的人了。哈利不明白的是为什么我没有很享受成名的快感。说实话，就算有这种意愿，我也是山猪吃不来细糠。哈利过去经常会邀请我的朋友们来家里喝酒，也会尝试说服我去酒吧放松一下。在我生日那天，他举办了一个盛大的惊喜派对，并邀请所有朋友来卡戈夜总会的贵宾桌。结果我假装去上洗手间，然后偷偷溜了出去，搭了辆公共汽车回家了。

哈利在这一点上对我唠叨个没完，我知道他出发点是好的。所以最后没办法，我跟他说，好吧，那就去参加一个派对吧。我们住的旧火柴工厂会举办些夏季活动。而有个女生在那边的健身房里对我笑了笑，我想她应该也会参加的。我只是想要向哈利这小子证明，我仍然有那股劲儿。

我和哈利到了以后看到那位女生和她的朋友也在那里。我带了一瓶一升的百加得，问大家想不想喝，结果她们还真想。我这个人不算那种情场高手，但如果有必要撩一撩女生，我可以卖力表演一下。

接下来我们4个人去了一家酒吧，一直玩到凌晨，早就过了我平时睡觉的时间。我困得眼皮都抬不起来了，又以为哈利喜欢那个女孩子，告诉自己还是放手吧。于是我问那个女生带来的朋友（后来才知道原来是她的合租室友）想不想去麦当劳，然后我们搭同一辆夜间巴士回去了。我一坐上巴士就睡着了，而当我醒来的时候，发现她正在轻抚我的头发。

史努比在那年夏天结婚了。除了比尔，我们之中谁也没被他邀请去参加婚礼。

史努比还在赌经济复苏，而我正在苦口婆心地劝他相信这是不会发生的，我们正在角落的位子里你一言我一语地讨论，突然查克走过来说："嘿，老弟，新婚生活怎么样?!"

史努比坐着，查克则站在他的正后方，所以史努比只好别过脖子回答：

"嗯……我怎么跟你说呢查克，都挺好的吧。没什么问题，都挺好的……真的很好！"

"哎呀，快别说那些没用的了，什么叫'挺好的'?!你倒是多说点儿细节呀！"

"我不知道怎么说啊，查克，你想让我说点儿什么？就是挺好的啊！我上了一整天班以后到家，她已经把晚饭做好了。多贤惠啊！"

查克对这个回答还是不太满意。

"那她平时给你做什么菜呢？"

"你这话什么意思？她每天都会变着花样做饭！"

"比如呢……她昨晚给你烧了些什么菜？"

史努比回想了一下。

"昨晚……昨晚她做了……焗烤意大利面。"

查克的脸拧成了一团，额头也皱了起来。他挠了挠头，把目光投向一边。

"意大利面吗？"他用难以置信的语气问道。然后他又重复了一遍："意大利面?!"

查克俯下自己沉重的身子，以便能近距离直视史努比的眼睛，然后他像孩子一样认真地问道："意大利面……配咖喱?!"

我和史努比大笑不止，笑到要离开办公桌一小会儿才能平复下来。

这是查克做的倒数第二件事。

"她身上有些特质。我觉得她像个女巫。"
哈利有一次喝醉以后这样描述那个女生，就是派对上认识的那位，后来和我一起坐巴士回家的。自从哈利这么形容她以后，我俩聊到她的时候就会称她为女巫。

女巫肤白如雪，有着绿色的大眼睛和一头又长又直的金发。在月光下，她整个人看起来奶蓝奶蓝的。

我曾试着向她介绍我的工作内容。

"听上去你不是很喜欢这份工作。"她对我说道。

"什么叫不是很喜欢这份工作？我当然喜欢了！"

"你如果不喜欢现在的工作，就应该辞职。反正是我就会这么做。"

于是我告诉她："是这样的，我无意发展什么很认真的恋情，应该不会陪你太久。虽然我现在还不能确定目的地，但我有要去的地方。要不你还是找别人吧。"

后来有一天，查克把我们都叫到一个房间里。这次我被允许参会，因为我不再是部门里资历最浅的那个成员了。现在坐在外面的人是泰齐。

房间里阳光满溢。查克总能设法拿到最好的那几间屋子。房间里有一张长桌，查克坐在主位上，他身后是窗户。我当时正站在JB的旁边。在我们的对面，比尔和史努比挨着坐了下来。其他的交易员则分散地坐着。

查克说，几周前，他在回家的路上迷路了。虽然已经不是第一次找不到回家的方向了,但他的妻子第一次发现他这种情况,便把他送到了医院。检查发现查克的大脑里有一个网球大小的肿瘤。

"所以我得离岗一段时间。"

我看了看对面的比尔,他已经在看着我了。比尔就这么和我眼神交流了一会儿,而 JB 则是快把胳膊肘都挤进我的上臂了,隔着衬衫袖子我都能感觉到他皮肤的热度。

"但问题不大。医生说他们可以把它切除。所以应该不用太久我就能返回工作岗位了。"

他说这话的时候,我的目光又回到了查克身上,他黑色的身影在窗前凸显出来,还有他那厚厚的眼镜,慈祥的笑容,以及和我父亲一样的发型。

这便是查克所做的最后一件事了。从此我再也没有见过他。

4

女巫的卧室就在我房间的对面,中间隔了那个花园,楼层比我的高3层,所以当我躺在床上的时候,可以看到她在开合窗帘。我们那会儿常去格林尼治公园,在那儿看着在全世界中点的夕阳从山顶上往下落,在摩天大楼之间渐渐消失不见。

"上次你说你有你要去的地方,展开跟我说说?"

"我也不知道该怎么说。我只是想表达,我得去其他地方看看。我不能一辈子都待在这里。"

"那你想要去哪儿呢?"

"没定。日本?或者坐船去智利?反正得是个遥远的地方,肯定不在这儿。"

"说来说去还是和你那份工作有关,不是吗?你就是讨厌那份工作。为什么不索性辞职呢?"

她不懂。彼时我的盈利数已有2 900万美元,每个子儿都在我心里高呼:"不能辞职!"

我和史努比央求比尔出山坐镇。因为我们知道，如果不是他，就会是青蛙来接任查克的位置。对于劝说比尔，我们本来没有抱多大希望，但他答应了。于是比尔成了我们交易部的负责人。

我不知道比尔为什么答应了，毕竟他实在痛恨与人员管理相关的事。那些销售人员，还有其他部门的交易员，都被他"问候"了个遍。当部门外线响了，我或泰齐去接电话时，他会拼命地对我们做出模拟割喉的动作，意思是说："告诉对方我不在。"

而当鼻涕虫老板打电话过来的时候，没人想接。比尔肯定不想和他说话，JB 也不会。大家的盈利数都少得可怜，没人指望还能有什么奖金，所以自然也没人在乎他。当然，除我以外。我可太在乎鼻涕虫老板了。

所以当他打电话过来的时候，是我接的。我会对他说："老大，比尔现在暂时不在位子上，有什么是我能帮你做的吗？"

鼻涕虫老板告诉我说，他希望花旗银行能成为世界上外汇交易量最大的银行，于是我每天的交易规模开始往 10 000 亿美元上冲。

哈利想追女巫的室友，但我看他好像还没取得什么进展。他开始越来越频繁地组 4 人局，于是很快就变成了我们 4 个每隔一个周末就出去聚一次。

哈利和我小时候从来没有一起正儿八经地出去玩过。我俩之间更多的是足球搭子和游戏机搭子的关系。他才刚到法定允许饮酒的年龄没几年，所以我还从没和他一起出去喝过酒。因此，我也是头回知道这小子其实是个酒鬼。他的酒量甚至超过了我的体重。但凡他的体格再小一点儿，都能直接喝死过去。

哈利一旦喝到鼻孔都能漏酒的程度，他的左眼就会眨个不停，然后他不会以正常姿势和站在自己对面的人说话,而是会把身子靠到你的一侧,对着你身后说话,还会使劲用自己的额头顶着你的额头。接着他会跟跟跄跄地去舞池里逗弄女巫的室友,后者会皱着眉把他一把推开。

这些我都不在乎。我只心系我那些数字:交易量多少,盈利数多少,欧洲央行信贷拍卖放量多少,每天能否保证有7 000亿美元、8 000亿美元、9 000亿美元的单日贷款。实习生或校招生会三三两两地坐在我后面看我交易,他们会问:"加里,你是怎么研究出这个交易的?你刚进花旗的初始职级是哪一级?"

而我会毫不客气地回道:"谁现在还管什么初始职级?那早都是老皇历了。我只关心现在和未来。对于我不需要的数字,我根本不会费心去记它。"

然后,实习生们就会被吓到,他们会以吃午饭为借口,纷纷逃离我身边。

泰齐劝我说:"你不该对实习生这么刻薄的。知不知道他们背后都叫你大神呢。"

我知道。爱叫什么叫什么,关我什么事。

泰齐接着说道:"你确实是位优秀的交易员。可能不止优秀,而应该说杰出。但你并不像你自己想象的那么聪明。我能看到你很会选择低买高卖的时机,但这种能力并非来自你的天赋和才智,而是来自你的直觉。对你来说,这不过是在玩游戏。"

我一言不发。他这种评价甚至不值得我去回应。

"加里,你有个大问题,你必须改掉它。"

烦死了,又来了。

"那你说吧,我有什么问题?"

"用我们那儿的话说,'Homo Homini Lupus'。"

真是服了他了。

"这什么鬼啊?"

"这是一句拉丁谚语,加里,意思是'人皆为狼'。"

完全是胡扯,我受够了。

"泰齐,你站起来,看看你的四周。"

说完,我也站了起来,打开双臂。

"你看看你周围这些人。我告诉你,他们没一个好东西。每个人都已经把手伸到我的口袋里了,都想偷我的业绩、偷我的钱!所以你个兔崽子别再跟我说什么'人皆为狼'了,我俩每天都在被一群狼包围着!"

当时,我真觉得这是气势汹汹的一番雄辩。不过这好像也从侧面说明泰齐其实是对的。

不过我也有我的道理。我突然就成了世界上交易规模最大的交易员之一,旁人肯定都想从我的业绩中分一杯羹。交易大厅里出现了一些年轻的面孔,他们拍着我的背,说着我们在伦敦政经一起度过的校园时光是多么美好,而我甚至都不认识他们是谁。当鼻涕虫老板飞来伦敦办公室的时候,我还得和他一对一共进午餐。真令人作呕。

不过,最疯狂的还要数那些经纪商。我怎么都摆脱不掉他们,这些人简直像疹子一样长在我的身上。有家公司找了一个不知名的十八线小艺人来翻唱我之前写过的歌词,想引起我和他们做生意的兴趣。我在网上搜了一下这个艺人,发现一张他在海滩上用吸管从菠萝里喝鸡尾酒的照片。另一家公司雇了一个毕业于我原来那所高中的学生，只因为他说他认识我。他们所有人都在约我出去：去餐厅吃饭，去看足球比赛，去度假。这越来越让我感到烦不胜烦，于是我设了一条规矩，叫"只去南多"。你想约我吗？那我们就去金丝雀码头的平价餐厅南多烤鸡店吃饭，你付你的，我付我的。但后来我吃了太多顿南多了，导致这条规矩也不得不废除了，再之后我就谁也不见了。

另一边，大老板们指派青蛙代替比尔。这件事早晚会发生的。过程是这样的：比尔仍然坚持经济能复苏的想法，本职工作和管理部门这两件事搞得他心力交瘁。虽然比尔和 JB 这两位资历最深的交易员已经挡掉了来自高管层的不少火力，但覆巢之下，安有完卵，整个交易大厅的人都受了上面一肚子气。我们部门实际上没人主事了，这样下去到时候连能为我出头争取绩效奖金的人都没了，所以我干脆站了出来，几乎成了事实上的当家人。而那些大佬是不会让一个 24 岁的小年轻一直管理整个交易部的。

青蛙这个人光是在那儿，对我来说都是一件从生理上难以忍受的事。他让我觉得恶心。我从来没有忘记过那个人是怎么耍我的，他一开始说话我就浑身刺挠。他空降伦敦办公室以后做的第一件事就是把我拽进一间会议室，说他正在考虑接管 JB 的工作。他没有告诉 JB，但告诉了我，这意味着就坐在 JB 旁边的我整整一个月都得忍着不能告诉他，他要被裁了。

经纪商想约出去的不只有我，他们也带哈利出去玩。我说不好他们是想通过哈利接近我，还是他们单纯地喜欢哈利这个人，但不

交易游戏 262

得不说哈利和经纪商堪称绝配。为什么这么说呢，因为经纪商挖地三尺就是为了找到你人性的弱点，他们用他们的脏手在你身上"乱摸"，直到可以找到你的软肋。然后他们会用他们的肥手大把大把地奉上你想要的东西，瞬间把你的胃口填满。而哈利身上就有很多弱点。酒吧、餐厅、夜总会、色情场所，到处都有他的身影，他甚至开始吸我从来没听过的一些新型毒品。我还能看出他什么时间嗑了药，因为我早上起来的时候手机会收到47条不知所云的短信，这时的哈利必然在他的卧室里，站得高高地，都嗑出幻觉来了。

我应该为了JB能留下来和青蛙据理力争吗？也许吧。换成他会为了我和青蛙吵吗？百分之百会。但那时我的盈利数已经到了3 100多万美元，我太想要把对应的年终奖悉数收入囊中了。如果青蛙能保证这一点，他就是让我叫他一声"妈"我都可以考虑。

于是青蛙抢走了JB的欧元账户，这使得我和青蛙变成了工作上的直接搭档，也就意味着我每天都必须坐在他旁边。而在找到一个合理的理由炒掉JB前，他把JB调去了角落里，让他交易澳元。

他一把JB打发走，就把矛头对准我了。

"加里，你听着，我们现在有个问题。你呢，确实是个挺能干的交易员，这一年的业绩我们也有目共睹，但我们交易部今年整体是什么情况你也看到了……整个花旗银行也没好到哪儿去……我都不确定我们还能不能给你发绩效。"

我感到全身的血都在往脑门和拳头涌，整个人有点儿眩晕，甚至产生了一种往地上吐口水的冲动。

我看着青蛙。他穿的衣服不是全都紧紧地贴在他身上，就是松垮得要掉下来一样，好像他的身体是拼错了的乐高积木。这个浑蛋居然还笑了。

　　见鬼了，他算老几啊？这个长着一张大嘴、一头乱发，脸部肌肉松垮的浑蛋过来告诉我他没办法给我发奖金了，他知道我今年为了打个漂亮的翻身仗都经历了什么吗？他知道个屁，他什么都不知道！对他来说，这不过是一场游戏。该发给我的这笔钱比我祖上25代人赚的加起来还要多，但对这个家伙来说，这无非是个整人游戏。

　　好，那我会让你知道，这对我来说绝非儿戏。

　　好像是有那么一段箴言训导人们说，当你周围的人被为难的时候，你要挺身而出保下他们，否则轮到你被整的时候就没人能为你说话了。

　　我才不信这句话。我不会去保护任何人，我也不需要任何人来保护。我有我自己就够了，一直以来我都是自己保护自己。

　　哈利基本不着家了，偶尔回来的时候，也只会躺在地上流口水。

　　于是这间公寓到了晚上就是我一个人的了，准确地说是我和女巫我们俩的，我们一起煮意大利面，一起看电影。说实话，在这儿我之前从没看过电影。

　　我告诉女巫，有个长得跟青蛙一样的死胖子想给我穿小鞋，试图克扣应该发给我的钱，但我不会让他得逞的。她听了以后对我说：

　　"那些人根本就不了解你。除了我，没有人能懂你。喂，我买了些棕色的油漆，打算粉刷我那客厅的其中一面墙。要不要过来帮我一起上漆？"

那时我经常收到猎头的电话，每周都能有好几次。以前，我一直是直接挂断，但现在我开始接起来了。我会让他们发电子邮件到我的私人邮箱，我当时的邮箱名是"Thegazman1000 @ hotmail.com"。他们就会请我拼一遍，然后再次问道："Thegazman1000 @ hotmail.com？"

我回应道："对，没错，Thegazman1000 @ hotmail.com。这个邮箱名有什么问题吗？"

"噢，不不不，没问题没问题，挺好的。"

然后他们就会给我安排面试。

我面试了巴克莱银行、美国银行、高盛。在面试高盛的时候，我穿着连帽衫和运动鞋就去了，我告诉他们，我对他们提供的这个岗位没有半点儿兴趣，但他们还是让我进了第二轮面试。

每次面试时，我都会向对方的董事总经理要张名片。拍照留念以后，次日一早我就把它带到办公室，放到青蛙的桌子上。他得清楚如果我没有拿到属于我的那份提成，是什么后果。

我问猎头们一个比较合理的提成点应该是多少，他们说7%。好，那么3 200万美元中的7%，必须是我的。

5

我把今年早些时候通过哈利做的那一大笔（欧洲）美元隔夜指数掉期交易平仓了。这一单就让我赚了 900 万美元。平仓的时候我让哈利确保对手方和开仓时的相同，还是德意志银行的那位交易员。然后我让哈利算了算利润，看看就逮着这一只羊薅羊毛，能让我一次性赚多少钱。我这么做是因为想让哈利有个可以学好的榜样。其实我大概也能猜到，他在这伦敦金融城的每一个酒吧里都歌颂过我的事迹，而我也想在奖金日之前再提升一下自己的声誉。

哈利的脾气越来越怪了。他要么萎靡不振，要么癫狂暴躁，不管什么时候看到他状态都奇差。他到家一般都半夜了，然后会像夜叉一样怒目圆睁地把我叫醒。我问他："你小子是不是吸可卡因了？"

"没有，我才没吸。"

"别扯了，你就是在吸。如果你妈妈知道你在吸可卡因，她会说什么呢？"

他便转移话题，磕磕巴巴地说："哥，你今年能到手多少钱？"

"不知道,可能200万美元?"

然后他肆意地大笑起来,戳着我的胸口说:"你凭什么能赚这么多钱?我工作比你辛苦10倍!"

我告诉他:"赚多赚少永远和你有多辛苦无关。"说完我就回到自己床上,任由站不稳的哈利脸朝地栽倒。

办公室里的情况也没比哈利好到哪儿去。坐在青蛙旁边太让我糟心了。他会说些令人生厌的笑话,我也只能装作好笑的样子,但其实每次都能感到一阵强烈的刺痛,那是酸苦的胆汁从胃里喷涌上来,通过我的心脏直冲喉咙,而我别无他法只能生生再咽回去。进入12月了,我的业绩差不多快到3 500万美元了。这个节骨眼儿上我不允许任何一件事出错。

JB还坐在青蛙把他丢去的那个角落里,但他好像不太对劲儿了。他瘦了很多,现在真的快瘦成皮包骨头了。当我回头看他时,他的嘴唇会微微颤动,好像在用气声说话,然后他的眼睛也开始不正常地抽动。

我肯定是睡得少了。

一天晚上,我在凌晨1点半被吵醒了。从客厅传来乱哄哄的声音。当我打开卧室门时,面对的却是这样的场景:哈利和我从没见过的一群浑蛋(像是克拉珀姆那边的人),正用鼻子在我家的餐桌上吸食可卡因粉末。

哈利抬头看着我,一脸痴傻地笑了。

"你好啊老兄!"

我全身上下只穿了一条内裤。其他的经纪商(因为他们只可能是经纪商）吸得不像哈利那么上头，就只是有点儿尴尬地点点头，同时环顾这间屋子。

我在门口站了一会儿。然后我从他们中间穿过去，进了厨房。我从橱柜里拿出一个玻璃杯，把它重重地放在岛台上，往杯子里倒满牛奶。我拿着杯子走回客厅的中央，慢慢地把牛奶喝了。我就这样站在那里，就在他们所有人的中间，逐个审视这帮浑蛋的脸。

他们急忙开始四处寻找自己的夹克，纷纷穿上鞋子，嘴里说道：

"那就先这样了，哈利，我先走了，伙计。"

哈利挽留着："哎，别，别走啊兄弟，这才刚开始呢！"

但不到一分钟，他们都消失得无影无踪。我正要回床睡觉，哈利在我身后咆哮道："为什么你总要扫我的兴?!"

第二天青蛙不在，所以欧元的两个账户都是我在交易。我因为昨晚的事还很窝火，所以没和任何人说话，连泰齐也不例外。我就只是坐在那儿干我的工作。

下午2点左右，我的屏幕上蹦出了一条来自IB聊天室的信息："嘿，我昨晚看到你的妞儿了。身材挺好的嘛，算你有两把刷子。"

旁边的发送人名字是"昆廷·本丁"。

我完全不认识什么叫昆廷·本丁的狗杂种。

当时的我一定是用某种恨不得一刀捅死他的眼神盯着屏幕，因为当JB经过时，他注意到了我的表情，然后说道："你吓到我了，朋友。怎么了？"

我什么也没说，只是指了指屏幕上的消息。JB眯起了有点儿老花的眼睛，看完以后他说："该死的!!! 这该死的是谁啊？"

交易游戏　268

我摇摇头，说："我也想知道这该死的是谁。"然后我点开了那条消息的详情。他的名字后面有一个括号，里面有一串大写字母代表他所在的公司：ICAP PLC（毅联汇业）。

我们俩谁也没说话，只是肩并肩站着，把手托在下巴上，思考着应该做点儿什么。然后JB俯身在我的声讯设备上按下打给ICAP公司的通话按钮，对电话留言道："花旗银行将无限期停止与ICAP的业务往来。想知道具体原因的话去问你们的同事昆廷·本丁。"

然后他转过身来，对我们部门宣布："每个人都用自己机子上ICAP公司的线路，告诉对方，花旗不会再和他们做业务了。如果想知道为什么，让他们去问昆廷·本丁。"

然后他把手拢到嘴边，对着整个交易大厅高声疾呼：

"我们银行现在要切断所有到ICAP公司的电话线路，如果想知道原因，让他们去问昆廷·本丁。"

无数条IB聊天请求出现在我的屏幕上。上一条还没处理完，下一条的提示音又响了。JB拍了拍我的后脖颈，然后走去了洗手间，在那里吸可卡因。

ICAP是一家大型经纪商公司。它是伦敦最大的两家经纪商公司之一。对于每一种金融产品，都有对应的经纪商，这意味着我们整个交易大厅的每个交易员都至少有一个合作的ICAP经纪商。就在那一刻，那些肥头大耳的经纪商必然都放下了手中的芝士汉堡，从位子上暴起，气势汹汹地穿过不同的办公区，找到一个叫昆廷·本丁的人。而就在这个人的旁边，坐的是乳臭未干、酒劲儿未过、紧张异常的哈利·桑比。

第四部分 恒温器 269

我给女巫发了短信了解情况。果然，前一天晚上她和她的室友去酒吧的时候正好遇上哈利和一群喝大了又嗑嗨了的经纪商。女生们想走了，但由于她们和哈利住在同一个小区，所以那些男的基本等同于和她们一起回了家，最后他们全都来了哈利和我住的房子。两位女生没在我们这里待太久，所以当我醒来的时候，我看到的只有一群吸毒吸得正上头的死胖子。我猜其中一个一定是昆廷·本丁。

当我回到家时，哈利正闷闷不乐。他穿着他那双不合脚的超大号鞋子，在公寓里走来走去，双手捂着脸，声音嘶哑地抽泣着。

"你在干什么？你看看你干了什么？！我们会被开除的！我们俩都会被开除的！"

"你什么意思，什么我干了什么，你又干了什么？！那个叫昆廷·本丁的浑蛋又是谁？而且那不是我，那是 JB 出的主意！"

"那又怎样，你可以叫停啊！该死，你又不是不能叫停！把电话线路接回去啊，重新把通话键打开啊！"

"我为什么要把电话线接回去！就得给那个死浑蛋好好上一课，还有你，你也给我学仔细了。瞧瞧你都干了些什么好事？！"

"你讲什么啊，我干什么了？我是无辜的！我干什么好事了？"

"你给我听好了，缺心眼儿的东西，"我对着他的脸痛斥，"下个月我眼看着就能成为百万富翁了。我犯不起任何错误，而你又在做什么？你在一个工作日的晚上，凌晨 1 点带了 4 个胖得跟肥猪一样的金融业同行回来，然后在我的餐垫上吸可卡因，这就是你干的好事。你是不是脑子坏掉了？！"

哈利无言以对。我们近距离地面对面站着，鼻尖碰着鼻尖。

"你想想看，你妈妈会怎么想？如果你妈妈知道你的所作所为，她会怎么想？别以为我不知道你都干了些什么，因为我全知道。我知道你晚上去了哪儿，我也知道你在那些地方干的事。你觉得你妈妈会作何感想？如果她老人家现在既能看到你，也能看到我，她会是什么心情呢？她会为我们俩都感到骄傲吗？她在天上会知道你活成这个鬼样子吗？"

哈利狠狠推了一把我的胸膛，我只能尽量站稳。

"你别跟我提我妈，你又不是我爸！我的生活不归你管，我能照顾好我自己！"

"哦，是吗？那你把你自己照顾得很好了吗？在这方面你又做得怎么样呢？你告诉我，你那个爹又在哪儿？又是谁一直在照顾你？谁给你做的晚饭？谁给你付的账单？谁给了你现在的这份工作，谁在你跟烂泥一样起不来床的时候把你硬拖下床载你去公司？没错，都是我。我才是那个照顾你的人，那个赚钱养家的人，而你只会把一切都搞砸！"

"对，对，加里你说的都对，但是为什么？你赚这些钱是为了什么？你又从来不花！你从来没有享受过你赚回来的这些钱！你从来不去任何地方，也没有任何娱乐活动，你甚至都没和你妈聊过一次！我们上一次和你爸去看东方队比赛是什么时候？久到你根本想不起来！可能就没有过吧，大哥！我们从没有一起去外面玩过！你甚至从不和朋友联系！你还说我干了什么，你又在干什么？你做这一切到底又是为了什么？你提起伊尔福德的时候，那样子好像这个地方对你很重要似的，好像它对你有什么特别的含义，好像你做一切是为了我们在那儿的亲朋好友一样。但其实你根本就不会去伊尔福德看看！不然你说你上次去那里是什么时候？你根本就不和任何一个伊尔福德人聊天，别说伊尔福德了，我就没见过你和任何一个活人聊天！加里，你的人生还有什么意思？这一切到底是为了什么？"

对此我也无法辩驳，便离开他走出家门，去了健身房。当我回来的时候，他已经在沙发上昏睡过去了，口水流了一地。

第二天，我在码头边安排了一场会面。参加的人有我、昆廷·本丁和他的上司。我是和那位上司联系的，而不是昆廷。我并不想和那个浑蛋说话。

昆廷大概35岁，他的头儿已经40多岁了。我很清楚有一点他们是知道的，那就是哈利的家庭状况。他们知道哈利等于是没有亲人了，他们也知道他们本不应该带坏他。

我也把该说的和他们说了。我告诉他们，我答应过他妈妈我会照看他，如果我就这么让那两个肥头大耳的烂人把哈利的人生冲进下水道，冲进滥交和毒品的阴沟里，我这辈子都要受到良心上的谴责。我问他们，作为都这么大的成年人，他们对自己是什么看法，以及他们对一个20岁的孩子都干了些什么。

他们答应我，他们以后会对哈利干些人该干的事。至今我仍然不知道他们是否做到了。不过教训完他们后，我回到办公室，对同事们大喊道："可以恢复和ICAP公司的电话联络了！"

6

然后到了奖金日。

关于这一天，我只记得数字了。我的盈利数刚过 3 500 万美元，合理的提成点是 7%，我差不多就记得这些了。我不记得那个会议室长什么样了，也不记得收奖金的场景了，当然更不记得青蛙那张丑脸。

我还记得的是，自己很清楚地知道自己所期望的金额，精确到个位数。现在不记得这个数字具体是多少了，但的确是比 3 500 万美元的 7% 多一点点，所以差不多是 245 万美元。

反正奖金数额的谜底一揭开，我就把它忘掉了。又是一个已经没用了的数字。我的大脑存储中不保留我不需要的数字。35 乘以 0.07，再加个百万美元单位，这就是我拿到的钱，我应得的钱。

奖金到手，众人都很高兴。

大功告成。

那天晚上我骑着自行车回家。在 1 月又黑又冷的夜里，我呼着白气，像往常一样穿过伦敦东部的克里斯普街市。那儿有一整面巨大的墙画，画着我最喜欢的涂鸦作品：一只巨大的、有6层楼高的吉娃娃，后腿直立，舌头外伸。而在墙画的底部有一家清真炸鸡店。那家炸鸡店在一片黑暗中散发着热气，微微泛着红光。炸鸡店通往巷子里的拐角处，有一位白发苍苍的老人，正要给一个破破烂烂的大床垫套床笠。床笠散发出幽幽的冷光，是一种亮闪闪的银白色，或者更确切地说，是一种月光蓝。从光泽上看，一定是刚拆封的床笠。我好奇的是，这样一位满头白发的老人，还住在炸鸡店边上的巷子里，怎么会有这样一套崭新的、闪着白色光芒的床笠。然后，就在那一刻，是我在这个城市生活了25年来的第一次，当呼吸的时候感到伦敦的冷空气钻进了我的身体，充满了我的肺，让我的肺里有灼烧的感觉。我不懂为什么会有这种感觉。

到家以后，我在客厅角落里设置的一个小办公区域忙着投资理财。这笔奖金是很大的数目，所以我必须投资增值。

女巫来了。我看着她进了门，而当她看到我时，我注意到她的脸上闪过一丝浅浅的担忧。我又把视线转回到电脑屏幕上。她走了过来，抚摸着我的头发。

"奖金的事怎么样？你还满意吗？"

"挺好的，发了不少钱。是我应得的数目。"

"但你看起来好像不大高兴。"

"我刚也说了，一大笔钱，我得投资理财。还是挺有压力的。"

女巫听完半晌无言。她的手还放在我的头发上。

"你呀，要是我像你一样，上一秒才赚了那么多钱，下一秒我绝对不会想做的事就是自己孤零零地坐在客厅的角落里，自己给自己这么多压力。"

她一说完，我就知道她是对的。可恶，在一针见血这点上，我恨透这个小妖精了。

第二天的办公室，一切照旧。

同样的一拨人，同样的喧闹声，同样的粉色衬衫和白色衬衫。

一成不变的经济大环境，还有做到腻味的交易。

去年年底的时候，我把欧元交易账户上那笔压箱底的大额交易平仓了，但现在是新的一年了，所以我需要一笔新的交易来押宝。

不，不对，我其实不需要什么新的交易。因为什么都没有改变。

社会仍然存在与之前同样的不平等问题，两极分化还在加剧，还是有一个又一个家庭失去了他们的房产。老百姓还是没有能力消费。该死的大环境可以说一无是处。不见经济增长，也不见经济形势改善。我拿起手机看了一眼，又重新放下，决定今年继续开展上一年赌天灾人祸的交易。

你猜怎么着？这个决定又让我数钱数到手抽筋了。

我对于整个经济走势的宏观论调之一是，有钱人会越来越有钱，而其他所有人都会变得越来越穷，这也意味着利率将永远处在零的水平上，因为经济体当中的购买力永远不足以推动物价显著上涨。

但这并不是指所有物价。当不平等现象加剧时，物价难以上涨的原因是，有钱人在商品和服务上的消费支出占他们收入的比例要远远低于普通民众。与此相反的是，有钱人在资产上的支出可多多了。他们正在以越来越快的速度积累财富，同时又可以获得当下超低利率的贷款。二者的共同作用不可避免地大幅度推高了资产价格，包括股价和房价。

这让我寝食难安，因为我刚刚收到一大笔能砸死人的巨款，但我还没房产，所以我去看了一套豪华公寓，位置就在办公室出来那条路上的近港区。我在对方要价的基础上加价5%，然后直接过去买下了它。

一天晚上，我带哈利过去看房，我们站在阳台上看着下方的船只，他抽烟的时候，我对他说："我要买下这里，哈利。你知道我这么说是什么意思，对吧？"

他应道："我知道啊，哥，想想就美！我们会在这里住得很滋润的！这房子这么大，我都等不及了！"

"不，哈利，是我要买下这里。而不是你。以后我买下这套房子，你就该回你自己的家了。"

我到现在都还记得那晚的月亮倒映在他眼中的样子。

我对于办公室里的事也完全不在乎了。我不和任何人说话，甚至也不怎么和泰齐说话。工作所需的最低限度交易量也由泰齐和我的经纪商代劳完成，而钱就这么源源不断地涌进我的账户。我所做的就是坐在位子上，戴着耳机看报纸。到3月底，我今年新的业绩又达到900万美元了。

青蛙从来没有问过我，我是怎么赚到这多钱的。鼻涕虫老板也没有。我觉得他们可能宁可自己别知道，以防知道一些不该知道的内容。但我再也没有附和过青蛙的笑话了。事实是，除非是绝对必要，否则我根本就不和他说话。于是有天他把我拉到办公室，对我说："我们很担心你啊，加里。我们担心你可能不懂什么叫团队合作。我们还是希望你能成为我们当中的一员。"

我并没有真正听他说话，但最后一句引起了我的注意，于是我问他："'我们当中的一员'是什么意思？"

青蛙微微垂下他那椭圆形的脑袋，不怀好意地把头靠过来说："你听我说，加里，你是个很厉害的交易员，聪明得不得了，前途一片光明。你可以像我们一样，将来也做到管理层。但是，我看不懂的是……你身上好像有个谜团。我们实在不知道你想要什么。"

"'我想要什么？'你这是什么意思？"

"怎么说呢……金钱激励好像对你不起什么作用……还有就是，我看不懂你这个人。不仅是我，还有其他高管……我们想知道……你想要的是什么？"

我看着那个家伙，心里难免生出这样的想法："好吧，如果说有什么想要的，要是你能别这么讨厌、别这么让人无法忍受就好了。"

但我累了。真的很累很累。尽管我没有再附和他那些笑话，但我仍然能感到反酸给我的胸肺部带来的疼痛，痛感袭来的时候非常非常难受，而我只能用拳头使劲揉一揉心脏。我对他说："青蛙，没别的，我想更融入团队一些。我愿意培养自己的团队合作精神，为花旗创造更多的收益。"

有一大票来自其他银行的知名交易员想会会我，于是他们让比尔的经纪商问问比尔能否把我带出来吃饭。我那个时候已经很少外出了，但看在比尔的面子上，我还是去了。

这是一间大得像洞穴的房间，地势低，光线差，屋里点着蜡烛，架好了一张笔直的长桌，桌上摆满了食物，在房间后部纵向摆放着。

交易员们分开坐在桌子的两侧，当比尔和我进来的时候，他们已经吃上了。其中一侧交易员的后背正对着我们，他们弯腰吃饭的时候，白衬衫被他们拱起的背部顶了起来。

一个大高个从桌子的另一侧站了起来，他越过桌子向我伸手的时候，他对面的两位经纪商就像红海一样分开。

"我是瑞士信贷银行的英镑高级交易员，卡洛·伦古阿。"

"我是加里，加里·史蒂文森。"我回应道。比尔什么也没说，我们便入座了。

我们的座位在桌子最右边的一端，从那儿可以看到整条桌子和分坐在两侧的所有人。

我印象最深的是他们的身材。肌肉和脂肪的比例是那样的完美、组合是那样的和谐，让人想到了有大理石纹的和牛。而与视觉盛宴一样的身材相呼应的则是桌面上同样丰盛的酒菜：一盘盘堆得像山一样高的肉，一杯杯永不见底的葡萄酒（服务员总是无声无息地就帮你斟满了）。

谁是这场宴席的主角，很快就分明了——卡洛坐在桌子中间的位子高谈阔论，不时地把话头抛给不同的人。他一边在言谈间主持场面，一边喝酒啖肉，其他人都只是看台上的观众。比尔忍不了了，便起身去酒吧给我们俩买了两瓶啤酒。

卡洛赚的钱数都数不清。他的言谈举止中都能流露出这一点。他享受着被世界上最优秀的交易员们众星捧月的感觉，于是他四处走动，和我们每个人轮流聊上两句。

尽管我不知道他是何方神圣，但他认识我，也认识比尔。他向众人介绍，我和比尔在交易员的岗位上干得有多出色，讲得非常大声，因为要对坐在边角位的比尔和我隔空喊话。我俩点了点头，向他举起了啤酒。

比尔喝得很快，完全就是牛饮。不到一个小时，他就喝到神志不清了。接着他站了起来，用利物浦腔调含混不清地说了些什么。我也赶紧跟着站了起来，把他刚刚说的话翻译成人能听懂的话，连带着帮他打圆场，然后搀着他走到了餐厅前门。

"该洗的……卡洛……卡洛·伦古阿!!"比尔还在骂骂咧咧。

我已经用比尔的手机给他专用的那位出租车司机打了电话，在等司机来的这段时间，比尔完全放飞了自我，张牙舞爪地比画着。他抓住我衬衫的两边领子，冲着我的脸又重复了一遍：

"该死的卡洛·伦古阿！去他的！见鬼去吧，卡洛·伦古阿！他看起来就像个肥头大耳的罗马皇帝！该死的……王八蛋……什么玩意儿……他怎么还活着啊？"

在最后一句话说到一半的时候，比尔分心了，因为他看到一只狐狸在黑暗中飞也似的溜走了，这不知怎的就让他这句话落错了重音，继而影响到了他的发挥。不过他还揪着我的衣领，所以我轻轻拍了一下他的脸："比尔！"

终于让他恢复了理智。

"听好了臭小子，如果你有一天，只要是我还活着的时候，你有一天变成了和那个罗马蠢蛋一样，我真的会杀了你，就用我这双手杀了你！"

然后他才把他那一对霍比特人拳头从我的衣领上松开，疯狂地甩了甩手。我心想："行，那我得当心了。"比尔的出租车司机终于来了，我像拨不倒翁一样把他的头先塞进车后排，目送着这位一会儿将对着英格兰银行撒尿的还在嘟嘟囔囔的老头儿离开。

第四部分 恒温器 279

送完比尔，我回到餐厅楼下，这样又可以继续胡吃海喝，互相吹捧。

也许你听着很糟心，或者很恶心。但对我来说其实没那么恶心。因为那时已经没什么事情能恶心到我了。它恶心不到我，但太无聊了！无聊，无聊，无聊，无聊至极。我真希望比尔还在。我想回家去找女巫。

后来到了晚上 10 点的时候，我觉得这个时候说我要走了总没问题吧。

"哦，别走！"卡洛惊呼。他人喝得都红肿了，好像一只烤得正好的烤鸡，随时可以被人从烤架上取下来。

"对不起，卡洛。我真得走了。明早不是还要上班吗？"

卡洛听了并不高兴，他费了不小的劲儿才从桌椅中起身出来，越过那成堆的菜肴，跟跟跄跄地向我走来，没多久我就被他一把揽进怀里。我记得自己当时惊讶于他的怀抱和肢体有多么温暖和柔软。

"别走，加里。"我能感到他在我耳朵上呼出湿润的气体。

"听我说，我不打算告诉你这个的，"卡洛压低音量，有些暧昧地说道，"但我和他们其他几个还有下半场。我们等会儿要去多佛街酒吧。你去过那儿吗？"

没。

"告诉你，那儿爽飞了。你必须得来。里面全是辣妹。10 分能打 8 分。哦不，是 8.5 分。"

然后他拦住了要挣脱他怀抱的我，把我翻了个面儿，让我正对着他。他的目光直直地刺进我的眼里，同时脸上露出一种父亲纠正儿子时的威严神情，又补充道：

"知道我说的什么吗,那可是严格的10分制。"

我还是没有去。

我坐上了直达堡区的列车。半夜,在从车站走回家的路上,我抓住了一辆汽车的后视镜,毫无缘由地把它掰了下来。

7

我告诉哈利，在分开前，我们可以在公寓里最后再一起举行一次狂欢派对。他对此很激动，并邀请了他认识的所有人——老家的发小儿，还有金融城的年轻同行。他有点儿过于兴奋了，甚至还邀请了在街边餐饮店里认识的女生们。

泰齐和花旗的其他几个小同事也来了，还有几位说他们也是花旗的，但我从没听过他们的名字；伊尔福德的阿萨德来了，贾佩什、艾登、马什菲克也都来了；女巫的妹妹大老远从诺维奇过来；我哥哥也来了，但他整个晚上都在厨房里喝茶。我们把所有门窗打开，音乐音量调到最大，一直放到深夜，为此收到了很多投诉，但我根本不在意，因为我已经把我所有的东西都搬出去了，第二天就走。

派对进行到一半，一片热火朝天，氛围很对味儿。老家的朋友和工作中认识的同事都在聊天喝酒，每个人都乐在其中。阿萨德带了几个乌克兰朋友，是时尚艺术专业的在读学生，他们在那儿跳舞和嗑药。我和女巫却在这样纵情尽欢的时刻，靠在阳台上往外眺望有着 200 年历史的火柴厂里那几座红砖砌成的高筒烟囱。寒冷的夜里，我们心里想的是，我们这辈子还会不会再一起回到这里。

但就在这深夜里，我能预感到有事要发生，下一秒果然就出事了。我看到哈利的眼球开始控制不住地转动，吐字也开始不清，然后整个人晃晃悠悠，站不稳。我知道自己会失去这个像家人一样的朋友。我的内心告诉我，我们早就已经貌合神离，渐行渐远了。他把威士忌酒瓶高举到空中，接着人和酒瓶子都摔了下来。二者都重重地砸落在地板上，哈利手里还有棕色的玻璃碎片，血流到了地毯上。

但过去给他处理的人是女巫，而不是我。当她试着用厨房的毛巾包住哈利的手时，他颤颤巍巍地往女巫身上倒。等血一止住，我就一把握住了女巫的手，又把她妹妹也拉过来，对她们说："走吧。还在这鬼地方待个什么劲儿呢。"

后来的 8 年间我没和哈利说过一句话。

我搬进了新买的公寓，把房子里所有东西都暴力拆除了。刮掉了墙漆、铲掉了地板，连灯具、马桶、厨房水槽都被我拆了。我把整个房子清空，最后只剩下个一干二净的灰白色的由石膏和混凝土构成的空壳子。

每天对着灰地板和白墙。

干完这一切之后，我本该打电话给建筑工人，购置全新的物件。重新装修，布置新的厨房，铺新的地板。

但我没有那么做。我也不知道为什么自己开不了那个口，迈不出那一步。

我把一台电视放在光秃秃的混凝土地面上，然后在卧室里放了一张床垫。每天早上 5 点半醒来后，我就席地而坐，查看 500 来封电子邮件。

有一天，女巫过来了，她看到我这个样子便说："你在干什么?! 你不能没个人样地这样生活下去了！"

我大笑着说："看上去好像可以啊。"

于是她打开她的笔记本电脑，点开了一个叫"免费循环再利用"的网站，购置了一个破旧不堪的红色灯芯绒沙发，它配送到了我的客厅，就放在电视对面。每天下午 5 点半我下班回到家后，就直接瘫进沙发里睡死过去，然后在半夜一两点的时候醒来。醒来的时候，窗帘全都大开着，月光会洒满空旷的房间，而在旧沙发上陪在我身旁的，是身体蜷缩成一个小球的女巫。我会抚摸她的头发，把她叫醒，然后带她回床上睡觉。

公司人力资源部一度让我做各种各样的破事：发表演讲、和新入职的校招生聊一聊之类的。鬼知道为什么总是找我，可能他们觉得我没什么架子，比较好说话。

有一次，人力组织了一大群当地的学生来花旗大厦参观，问我能否带这些学生到顶楼，并给他们做一场演讲。

我当然一口应下："当然可以了，怎么不行呢？"像我这样的老好人就是躲不开此类烂差事。

就在活动开始前几天，我突然意识到那一天正好赶上欧洲央行的一场会议。

对一位欧元短期利率交易员来说，欧洲央行举行的会议可能算是头等大事了。照理不应该在开会的时间去给一群当地学生做什么个人工作生活分享。但是我已经答应过人力了。

去就去吧，本来也不一定会因此受到什么惩罚。但正如前面所说的，我们交易部是双人单岗制，欧元交易也不例外（由我和青蛙一起负责）。于是当我正现身说法地给波普勒的学生们塑造一个积极向上的男性榜样时，青蛙正在办公室里歇斯底里地尖叫："加里死哪里去了？"他那充满感叹号的喊叫声在整个交易大厅回荡，很快便以短信形式传到了我的手机里。

我以自己能想得到的最礼貌的方式回复了青蛙："非常抱歉，我答应了人力资源部今天给当地的贫困学生提供职业帮助。"

对此，青蛙的反应则非常无礼："你马上给我滚回办公室！！！"

这表现出了对伦敦当地严重的社会剥夺状况麻木不仁，非常无礼，但这同时也是一个很明确的指令，所以我别无选择，只能放下我作为公民的社会责任感，转身回到部门。

结果欧洲央行的会议上一点儿事都没有，所以我利用这个时间给人力资源部写了以下道歉邮件：

尊敬的××（人力资源部主管的名字）：

很抱歉我如此突然地通知您我无法参加您组织的这场活动。

我无法参加的原因是我的经理××（青蛙的名字）（已同步抄送邮件）判定：给当地贫困学生做分享对我来说并非对自己精力和时间的有效利用。

祝好！

加里

青蛙当然要发疯了。他厉声叫骂,气得上蹿下跳、眉毛倒竖,心神不宁地来回走动,左靠一下,右靠一下,同时挥舞着胳膊。

对于他的一番表演,我充其量装装样子,时不时地给他一个善意的眼神表示理解,并点点头。你懂的,这不过是给他点儿面子,让他"知道"我其实是和他站一边的。但说真的,我根本不在乎。

他把我拖到一个小房间里,冲我劈头盖脸地吼,让我感觉像回到了学生时代一样。

我在学校的时候经常被吼,因为迟到、不做作业、跟老师顶嘴,还有贩毒(不过只发生过一次)。

我那会儿经常迟到的原因是,我得找个地方做作业,然后狂奔大约1.5英里去学校。而我常常完不成作业的原因,其实是我一直都没有一个能让人安安心心写作业的地方。

但是,老师们怎么会去管你遇到了什么困难,所以我就干脆让他们骂好了。有时候,我还会抬起头来同情地看着他们,并点点头,心想:谁知道呢,说不定这样对他们有好处,可能骂我是为了发泄什么情绪吧。

但大多数时候,我就安安静静地坐在那儿,双手托着下巴,胳膊肘放在膝盖上,低头看着地板,任由他们骂,一直骂到骂不动了为止。我当时在办公室里对待青蛙的态度,就是这样。

在他鬼哭狼嚎的时候,我一直盯着地板。

那是我第一次注意到这件事:

我的鞋子上破了几个洞。

就在两侧小脚趾处,我的鬼塚虎鞋子被磨出了两个洞,各约两厘米宽,形成完美的对称。破洞处露出了两抹刺眼的亮色——我正穿着红色的莱顿东方队袜子。

天杀的！这双运动鞋我买多久了？大一的时候我就穿着了。该死啊！这些洞破了多久了？可恶……我甚至毫无察觉。

然后我抬起头（印象中那时青蛙还在嚷嚷），看着青蛙的眼睛说："头儿，我干不下去了……我想我得辞职了。"

这句话毫无征兆地击中了青蛙，他的样子就像人突然被电话砸到头一样，他一时的反应让我忍不住笑了出来。

"你说什么？"

8

我从没想过我还能再见到他,但那个男人就在眼前。

大得离谱的脑袋,宽得吓人的肩膀,厚得可怕的手掌,粗得惊人的手指。

他站在那儿——他还是像以前那样总喜欢站着,背对着阳光,不过此刻离窗户更远了些。

凯莱布·楚克曼。

我没有看到他进来办公室,或者绕到我们的办公区,因为按照我当时的习惯,我工作时一直戴着连帽衫的帽子和耳机。泰齐作为一个容易受别人影响的年轻人,也在工作时戴上了耳机,但不太敢把帽子套头上,所以他注意到了JB、青蛙、史努比和比尔都站了起来,把那个人围在我们办公区的边上。

泰齐拽了拽我的袖子,我便取下了一边耳机。他问我说:

"嘿!那人是谁?"

这时我才转身看到了他们。办公区那头传来此起彼伏的拍打肩背的声音。我已经3年没有见到他了。他看起来没怎么变,只是块头看起来稍微小了一点儿，你在青春期突然长高一大截儿后再看到你爷爷也会有这种感觉。

所有交易员都离开了座位，向凯莱布走去，除了之前从没见过他的泰齐，还有就是我。

我甚至没有站起来。只是把椅子转过去，看着凯莱布。一阵反酸又开始刺痛我的心脏了。

我必须问一问他："为什么？"

但你不能直接问一个人说："你为什么回来了？"

这很不尊重人。

这么问就相当于在暗指他当年的出走是竹篮打水一场空。怎么能揭凯莱布这样的人的短儿呢。所以必须懂得提问的艺术，巧妙地发问。

同样地，凯莱布作为一直以来的说话艺术之神，肯定也察觉到了，如果直接问花旗银行最赚钱的交易员"你为什么在上周和青蛙提离职"这个问题，会很不妥。不过他后来才知道的是，当我被青蛙追问这一重大决定背后的原因时，我指了指自己鞋上的洞（这个理由当然换谁听了都觉得十分牵强），然后迅速将自己的诉求从立即辞职降为长期休假，而青蛙还在考虑是否正式批准后者。

由于以上种种，几个小时后，凯莱布、JB、比尔和我就来到了一家日本料理店。在料理店的阳台上，我们在温暖的夏日里一直喝到深夜，看着月亮在泰晤士河上缓缓升起，却不约而同地都把最想问的问题吞回肚里。

你能相信日本人是用一个木盒子喝米酒吗？他们还真是这么做的——把一个玻璃杯放在一个方形的小木盒里，然后缓缓地往杯中倒入米酒，直到液面满至杯口。但斟酒的动作不会在这时停下，他们会继续倒，使米酒溢出，顺着玻璃杯的边沿流下，流入木盒子里。他们继续往玻璃杯里倒酒，直到玻璃杯和木盒子都盛满了米酒。只有到这时，他们才会停下来。我一直很喜欢这项仪式。我猜想这应该代表了一种过分好客的意思。但是，对我来说，对我这个在那晚才第一次见识了这项仪式的人来说，它却总会让我想起那些不曾从我们4个人的心底溢出的问题。

凯莱布以外的我们3个人都想知道为什么他回来了，而包括我自己在内的我们4个人都想知道为什么我要辞职，但我们却一直没有开口说这些真正想说的话。取而代之的是，我们聊了凯莱布在加利福尼亚的生活、比尔和我神话般的交易战绩、JB刚出生的孩子、青蛙整JB的小人行径，当然，还有JB今后的反击计划。

不过，我们没有谈及JB失败的婚姻，也没有聊他当时已经对可卡因重度成瘾。我们也没有提到各自面容的变化，没有说我和JB怎么变得如此瘦削憔悴，没有说凯莱布眼中的光怎么不见了，以及他消失的眼中的光又是怎么让我想起过去那个年轻快乐的自己的。

在那个温暖的夜晚，城市璀璨的灯光从泰晤士河上反射过来，映照在我们身上，那些负面的东西不属于我们。能让我们饮水饱的是人生得意的高光时刻，而不是失意挫败的低谷之时。我们把后者都悄然无声地沉进了泰晤士河里。

不过，我的心脏还是被酸液蛰得难受。

我们都知道凯莱布会带我走。他在那样的时候回来金融城，已经能很明显地说明他下一步要做什么了。无论他去哪里，不管是花旗、德意志银行还是什么别的去处，他都会带上我一起。这就是他回来的目的。他是来带我离开青蛙的。

但我要先开口问他，才有可能跟他走。所以我在等待一个合适的问话时机。

然后突然机会就来了。JB和比尔的注意力完全放在了喝酒和与对方讲话上，于是我把脸贴近凯莱布的脸，问他：

"说说看，加州的生活到底是什么样的？"

那一刻，只属于我们两个人，他告诉我："可以说是神仙生活啊，加里。房子又大又漂亮，门前立着我们在乡下专门定做的巨型石柱。房子的内部是半开放式的，向外可以进入一个美得像画一样的大花园，往后延伸好几英里都是花园，可以直接连到一片乔木林。伦敦这里找不到那样的大树。我的两个小孩儿可以在花园里玩一整天，直到天黑。我太太弗洛伦丝做好4个人的晚饭以后，我就会出去叫他们回来。日子过得太享受了，四季如春。"

他停了一下，片刻间欲说还休。我对上了凯莱布的大眼睛和他招牌式的笑容，表露出了打破砂锅问到底的意思。

凯莱布继续说："但有一个问题。房子的建筑工人……怎么说呢……他们可能不算特别内行的装修师傅。他们其实是我太太她家那边的朋友，你懂我意思吧？就……在房子的设计上……有一些细节……怎么说呢，反正我觉得他们差点儿意思……"

凯莱布又打住了。他把目光移开，我则给他施压让他继续往下讲。

"比如呢？凯莱布你展开讲讲？"

"这么说吧，就以……恒温器为例。工人把恒温器放得离炉火太近了。冬天把火炉点上了以后，恒温器就会失灵。暖气会跑到楼上去，炉子周围反而就变冷了。"

我继续盯着凯莱布，不让他的眼神四处躲闪。

"于是我们让师傅们回来移恒温器。但同样的问题反复出现。无论我们把恒温器放在哪里，体感都不对。"

凯莱布继续说着，但我的思绪已经游离开了。眼前只剩这样一幅画面：一幢高大而华丽的房子，里面有一个宽敞而典雅的厨房。房子的一边通向一座美丽的花园，两个眉清目秀的金发男孩，正在花园里不知疲倦地嬉笑打闹，金色的夕阳即将落山，一旁充满异国情调的乔木的树影落到他们身上。一位漂亮的女士走进了花园，那是他们的母亲。

"提摩西！雅各布！晚饭好了！回来吧！"

回到房子里，在大厨房隔壁，摆了豪气的餐桌，餐桌的后面是一个巨大的客厅。

在客厅的中央，在一盏璀璨的枝形水晶吊灯下，有一把奢华的大扶手椅，里面坐着一个天庭饱满、腰缠万贯、器宇轩昂的男人。

男人的眼睛盯着墙上的一个小东西。那东西挂在壁炉的左上方。

他就这样一直盯着，盯着，目不转睛，像狼一样。然后他的一根粗手指在椅子的扶手上突然抽搐了一下。

恒温器。

我顿时明白为什么凯莱布会回到交易大厅了。

他回来是因为他离不开他的战场。

"我想告诉你们一件事。"

我突然的话题转折像惊雷一样吸引了 JB 和比尔的注意力，把他俩重新带回了我们 4 个人共同的空间场中。

"还记得我告诉你们说，我离开文法学校是因为我觉得转学以后才会更容易被伦敦政经录取吗？"

其他 3 人点了点头。

"那是当时骗你们的，根本没这回事。我退学是因为我被开除了。因为我贩毒。"

听完之后，JB 和凯莱布缓缓露出了微笑。他们的脸上像火光一闪一样出现了一抹亮色。

但比尔并没有笑，他看向我的眼底。而当我与他四目相对时，我读出了他眼中的害怕。

9

当我还很小的时候，就真的还只是个小孩子的时候，我就有了一个街头的朋友。他的名字叫杰米·西尔弗曼。

杰米在方方面面都能做到最好：足球、投掷、攀爬、自行车，甚至是朝人吐口水。他连撒尿都尿得比别人远——几乎可以从街道另一端的墙根尿到垃圾回收点。他的学业也很出色，总是能取得第一等的成绩。可以说没有人不喜欢他。当时我哥哥性情有点儿古怪，所以老是被欺负，而年幼无力、又瘦又小的我又无法保护哥哥，杰米就会挺身而出把我和哥哥护在身后。因此在我成长的过程中，我一直很崇拜他。

随着年龄增长，每当有新事物出现，不管是一项新的运动（比如滑旱冰）还是一类新的比赛、一门新的学科或者一种新的趋势，杰米都必然会是那个最强的，而且不费吹灰之力就能做到，一直如此。对他来说这个世界上没有什么太难的事。学科竞赛和体育竞赛的地区代表队都有他的位置，他尤其擅长投掷，看上去总是毫不费力的样子。

当开始流行校园恋爱的时候，他是所有女生的白马王子；当毒品在学校泛滥时，他又成了头号毒品贩子。

而且他从来没有不带我玩，他干什么都会叫上我，手把手地把他做的那些事教给我。

16岁的时候，当我因为贩毒被学校开除时，我就改邪归正，再也不干了。但杰米没有收手。他的贩毒勾当跟滚雪球一样越做越大。那家伙在贩毒这方面真的有两把刷子，没开玩笑。

但后来有一天，我再也看不到他了。他消瘦的速度一天比一天快。每次我见到他，他都比上次要高和瘦了一点儿。他总是会在排屋的庭院里，坐在某家人的屋顶上抽烟。

后来我就觉得，相见不如怀念了。我对他当然还有很深的感情，但就是不想再看到他那个样子了。每次看到他，都只会徒增伤心。

几年后，杰米得了肺气肿，这种病通常是因为抽太多烟把肺都抽坏了。我去医院看了他，给他带了葡萄，还煞有介事地带了花。那家伙看起来像具骷髅，还插了鼻管。

但我还是想和他一起回忆过去，谈笑风生。是的，到现在我每次见到他，我都还会有这种想法。好像什么都没有变过一样。

不过当时我看到他躺在病床上，全身插着管子，皮包骨头，面黄肌瘦，我却只能想到他曾经是我们整个区投掷运动员的头号种子。

白瞎了这么个好苗子。

10

青蛙让我在房间里坐下来。

"鼻涕虫说你不能休长假。"

别搭理他,点点头就好。我在心里对自己说。

"他说,上次他给别人放长假以后,那些人再也没有回来过。他不希望同样的事发生在你身上。"

我又点了点头。

"但你还有第二种选择。凯莱布回归以后会担任东京分行的短期利率交易部负责人。他想让你也过去那边。"

再次点头。

"那你怎么说?"

我深深地叹了口气,想了一会儿。

"说实话,青蛙,恕难从命。我已经无心恋战了。干不下去了。"

现在轮到青蛙叹气了。他低头往下看,假装在考虑我的意见,一边弄响自己的指关节。过了一会儿,他把头抬起来看了看我,露出了一个狰狞的表情,五官都快要挣脱出他那张大脸了。

"你没明白我的意思,加里。去不去由不得你。"

行。

那没问题。

于是就这么定了。

我带我爸妈去了金融城里的一家高档日本料理店,告知他们我要搬到日本去了。

他们都穿得隆重得好像要去教堂一样,两个人在高脚凳上坐立不安,动来动去。

"到了那儿你自己能行吗?"

这话是我妈问的。

"当然能行。我一直都能把自己照顾得很好。"

他们看上去一直有点儿畏畏缩缩的样子,我猜是因为他们不知道怎么用筷子。

"没关系,"我对他们说,"可以用手拿着寿司吃。"

我拿起一个,把它塞进嘴里,让他们知道这种吃法是没问题的。但我演示的时候我爸正用酱油瓶干些稀奇古怪的事,所以他没有掌握要领。

我把服务员叫了过来,要了两把叉子。但好像也无济于事。

离我动身去日本只剩几周的时间了,我还有件事要做,就是和女巫说分手。

在一片静谧深蓝的夜里,我准备开口告诉她,当时我们都在床上。

"嗯……你知道我要去日本了,对吧?"

"当然。我知道。"

她躺在床上,而我则坐在她身边。所有的窗帘都开着,房间里像一片蔚蓝色的大海。她接下来说的话像是飘浮在空中一样,每一个词仿佛都游走在我眼前,让我想伸手抓住它们。我依稀记得自己好像有什么要说的,好像有什么要做的,但我后来再也想不起来那些到底是什么。这时她打断了我的思绪,整个空间里突然就只剩下她这个人。

"你知道我也要去日本的,对吧?你知道我要去日本吗?"

我感觉自己好像是从另一个房间听到这句话的,它仿佛是从梦里传来的声音,而这样的梦又把我拉回现实。我低头看着她,心里想的是:

"你知道的,我配不上你。你应该再找别人。"

但我说的却是:

"我觉得……我需要……你一起来。"

我不知道自己为什么那么说,因为这与我本来的计划相左。我想,我这么说是因为那才是我的真实想法。

我在花旗银行伦敦交易大厅工作的最后一天是在 2012 年的 9 月底。收拾好了行李,和三五同事互相拍了拍肩背。当我从工位上走出去时,是 JB 高声播报说:"加里·史蒂文森要下楼了!"

走出办公室的时候,我知道在我背后的同事都站起来欢呼鼓掌。我能听到他们的声音,我能用余光看到他们的身影,每条通道的两侧,皆是如此。那些白色衬衫、粉色衬衫、蓝色衬衫。

但我没有转身与他们告别,而是径直走出了门。

第五部分
急转直下

1

东京是一个致郁胜地。尤其是在秋天的时候。

这个城市的银行聚集在一个被称为"丸之内"的地区，意思是"圆圈之内"，因为这个区域在过去曾经有一段时间划归于皇宫外围护城河的范围内。不过我不知道护城河现在的具体位置在哪里，我一直没找到它。

很长一段时间来，在丸之内建造高层建筑都是违法的，因为这样就可以俯瞰皇居，或者，有人就可以用弓弩或其他武器射杀皇帝。但到了 20 世纪 80 年代，该地区的地价上升得过高，以至于有了例外。当我来的时候，整个丸之内地区到处都是 50 层的高楼了。传统习俗和皇帝安危当然都很重要，但我想，钱也很重要。

如果我从花旗办公大楼出来，出了深灰色的新丸之内大厦以后再往西走，我就可以进入皇居外苑。这座花园无非是一片修剪整齐的草地，被两条繁忙的道路分成 3 个部分。花园里种了上百万棵品种相同，但每一棵都独一无二的树，每棵树之间都完美地间隔七八米。

每棵树都很矮，不比一个人高多少，但都经过了精心的修剪，是我在英国从未见过的一类造型。当我第一次进入花园时，我还以为这些都是盆栽树，但我后来得知盆景实际上是一种日本的艺术形式，它们并不能被简单地视作树，所以我想公园里的这些一定是一些日本树。

如果你穿过花园，用10分钟左右走过那上百万棵品种相同、造型各异的树木，就到了一座古老的石桥。石桥横跨内侧护城河，通往皇室建筑群的内部。那儿有一扇常闭的门，无法进入。

我经常去石桥那儿，就坐在碎石路上的一个小台阶上，然后转身望向丸之内。在那儿可以有一些不一样的视角。你可以看到远处成群的摩天大楼，高耸入云，在东京的蓝天下格外显眼，也能看到近处皇居外苑中的草地和绿树。

丸之内不像金丝雀码头。金丝雀码头没有那么多摩天大楼，我亲眼看着金丝雀码头的大厦一座座拔地而起。对我来说，它们是以个体的形式存在的，尤其是我从小就看着的3座中心建筑——花旗集团大厦、汇丰银行大厦以及中间的有金字塔顶的金丝雀码头塔。丸之内有这么多的摩天大楼，以至于放眼望去都是摩天大楼，很少有其他建筑。丸之内至少有三五十座摩天大楼，每座的楼高都在40层以上，使得这个地方整体海拔都高得一致，像一块凸起的长方体。虽然东京的气温从夏天到冬天变化很大，但在我的记忆中，东京的天空看起来总是阳光明媚，给人带来暖意，而且总是湛蓝色的。也许这是因为2012年9月底当我第一次到这里时，天气是这样的，于是这样的第一印象就延续了下来。

当我坐在皇宫外那个小台阶上看着丸之内时，我总会想着同样的一件事。

交易游戏 302

"我的天哪,"我心想,"那么多的窗户。"

那么多的摩天大楼,还那么多层,数不清的窗户。在每一扇窗户后面,一排排的男男女女日复一日地在一排排的电脑前工作,从清晨一直工作到深夜。

他们怎么就解决不了那些世界难题呢?

然后我会站起来,把裤子上沾上的白色碎石灰尘掸去,然后走回办公室。到工位以后,我就在那儿赌世界末日终会到来。

2

其实别说搬到东京了,那个时候的我根本就不宜搬家。我的体重已经接连好几个月都在下降了,到搬迁时我已经不到60千克了。即使对我这样的身高来说,都还是算瘦。

我也不确定我当时是否知道自己已经出大问题了。某次我倒是突然想到,没有办法买沙发或者其他任何家具,可能是病态的、不正常的。但我任由这一想法一闪而过,就像我对待其他诸多自我怀疑的时刻一样。如果我正视了这些问题,也许事态就不会这么急转直下。但我手头上确实还有其他紧迫的问题,比如利率。

我心脏的疼痛是由这些叫作"PPI"(质子泵抑制剂)的药物引起的,它可以抑制住胃酸本来的酸性。大约一年前,我第一次服用它们的时候,这些药非常有效,立即就缓解了疼痛。当我搬到日本的时候,已经是第三疗程,但药效就大不如前了。当时我问医生:"以后就只能这样了吗?我终生都要服这些药?"

他微笑着把处方递给我,对我说道:"也许吧。"

不过一路走来,再怎么说我还有交易。交易,交易,交易。我唯一的真朋友。它客观、不带任何感情色彩、能给我带来安全感。

但它有一个问题是，它是无休止的。我们都知道，市场是不会停下来的。

噢，停倒是也会停下来，周末的时候确实不开市，但即便如此，永远也不会停止运转的还有经济。

我已经痴迷于研究经济了，它就像油一样，通过胃酸在我的心脏中蔓延开来。

我确实不在乎办公室里的那些破事了。但经济呢？我对经济研究的爱从未消失过。

当我第一次意识到经济崩溃、经济形势会一年年变差时，我并没有怎么深入思考过这个问题。我的意思是，我有思考，那当然是思考过的。但我从没问过自己经济持续衰退意味着什么。

这就是职业中的灯下黑，明白吗？你观察着经济走势，然后说：行，今年会是什么样子？是强劲，还是疲软？明年呢？具体过程被我简化了，但说到底，这基本上就是利率交易的工作日常，也就是我的工作日常。

假设你的工作是测量游泳池的深度，你也不会到处测完然后问自己："这意味着什么？"对吧？再比如你是沙发维修工，你肯定不会问你的朋友们："这个沙发意味着什么？"

当我意识到经济会一直衰退下去的时候，我其实是信心满满的——我有足够的信心来下一个大赌注。我可以看到能让这件事发生的原因机制，也可以明确地说出为什么大多数训练有素的经济学家会在这一点上错判。对于经济颓势，我看得非常清楚，直到现在都还是这样。但我从没问过自己："这意味着什么？"

我之前都只是单纯地下单交易，完成工作。

但随着这种唱衰经济形势的交易开始让我成为花旗在所有国家和地区的外汇交易业务中最赚钱的交易员,如黎明时分的天色破晓一样,我开始且越发清晰地意识到:经济繁荣的形势一去不复返不仅仅是一个理论,而且是一件真实存在的事情。

我那些看衰经济形势的交易让我赚翻了,然后我把赚到的钱都用于投资了。在这么做的时候,我也一度问过自己:"我把这些钱拿去投资理财是为了什么?我真的会去花它吗?可能不会吧。"

我继续想:"好吧,那如果是这样,就当我是在为后代投资吧。"

但我马上又想到:"可如果我的判断是对的呢?那我的下一代将生活在一个怎样的世界里?"

但我后来打消了这个想法,很快就该干什么干什么去了,继续我的投资。因为投资和数字是我喜欢的东西。数字就是我的安全区。

不过也有一些时刻。少数的短暂时刻。当茂密的树冠在我头顶展开,我瞥见了繁星点点的夜空,在这样的时刻,我便会梦想着辞职。我想这就是那天和青蛙在办公室里的情形:在一个烈日灼心般的瞬间,我突然意识到,穿着破了洞的鞋子上班,住在连地板都没铺的房子里,晚上睡在破破烂烂的红沙发上,半夜被冻醒,醒来前甚至梦里都还在想着数字,心脏会感到难以忍受的刺痛,有时甚至吃不下饭,以上这些对一个25岁就成了百万富翁的人来说,是不对的。也许这就是为什么,在那一刻,我说我想辞职。

但问题就是我没法辞职。你看,我这不就等于被戴上手铐了。2012年初,当花旗银行承诺要发给我那笔我记不清数额的巨额奖金时,它其实是一点点地把我绑到了电脑屏幕前——先付给我其中

交易游戏 306

一部分奖金，也就是我用来投资的那些钱，剩余的部分在很久之后才发到我手里。

2013年到2016年连续4年，每年各发1/4。所以你看，我那个时候真的不能辞职。银行欠我100多万英镑。我如果辞职了，那就什么都没有了。

所以这可能就是为什么那天我坐在办公室里，穿着破了的鞋子，拖着胃已经垮掉的身体，忍着心脏上的刺痛，有气无力得像一只老鼠，当青蛙告诉我必须去东京分行时，我明知自己根本就没那个精力去做这件事，却还是答应了。因为我什么都没有。连说"不"的力气都没有。我被戴上了镣铐。

但老鼠也有牙齿，我也不是省油的灯。业余时间里，我也做了该做的功课。

因为如果交易员真的被逼到没法离职，那么凯莱布又是怎么在2009年脱身的呢？这样一来他还怎么修他那个房子？那个被一片郁郁葱葱的树木所环绕的童话屋？

于是我开始四处探听，请教了几个人。好吧，我承认，其实只问了比尔。

比尔告诉我，我们的劳动合同里有一则条款，凭借它，你可以全身而退，该拿的奖金一分不少。那就是辞职以后为慈善机构工作。这一点没几个人知道，但凯莱布获知了，而且不知怎么地，他就满足了触发这则条款的条件。大家都知道他从来没有到慈善机构服务过，但出于某些原因，鼻涕虫还是放他走了。没人清楚个中缘由，各种说法都有。可能凯莱布手上有鼻涕虫的把柄。

这就是我在独自飞往东京的长途航班上带的最后一根救命稻草。凯莱布之前可以带着奖金离开，那我当然也可以。再说了，我的领导可是从青蛙换成了凯莱布。就算一切都失算了，就算所有筹谋都不尽如人意，那我等下一次发完奖金就辞职去慈善机构工作。凯莱布肯定能理解的，难道不是吗？

他当然会的。将心比心。

在飞往东京的航班上，我确实是一个人。女巫没有和我一趟航班。她会搬到日本，就像她答应的那样，但我去的时候她还没去。她后来自己买的机票，也是自己找的工作，但她的工作地点不在东京，而且要到2013年1月才来日本。

所以我几乎什么也没带上。花旗给我买了8立方米的空运货物额度，用来装运自己觉得需要带的东西，但我也不知道该带什么。我最喜欢的家具吗？但我几乎没有什么背包装不下的东西，所以我跟他们说把我的自行车运来就行。不过两周后我的自行车才运达，所以当我到那儿的时候，只有我、我的背包和市场。

从人生的那个阶段开始，一直到现在，当我看市场行情的时候，我看到的不再是一串串数字，而是一系列对世界形势的预测。就像你看天气预报一样，你知道它是在告诉你未来的天气如何。利率预测就好比一张清晰的地图，能显示出每个经济体复苏的确切时间以及速度快慢，并且这样的预测每天都会变化：如果利率下降，可能意味着经济前景变差，也可能意味着央行已经明确表示不会加息。具体是哪一个？去看股市吧——如果是第一种，可能看到股价被压低；如果是第二种，则可能看到股价被推高。

真正的交易员们不看新闻，只关注市场。让《经济学人》《金融时报》《华尔街日报》什么的都见鬼去吧，你唯一需要的就只有市场。它们会告诉你一些实实在在的事情。

但市场会出错。它是真实的,但未必正确。而我很想弄清楚这里面的原因。到那时,离我开始赌经济下行的时点只过了一年半。我需要再多观察市场,看看自己的理论能否禁得住挑战。我要看着自己的预测得到验证。我要看着经济衰亡。

这就是我的计划。虽然我除了一个只装了一半的背包,一无所有,但我知道,我永远、永远都还可以干交易,并且我知道我可以凭它赚钱。我想再看一年,看我的预测再次应验。我想要看到上帝揭示他的真理。

这就是我想要的。没别的了,就只有市场。

3

粉色衬衫在东京并不流行——至少我在那里的时候是这样的。蓝色衬衫也没什么人穿。这里极度盛行白衬衫，或者应该说盛行的是白衬衫文化。每天早上 8 点和 9 点的时候，千篇一律的白衬衫、整齐划一的黑色裤子、修身款黑色西装外套，这些黑白分明的色块会像逆流而上的瀑布一样从地铁站出口涌出来。人潮中的男男女女就像勇跃龙门的鲤鱼一样进入现实世界，他们打开雨伞，检查手机消息，提着干净整洁、四四方方的公文包，用白色的小手帕擦拭额头的汗水。

我也是他们中的一员。

花旗把什么都安排好了。给我在保诚大厦的 30 层分配了一间看着很清爽的奶白色公寓。保诚大厦这样的摩天大楼本不适合人类居住，就是要用来开展保险业务才对，然而大厦顶层却偏偏设计成住宅。于是，像我一样勇敢的冒险家每天晚上就在这云端睡觉，每天早上都能看到富士山，但却呼吸不到东京高空的新鲜空气，因为窗户被设计成了封闭式的。

保诚大厦与赤坂见附站相连，相当于直接对接四通八达、烦琐复杂但又精良高效的东京地铁系统。赤坂见附站本身位于东京中心的一个高档商业区，那里随处可见老字号的寿司店、细细密密的小巷子，当然背后则是永远在飙升的租金。

大厦和地铁站的连接十分紧密，我可以从卧室外的走道搭电梯直接到赤坂见附站，然后坐地铁8分钟就能到东京站，换另一部电梯直达我的办公室。从床头一直到交易部，中间没有任何风吹日晒。挺方便的，不觉得吗？或者，用日本人的话说："便利てすね？"（很方便，不是吗？）

花旗东京分行的交易大厅位于新丸之内大厦的24层，从规模上来说并不小。但对我来说还是小了。你如果站在门口，把后背和后脑勺都牢牢地贴住门板，可以同时看到办公室的另一头和左右两头。所以对我来说，这就是不大。

其实，这种逼仄感并非源自房间本身的大小，而是源自低矮的天花板和死寂的氛围。办公室的四面里有两面没有对着丸之内地区的摩天大楼楼群，当从这两面的窗户望出去时，会感觉我们好像在一座孤岛上，离哪里都十分遥远。我不知道为什么，但从我到东京办公室的第一天起，我就感觉到这里的天空异常地高。

异常高，也异常安静。这些印象建立起来以后，我一时不知该怎么适应。一般来说，除非地板被精心保养过，不然人是不可能听到一根针掉在地上的声音的。但在这里，我觉得能。

在交易大厅里倒是能见到几件粉色衬衫，这让我多了几分松弛感，少了几分陌生感。不过，出现粉色衬衫的原因并不是日本分行的交易员敢于打破此地的时尚常规，而是交易大厅里有很多

"gaijin"。这个词的意思是外国人，尤其指白人、美国人，通常非贬义，但也不绝对。

交易大厅大约 1/3 的人是"gaijin"，其中又有大约 2/3 是美国人。剩下的都是像我这样一度无所适从的欧洲人。在整个交易大厅里，我认识的人只有凯莱布，还有两位日本交易员，渡边久和金泽乔伊，他们是我在差不多两年前的那次环游世界之旅中遇到的日本同事。

短期利率交易部的办公区在交易大厅的最里边，挨着窗户。这意味着，只要我想，就可以走到窗户那儿去窥探皇居（但我没有弓箭，所以也没什么大不了的）。把它叫作办公区有点儿用词不当，因为那儿包括我在内只有 3 位交易员，而且 3 个人中只有我真的做过交易。

当时，花旗在亚洲的短期利率交易业务拆分到了东京和悉尼两个分行。除了日元是由日本分行负责交易，其他（亚洲）货币都由悉尼分行负责。这意味着东京这边的交易部只需要一位交易员，即日元交易员，但实际却有 3 位交易员坐成一排：渡边久、阿瑟·卡波夫斯基，以及夹在他们中间的我。

在众人的印象中，渡边久好像已经做了一辈子的日元交易员了。他身材矮小，胆小怕事，说英语时令人费解地带有一口 20 世纪 20 年代纽约黑帮的口音。这人是个非常非常糟糕的交易员。不，这么说有失公道。应该说他根本就不算个交易员。他更像是个小商贩、会计，一个整天忙忙碌碌又不知道在忙什么的人。

当渡边的业务由我接手后，他本该被解雇的。但他没有。他以"平级调动"的方式实现了实际上的职位升迁：他原来的那个工位给了我，他自己则搬到了它右边的工位上，并宣称自己为我的"经理"。是的，只有我这一个大头兵的经理。当我的航班降落到东京后，渡边带了他的妻子还有尚在哭闹中的孩子来机场接我。那个时候我其实就应该意识到他的用意，但我没有。那个外行指挥内行的家伙之后会不断挥鞭催我干活儿，在接下来的6个月会像痔疮堵住我的屁眼一样。

在我座位的左边，是阿瑟·卡波夫斯基。阿瑟是澳大利亚人，他爸爸好像是矿业巨头？明星的整容医生？或者是报业大亨？我也不清楚，但总之是可以闷声发大财又很有影响力的某一个行业的大佬，而且看起来这位爹是按照共和党人的典型画像一路把儿子培养成现在这个样子，简直就是冲着澳大利亚版共和党（管它叫什么名字）下一任党魁的目标去。阿瑟身上的气质类似于15岁的"龙傲天"，但我猜他起码25岁了。你可以把他想象成高配版的贾里德·库什纳。阿瑟是我见过的人里最右翼的一个。他挺有意思的，一张口就能让所有人哄堂大笑。

阿瑟待在东京分行的理由只可能有一个，那就是：当时仍担任花旗亚太地区短期利率交易业务负责人的鲁珀特·霍布豪斯（是的，就是他，那位全克拉珀姆狼性最强的人类）喜欢像移动棋盘上的棋子一样把人调来调去。鲁珀特把阿瑟调过来可能是为了帮助我适应，又或者他这么做是为了向凯莱布炫耀：看，我给你在东京的短期利率交易部雇了个初级员工，但这个人以后铁定能当上自由派政党的领袖。阿瑟本人似乎也很高兴能被安置到东京分行。他说这儿离他的女朋友更近——他女朋友在纽约。

所以我们现在有3位短期利率"交易员"——一位正儿八经的交易员，加上他的头儿和小弟。本来就没多少肉汤可烹，还搞了3个厨子出来。

好像一份工作3个人来做不算过分一样，鲁珀特还硬坚持要和我开全天候的远程视频，而我还无法拒绝，因为他虽然远在5 000多英里之外，名义上却不知怎的成了我的另一位"上级"。这意味着我宝贵的电脑屏幕中，从现在开始将有一块会永远致力于滚动直播"鲁珀特的日常点滴"，其中包括以下不容忽视的精彩看点——"鲁珀特风卷残云般'嗦'面条""鲁珀特精进自己给领带打温莎结的技法"和"鲁珀特突然关掉静音对你大喊'欧元区的CPI是多少？'"（这样的问题像极了童年时反复出现的噩梦，到你成年了都还缠着你不放。）

我们办公区的左手边是外汇团队的其他同事。由于整个东京分行的外汇团队规模比伦敦的要小不少，人没有多到要分区而坐，所以我们短期利率交易部的工位是和人拼的，离得最近的同桌是两位日本的中年男性销售员，他们在为人上无可指摘。而随着我的日语越来越好，我逐渐能听懂他俩一整天都在讨论些什么——午饭吃什么，吃完以后还要对午饭品评一番。他们的旁边又是两位日元外汇交易员，其中一位是无敌半神金泽乔伊，这两位再左边，到了整个办公区的末端，就是像坦克一样身强体壮的凯莱布·楚克曼。他被任命为整个外汇-利率大部门的一把手，像一架顶天立地的人形书立一样支撑着整个部门的运转，也是他点头让我被差不多3位上级紧密环绕着。毋庸置疑，有我好日子过了。

4

日语中有一个概念，叫作 O-mo-te-na-shi。出于某种原因，日本人会像这样一个一个音节地念出来，说的时候还要加上些好笑的手部动作。他们告诉我，这意思是"日本人的好客精神"。我觉得那奇怪的手势应该是和冲泡绿茶的动作有关联。

金泽乔伊向我展示了日本人的一些待客之礼，但在我看来那不算 O-mo-te-na-shi，而是些别的什么东西。

金泽乔伊个儿不高，总是瞪着眼睛，一副认真严肃的样子，干活儿做事从不拖泥带水。他是一名"现货交易员"，也就是说，他只负责交易现汇。这是最不用动脑、最没有技术含量的交易员工种，其从业者以粗野和蠢钝两种特点享誉业内。所有交易员看外汇交易员都跟看猴一样，外汇交易员眼中的猴子则是现货交易员，所以后者是猴子中的猴子。但金泽乔伊却不是那样的。他很酷，人精明老练，话不多。

在我到东京分行交易大厅的第一天里，乔伊几乎没跟我说过一句话，但同时他也没和其他人有什么交流。然后，在正好 6 点半的时候，他以一个利落、丝滑又精准的动作站起身来，行云流水般地到把椅子推进桌下，向右走了3步，然后用日语喊了些什么。

我周围的3个日本人——渡边久和两位午餐鉴赏家，像部队的士兵一样大声回应了一声，然后发出了咝咝声。接着他们站了起来，把自己的办公椅也塞进桌下。

这4个人在行动上的一致性简直像在跳四小天鹅芭蕾舞，给我留下了难以磨灭的印象。我在震惊之余把脸转向乔伊，盯着他的脸看。

乔伊向我伸出右臂，伸得非常直。他手心朝上，拇指、食指和中指3根指头往外指，那就很清楚了：他是在用手比枪。乔伊与我对视了片刻，眼里闪烁着熊熊燃烧的火焰。他举着这样的手势，往空中开了"一枪"。

这个动作的含义不言而喻，同时不容拒绝，瞬间打破了我们之间的语言壁垒。我连忙在桌底摸索着寻找自己的细带背包，跟着乔伊走入夜色。

9月底的东京，这会儿天已经黑了，最后一抹蓝色正从天空中消失。

夜幕降临，华灯初上。星光点点，跃然路面。

我后来才知道，那天我们一路一直沿着走的广阔街道，就是在丸之内东边的银座，这个地区是整个东京乃至全世界最大、最有名气的购物街之一。

但那时我还并不知道。我所见到的就只是一条宽阔的大马路，路边的人行道上点缀着形态优美的树木，再往外的两侧便是高楼大厦。楼的外墙上悬挂着数不清的我看不懂内容的霓虹灯牌，像错落有致的瀑布一样从不同建筑物的侧边倾泻而下。4个都穿着白衬衫和黑色西装外套的日本男人两个两个地走在一起。而在他们后面，穿着破烂的白色运动鞋和廉价的薄呢黑大衣仰着头左顾右盼的人，是我。

在我到东京就职的第一天，在还有些闷热的晚上，我跟着这4个穿白衬衫的男人到底在找什么？也行，我在找日本人的Omotenashi，想见识一下日本人的待客之道。这不是每个傻傻地把全部家当都打包搬来日本的白人小男生所期待的吗？——感受来自一个充满新鲜感的异国他乡的怀抱，被它空气中的温暖所环绕。

他们4个突然往右急转弯，眼前赫然出现了一条配不上银座格调的小巷子，窄到勉强才够两个人并排走。我们5个人随后在一个热气腾腾的桌台边坐了下来。他们4个又像齐奏交响乐一样同步"嗦"面，他们之外的另一个人则一边吃一边往地上掉面条……我问渡边，日语怎么说"黑胡椒"（black pepper），他说读作"burakku peppaa"。吃完以后我们走了一小段路，来到了第二条小巷。五人艰难地挤进了一个电梯里。整个过程里就没人想过要告诉我这是要去哪儿。电梯启动后，我们开始下行。

让我想想，关于女招待酒吧、风俗店、商务卡拉OK，有哪些是可以分享给正在看书的你的。恐怕能分享出来的内容并不多。全是女人。满眼的莺莺燕燕。而且真的没人提醒过我，我们要来这些地方。

这里面有年长些的女性，也有年轻的姑娘。应该叫小姑娘了，说真的。还有一些大概和女巫同龄。房间有大有小，公共区域很大，陈列了一些装饰品，私人房间则小一些。他们在那儿没完没了地选，分来分去都非要塞给我一个陪酒的女侍应。

很快，烟也点上了，酒也倒上了，让人们捂着嘴笑的各种段子也说上了。可惜我听不懂他们在说什么。我身边响起了一串银铃般的笑声，我还感到有人触碰了一下我的大腿。

在那种情况下，你会怎么办？我其实那时就该回家。但我没有。我也想不通为什么。

我不为所动，尽量放慢喝酒的速度，但杯子总是满的，就很难把握已经喝了多少。两位午餐鉴赏家已经把领带解下来绑在头上了："我的盆油，我的盆油，那个吕的，她是个成人点影吕优。"

我终于喝到视线模糊了。接下来我们几个人跟跟跄跄地坐上了出租车，转战下一场，去唱卡拉 OK。渡边在放声唱绿洲乐队的《奇迹墙》这首歌；金泽乔伊像动物一样从位子上往旁边猛然一倒，扯掉了坐他旁边的那个男人胸前的那块衬衫布料；我旁边的那个女孩正用她的肩膀挤着我的肩膀。她看起来大概 20 岁，很漂亮。可惜我不会说日语。

我试着与她保持距离，她却神情紧张地看着门上的小气窗。于是我也看了过去，发现窗子的背后有一双眼睛，一个男人正在观察我们。几分钟后，门打开了，我的这位陪唱小姐出去了，换了一位新的来服务我。

"小姐，你真的好看得没边儿了，非常抱歉我不会说日语，但我只想告诉你，我一个人真的没关系的，我不需要任何人陪着，所以……就，我确实不知道你们的工作机制是怎么样的，但是，你怎么自在就怎么来，想回家都可以的。"

但她听不到，因为音乐声太大，也因为午餐鉴赏家们正对麦克风扯着嗓子嚎什么日本传统民谣，所以我凑近那个女孩子，对着她的耳朵说了同样的一番话。说完我看着她，她对我笑了笑，把手放在我的肩膀上，把头往边上偏了一下。接下来又前后换了4位陪酒小姐。

在这样走马灯式的换人过程中，我的灵魂又死去了一点儿，如果说我身上还残留有什么可以消逝的东西。还好最后换过来的这个女孩子真能说一点儿英语，一开始就应该排到她。

"拜托了，拜托了，算我求你的，不要再让他们换人了。"

"好的，摆妥了，摆妥了，请一定要……更……开心哦。"

她的话顿时让我起了一个激灵：我从没想过要试着让自己更开心一点儿。不知道现在才明白这个道理是不是太晚了。

5

"所以,你是怎么赚到这么多钱的?"

从他问的这个问题就能看出,阿瑟不像我共事过的其他交易员。到那时,我成为花旗的交易员台柱子之一已经有快两年了,但从没人问过我这个问题。

"很简单。我就赌利率会一直是零。"

"哈!"

阿瑟非常夸张地爆笑一声,笑声尖锐刺耳。那一下展现出了十足的澳大利亚私立学校的学生做派。

"利率不可能永远是零。"

阿瑟问过很多愚蠢的问题,也发表过很多大胆的论断。我对此还挺喜闻乐见的。他会这样的原因是他从没学过经济学。他是学音乐的,钢琴演奏专业还是什么的。如今一个钢琴演奏专业毕业生能找到的最好的工作就是花旗银行的交易员了。薪水相当可观。

而如今的经济学则是这样一门学科:经济学专业的学生从来没有真的理解教给他们的那些内容,因为教他们的人(当然原来肯定也是经济学专业的学生）自己也都还没吃透。偶尔会有学生突然开窍，他/她会长出认知的慧根，意识到自己其实不能完全明白那些知识，从而鼓起勇气向教授发问。这将使教授承受片刻的心理折磨——教授本人这么多年来恐怕也一直在压抑自己心中类似的想法，即他并没有完全理解他的专业知识，此外，这还让他想起了另一桩痛苦的事实，就是他的父亲从来没有为他感到骄傲过。这些令人难受的感觉本来被牢牢地锁在心底，现在因为对方的发问而从那个压抑感情的内心地窖中泄漏了出来。为了把它们关回去，教授要么会羞辱提问者，要么会设法让其感到不耐烦，直到提问者不再追问（这也是对自己的智力不自信之人在被质疑的时候通常会采取的回应方式）。经过这样的事，一代代的经济学家们学会了永远不要提出那些白痴问题——当然，在绝大多数情况下，这些问题才是最关键的问题。

阿瑟没有被驯化成这个样子，同时他钢琴又弹得很好。多有福气啊。真是个走运的家伙。

"利率当然可以永远保持在零的水平上。凭什么不能？"

"嗯……"阿瑟欲言又止，想了一小会儿自己要怎么回答。我挺喜欢这个男孩，因为他不会不懂装懂，而是会大大方方地展示自己正在思考。

"因为零利率只是暂时的，是主权债务危机导致的。未来经济会复苏，然后利率就会回升。"

"真是个聪明蛋，你在哪儿看到的这句话？告诉你吧，经济形势就是会稀巴烂。"

"哈！"

阿瑟就爱惊雷一样地发出爆笑。他做每件事动静都很大。花旗东京的交易大厅是我去过的最安静的交易大厅,这辈子都不可能见到第二个比它还安静的。所以当阿瑟说话时,所有人都能听得到他的声音。但阿瑟完全不在意。他为什么要在意?他可是自由世界的下一任领袖。

"你说经济形势会变得稀巴烂是什么意思?"

"那你觉得我是什么意思?它就没有变好过。不是一时的不景气,而是会一直烂下去。就像现在这样走下坡路,一年比一年差。"

"什么走下坡路?利率?还是股市?"

"什么股市啊,再想想吧,阿瑟,你的智商可不止这样吧,难道过去5年你都在睡觉吗?屎一样的经济形势反倒很利好股市,知道不?股价高得都要冲出地球了。"

这是我很有力的一个论点。而且这一点正变得越来越明显。阿瑟看上去正在消化这句话。

"但为什么说经济形势和屎一样呢?没人这样说啊。它怎么就不行了呢?"

"你真是白活了,阿瑟。如果别人信什么你也信什么,你这辈子都赚不到一英镑。和市场长着一个脑袋的话,你还怎么跑赢市场。别人错了,你才能赚钱。"

阿瑟看起来困惑极了。我在想,与其和我坐在一起,他也许更应该待在音乐厅之类的地方。

"这样吧,我再给你点儿提示,你小子听好了:社会不平等,这才是最要命的事。把你交易的立足点都放在这上面,你就能赚得盆满钵满。"

这是阿瑟最后一次爆笑,然后他很快意识到我是认真的。

"不平等?!"

"是的，阿瑟，对，就是不平等。有钱人得到资产，穷人得到债务，然后穷人每年都必须把自己全部的工资支付给富人，仅仅是为了有地方可以住。有钱人用这些钱从中产阶级手里继续购买其余资产，然后问题逐年恶化。中产阶级消失了，一个经济体永久地失去了消费能力，有钱人变得越来越有钱，而穷人，啧，我想可能就只能等死了。"

这段话的余音在空中停留了一秒才散去。看得出来，阿瑟大脑内的齿轮正在转动。

"所以……利率就？"

"利率就只能一直是零。"

"嗯……你觉得我们应该买入绿色的欧洲美元吗？"

阿瑟这小子。比看起来要聪明啊。

我们的谈话引起了鲁珀特的注意。是的，他一如既往地能通过屏幕看到我们。鲁珀特关掉静音，大声喊出我的名字——他这该死的恶习。

"加里！很高兴看到你和阿瑟能合得来！你们在聊什么？"

那段日子里，我发现自己越来越难以掩饰表情中对鲁珀特的鄙视。但我能确定他从来没有注意过。他可能认为所有人都是那样的一张臭脸。我的眼睛和嘴唇莫名其妙地都抽搐了一下，所以我没有回答。于是阿瑟接起了话茬儿，喊道：

"经济学！"

"啊……经济学！我太喜欢经济学了！我早就知道加里会成为一位杰出的经济学家，所以我当时录用了他！加里你告诉我……在你看来，花旗银行最好的经济学家是哪位？"

当时，在声称是自己录用了我进花旗工作的7位嘉宾中，鲁珀

第五部分 急转直下 323

特是其中一位。但也许他的说辞确实比其他人更有力。毕竟，是他带我去了拉斯维加斯。我设法让眼睛不再抽搐，然后轻吐出了"比尔"这个词。

鲁珀特感到很震惊。

"比尔又不是经济学家！"他以为我是在开玩笑。

"行，如果不是他，那就是我。"

鲁珀特和阿瑟都对这个回答很满意，两人都乐不可支。在那个显示鲁珀特画面的屏幕上，边角处会同时嵌入我们这儿的画面，于是我可以从屏幕上看到阿瑟笑起来时露出的一口珍珠色的白牙。鲁珀特搬去澳大利亚以后也做了牙。它们看上去很完美，就像钢琴上的琴键一样。

突然，屏幕上的画面里，凯莱布的脸出现在我身后。我感到他把沉甸甸的手掌放在了我的肩膀上。

"鲁珀特！你那边怎么样！你们在乐什么呢？"

"凯莱布！你都好吗？我刚刚和加里聊了两句，他说他是花旗最好的经济学家！"

和其他人一样，凯莱布也觉得这句话很好笑，他们笑得合不拢嘴，脸都变形了。

"不过，这说得没错，他确实是个优秀的经济学家。我一直都知道他能成才，在交易游戏的比赛里我就看中他这一特质了，这就是我把他招进来的原因。"说到这儿，凯莱布顿了一下，调整了自己的站姿，以一种更加认真的样子说了下去：

"你们知道吗？我永远都会记得第一次给加里发奖金的场景。虽然我知道无论给他发多少，对他来说都是一笔巨款，但我还是想让他产生感激涕零的感觉。我永远忘不了我们最后给他发了5万英镑的时候，他脸上的表情。"

这3个人报以热烈的笑容，他们都注视着我，我却只是看着屏幕。并不是5万英镑，而是1.3万英镑，我不知道为什么凯莱布会如此厚脸皮地在我这个明知实情的人面前撒谎。他们3张巨大的笑脸，每一个都是那么完美。我没有笑，那会儿的我看起来大概像只老鼠。

大约就在那段时间，全球利率最后一次崩盘了。虽然这顺了我的意，也让我赚了不少钱，还令阿瑟从此对我马首是瞻，但这或许也是所有可能发生在我身上的事里最坏的一件了。

因为你看，一旦市场对利率的预期降为零，那么每个人就不会再错了。所有人都是对的。我的头寸已经押注在零利率的仓位上快两年了，直到这会儿，大家才都同意我的观点。（从当时的情况看）经济是不会变好了，经济复苏不可能会发生。没有什么比"所有人都认可你的正确观点"更糟糕的了。那样一来就没办法赚到钱了。

就在几个月前，我还是全世界交易规模最大的交易员之一。每天都在瞬息万变的（欧元）市场中交易数千亿美元。但现在这些都结束了。我成了日元交易员。还是一家美资银行的日元交易员，而不是日资的。日元利率就没变过，一潭死水都比日元市场有活力。就算有时候我真的报出了价格，渡边久也会否决它们，而我根本懒得去反驳。

因为日元市场就是死气沉沉到了这种地步：没有交易对手方，根本没法玩交易游戏。没有一个充满变数的经济体可以让你赌它会走入穷途末路。我每天面对的就只有我自己、阿瑟、渡边久，还有两个只晓得聊午饭的男人。

第五部分 急转直下 325

没有交易可做。这是我很长一段时间以来第一次碰到的情况：没有交易可做。我低头看看自己的手，又看了看鼠标和键盘，才发现它们都快长草了。

我转头向右看了看。是渡边久。他正用筷子从一个硬纸碗里吸溜面条，声音听起来很恶心。但我不想对他抱有太大的敌意。我知道他做出那些行为背后的原因。他外行指挥内行、利用高我一等的职位优势否决我的所有交易，因为我取代了他原来的角色，承担了他原来的工作，轻轻松松就比他之前赚得多。出现我这么一号人，对他来说不是好事。他老婆就是冲着他做交易员的薪水高才嫁给他的，他太需要保住这个饭碗了。可那又怎样，他绝不是第一个遇到这种窘境的交易员。算了，去他的吧，但还是祝他好运吧。

我向左看了看。是阿瑟·卡波夫斯基。这小老弟正沉浸于胜利的财富所带来的快乐当中，而这些钱源于我们对世界经济要完蛋的押注。我怀疑那些能让他高兴成这样的收益从没让我自己同样这么高兴过。因为那些饱受经济不景气之苦的更有可能是我的父母，而不是他的父母。

我看了看我左上角的电脑屏幕。是鲁珀特·霍布豪斯。巧得离谱，这家伙也在从一个硬纸碗里"嗦"面条，谢天谢地，还好这时他那头是静音的。平生第一次，我终于意识到自己是恨这个人的。但到底是恨，还是鄙视？我也不知道，这两者又有什么区别？我在想他知不知道我很讨厌他，我也想知道自己为什么那么讨厌他。讲良心话，他对我的职业生涯助力颇多。但他为我做的越多，我就越憎恨他，我猜大概就是这样。

我又看回左边，阿瑟再左边就是午餐鉴赏家们了。他们谈论着午餐配饭的天妇罗，说它很好吃。说的没错，因为他们也给我带了一些尝尝。有错也算不到他们头上，没人会把自己不得志的气往他们身上撒。

再越过他们，到了金泽乔伊。他整个人很紧绷，目不转睛地盯着屏幕。我也不能怪金泽乔伊。他已经尽他所能帮我融入团队了。

最后，是凯莱布·楚克曼，我认识的第一位交易员。他怎么会觉得我能适应这里呢？放眼四周，没有市场，没有客户，甚至没有一个真正意义上的交易员。没有可以打响的战役，也没有可以夺取的胜利果实。我的脑海里第一次弹出了一个念头：也许凯莱布不算我认识的第一位交易员。他可能根本就谈不上是个交易员。

我把视线移回电脑屏幕，屏幕上的画面中，我从口袋里掏出手机，在手机上点个不停。曾经的家人和朋友，还有前女友们，我从自己身边推开的所有人，他们没一个人找我。但我还可以随时给女巫发短信，她懂我。

然而，我没有给她发短信。我把手机收了回去，开始等待。如果你等得足够久，总能等到下一笔合适交易的到来。也许从那时起，我就开始不正常了。

我想有人可能已经注意到我不太对劲儿了，因为高管层决定指派一位叫田村孝介的初级交易员给我，让这个年轻的日本小伙子当我的助手。这也就让我们团队越发地人浮于事，4个人干1个人的活儿，简直像一组俄罗斯套娃。不用想，孝介肯定也无事可干，于是他每天都花一整天的时间建一张庞大无比的电子表格，分析短期利率交易业务的所有市场。

一天下午，我看到孝介选中了整张表格，把它删得一干二净，然后又从头开始。第二天，我趁渡边不在的时候把孝介拉到一边，尽量压低音量问他:"喂,你昨天是把整张表格都删了吗?"

孝介毫不犹豫地点了点头,脸上带着复活节岛石像般的严肃神情。我感到很困惑。

"什么鬼?你在搞什么……吃饱了撑的?!"

孝介东张西望了一下,然后看向我的眼底。

"不要完工。永远不要干完手上的活儿。一旦你把活儿干完了,就会有更多的活儿塞给你干。"

对我来说,这是一个很现实的问题。因为我已经快一年没有实实在在地干活儿了。即便是在伦敦最后那9个月里,我也几乎没怎么交易过。大部分工作都是泰齐代劳的。而现在甚至没有任何交易可做了。

并不是我懒。不知怎么地,我失去了心力。我已然失去了工作的能动性,不管是对工作还是生活我都没法上心了。真是活见鬼,我甚至连买张沙发都办不到。而且要不是因为3个小时没进食我的心脏就会火烧火燎一样地难受,我可能连饭都不想吃。就连每天冲个澡都渐渐成了一件艰难的事。

不过,我倒是还在赚钱。我总是能赚到钱,这容易得很。你所要做的就是去赌灾难的发生、经济的衰亡和世界末日的到来。本来就只剩这一根纽带能维系我和人类社会的关系了,突然间,我连它都失去了。

在东京的时候,我每天早上8点开始上班,其他人也一样——尽管明明没一点儿事可做。市场的交易活动都发生在伦敦和纽约的交易时间,也就是东京的下午到夜里。除了鱼,西方世界没人会在东京早上8点的时候还醒着。但没办法,我们还是要就位。

我们仅需完成最少的工作量，就那么一丁点儿的日元外汇调期交易。我本可以在 20 分钟内完成，就算拖到最久，上午 10 点也能搞定了。在那之后干什么呢？无所事事。我会和阿瑟还有孝介一起聊经济，跟午餐鉴赏家们练习我的日语。其实他们和我都一样闲，但他们很擅长装忙。

我不行。早上 10 点以后我就睡过去了。我会把脚靠在桌子上或支在地板上打盹儿。我醒来时会觉得五脏六腑像被灼烧了一样，接着便跑出去买碗面条吃。我会把花旗伦敦短期利率交易部的损益表调出来，看看泰齐接任我的岗位以后现在做得怎么样。我还会把自己一直收集在一个小包里的 300 枚 1 日元硬币带去自助餐厅，用它们随便买点儿日本小吃和绿茶。真是乏善可陈。完全没有一点儿事可做。

渡边非常讨厌看到我这副样子。我横竖他都看不惯。

在日本文化中有一种奇怪的现象：人们不会告诉你他们是不是对你有意见，至少不会直接告诉你。他们通常会表现出自己身体上的不适。

让我给你举个例子。如果你是日语初学者，在教科书中，你将学到的第一个单词是 iie，意为否定。查字典后你会发现这个词确实是这个意思，但没人会真的这样用它。为什么？因为没人会直接说"不"！你可以用鼻音发出一种似是而非的咕哝声来表示否定，但这更像是国际上公认的表达不认同的声音，而且只有朋友之间才会这样说。对于那些你不太熟的人，你永远都不好直接拒绝。

那么，如果有人约你周六出去玩，而你周六又有一场火热的约会，你怎么办？说你不去？当然不是。你要做的，是把头斜向一边，做出一副痛苦的样子，透过牙齿缝猛烈地吸气，好像受到了牙痛的折磨一样。对方看到你"突发恶疾"的样子，就会明白你的答案是否定的，然后识趣地离开。

渡边就会开始不断重复这些小动作。问题是，我起初不明白。当我把脚靠在桌子上的时候，渡边会发出咝咝的声音，好像我踩到了他的脚一样。我转过头疑惑地看看他，然后试着入睡。渡边会扭着身体，十分缓慢地从喉咙里发出重复的呼气声，好像要把插在背上的箭拔出来一样，活像日本版的圣塞巴斯蒂安。于是我睁开一只眼睛，关切地看着他。屡战屡败后，渡边会一次又一次地给自己表达不爽的小剧场升级加码，直至他看起来好像在经受全身器官衰竭一样。这样的把戏逐渐快把我逼疯了。我开始动不动就放下工作，离开工位去洗手间刷牙。但人一天也刷不了几次牙。

但实在没有别的事可做了，所以最后我只好看别人在干什么，他们干什么，我也干什么。他们当时在做的事，可能至今都仍在那些摩天大厦的每扇窗户背后上演。我加入了他们，开始也把自己摁在位子上，假装在工作。

这样对我的身体并不好。心脏的疼痛加重了，人也不断消瘦。我只好挂了个私人医生的号，让他帮我多开一点儿PPI。

我尝试过用烹饪来转移注意力。在伦敦的时候，我隔三岔五就会弄几道小菜，但来了日本，老是出岔子——想买牛肉时买成猪肉，想买猪肉时买成牛肉。天哪，为什么日本的牛肉和猪肉看起来这么像！

既然没法自己好好做晚饭，我便会去赤坂的后巷散步，像一个饥肠辘辘的孤魂野鬼在觅食。赤坂是一个纸醉金迷的去处，有很多高档餐厅，但里面的服务员没人会说英语，也没有英语菜单。最后，我只好转悠到寿司店，对店员耸耸肩，他们就会让我坐下来，不管怎样都会给我上菜。店里的寿司卖得很贵，但永远都填不饱我的肚子。在游荡回家的路上，我还会再买一个巨无霸汉堡。

另外，我已经没法不在办公室睡过去了，夜间在家的睡眠质量也因此受到了影响。我开始在凌晨两三点的时候一身冷汗地醒来。当发生这种情况时，我会把运动鞋穿上，先跑到皇居外苑，然后一路沿着皇居外围跑。跑完完整的一圈是5英里。在那之后，我也许能再睡上一个小时。如果不去户外跑步，我住的大厦顶层有一个健身房，要是它是开着的话，我会进去在跑步机上跑5英里。后来我精进到只要差不多18分钟就能跑完5英里。有天早上，我尝试着看能不能在18分钟内跑完，但后来不得不中途停下来，回到房间呕吐了起来。同时，我的牙龈也开始出血，于是我又去看了医生，他让我刷牙别再那么用力了。

周围人开始担心我了。我的体重已经下降到了55千克。凯莱布和那些高管都很担心。我不确定他们是否真的注意到我都瘦成什么鬼样子了，但我这尸位素餐的样子让所有人都看不下去了。凯莱布事先向老板们保证的是，他带过来的手下是那种曾经在午歇时把百人份汉堡打点好的能人，结果实际上他带来了一个在大多数情况下要么打盹儿，要么刷牙的草包。

他邀请我去他家做客。他家在东京代代木地区一个环境优美的地方，靠近东京最大的神社——明治神宫和最大的公园——代代木公园。我见到了和凯莱布一起经受过错放恒温器"之苦"的几位家人，他的妻子长相不俗，小孩儿也都很漂亮。

他们是很可爱、人都很好的一家人。我们一起吃了晚饭，还喝了酒。

但是少了什么，少了一些重要的东西。我的身心都在日渐虚弱，但没人注意到。没人发现我的魂魄已经飘走了。

那天晚上我试着找寻些什么，是凯莱布身上原本有的一种品质，很重要的品质。我伸出了感知的触手，试图在他身上搜寻到能给我带来安全感的一样东西——一种人味儿，一种我能切实感受到的气息。

但我一无所获。他身上的那股劲儿也不在了。

6

他们又试了几次，想让我振作起来。其中出力最多的当数弗洛伦特·勒伯夫。

弗洛伦特·勒伯夫是我在伦敦政经的同级生，他百分之百确定地说我们二人是老朋友。但我此前从未见过他。

弗洛伦特矮矮胖胖，体态极差，却总是一副雄赳赳气昂昂的样子，像一只粗鄙化了的泰迪熊。他全然不掩饰自己是带着一种野心搬来日本的，那就是尽可能多地猎艳（这种野心在东京的外国人群体中并不罕见），但他又深受"日本妓女想要偷他的精子"这一妄想症的困扰。他的梦想和他的恐惧之间形成了这样一组富有诗性的平衡对称关系，真妙啊。

对于如何提高我的士气，弗洛伦特已经有了确定的答案。他召集了那些年轻的外籍交易员，把我带去了六本木。

六本木就位于赤坂南部，是东京的几大夜生活中心之一。一座宽大的高架桥横跨整个地带之上，桥下则是拉皮条的掮客和卖烤肉串的奸商。而屹立在路的尽头俯瞰着这一切的，是一座直插云霄的亮橙色东京版埃菲尔铁塔。

六本木以外国人多而闻名。换句话说,六本木就是在日外国人会去的地方。早在我住在东京的时候,甚至我觉得直到现在,绝大多数的日本人都不喜欢开口说英语,现实中有许多日本人会和外国人保持相当远的安全距离。但东京的常住人口有3800万,即使其中只有万分之一是对外国人有迷恋情结的年轻女性,那也有3800位了。而她们所有人都集中在六本木。

今晚的活动开始于一个小酒吧。该酒吧的内部被诡异地装修成了列车车厢的样子。光顾酒吧的客人都是会出没于六本木地区的典型面孔:一看就是外国人的银行从业者(当然,我也是其中之一),还有一些全身释放着危险信号的日本女人。

在去的路上,我们每人喝了一罐从便利店买的酒[随处可见的那种葡萄味果酒,牌子名字取得恰如其分:strong(强劲)]。到了酒吧以后,弗洛伦特给我们又点了第二轮酒。在等上酒的时候,弗洛伦特教我说:

"看见那边的俩小妞了吗?你能搞定她们的。嗯,至少能搞定一个。随便哪个都没问题。喜欢哪个?你说了算。反正呢,你就过去那边,跟她们打个招呼,笑一笑,鞠个躬,稍微鞠一个就行。然后和她们来点儿眼神交流,做个自我介绍,说一下你叫什么。接着问问你能不能请她们喝点儿什么,买完以后回来在她们中挑一个,和你挑中那个的聊天互动多一些,有意无意碰碰她的胳膊,要她跟你一起走,去那边那个角落。后面就可以带她回家了。可以直接全垒打了!"

他的"这节课"不是我要求上的,但就冲它的点彩派风格,我也还挺受用的。从酒吧出来后,我们又去了一家名为"毒气恐慌"

交易游戏　334

的夜店。似乎是处心积虑要破坏弗洛伦特精心设计的攻略,其中一位交易员直接走到一个陌生女性的面前,二话不说就开始和她亲热。

我觉得肚子有点儿不舒服。也许是因为我的脸上表现出了这种不适感,弗洛伦特用沉甸甸的胳膊紧紧地搂住了我。

"兄弟别担心,你不用非得像他那样。走吧,我们去脱衣舞俱乐部。"

"你觉不觉得我们应该干点儿什么?"我问阿瑟。

因为现在孝介被派来当我的初级交易员了,上头决定把阿瑟召回悉尼,令人遗憾的是他和他的女朋友又要天各一方了。这是他在部门里的倒数第二天。我问的时候,阿瑟正从一个透明的塑料盒子里拿寿司吃。

"干点儿关于什么的事?"他嘴里塞满了食物,大声问道。

"我不知道……就……关于经济的。"

"不是已经干了点儿什么了嘛,我们买入了绿色的欧洲美元啊。"

"是你买入了绿色的欧洲美元,我已经持有了。现在这个情况下再多买也没有意义了。还有,这也不是我现在在说的。"

"那你现在在说的是什么呢?"

阿瑟用筷子把最后一点儿米饭扒拉进嘴里。

"我在说什么你怎么会不知道,我在说经济啊!就这个经济形势,你觉得我们能做点儿什么吗?"

阿瑟吃完了他的寿司,便把一次性筷子咔嚓一声折成两半,扔进塑料盒子里,然后封上盖子。

"我不知道你是什么意思。"

我的左太阳穴袭来一种刺痛的感觉。

"阿瑟,我说的是经济。我们应该对眼下的经济形势做点儿什么吗?这句话到底有哪里是你没明白的呢?"

阿瑟琢磨了这句话一小会儿,把椅子搬得离我更近了些,然后靠了过来,好像我们准备进行一场毒品交易。

"所以……我们现在不是在说绿色的欧洲美元……我的理解对吗?"

"我拜托你了,阿瑟,这和该死的绿色欧洲美元一丁点儿关系都没有!经济形势都要下十八层地狱了,我们是不是应该有所行动啊?!"

阿瑟把他的椅子往后撤了大约一米,用自己的眼神来平息我的怒气。半晌,他挤出了一个微笑。那笑容有些迟疑,他表现出一副若有所思的样子。然后他把双臂向后靠在了桌沿,人往桌子上仰。

"你是认真的,对吧?"

"是的,阿瑟,我可太认真了,你不觉得我们应该做点儿什么来拯救一下现在这个都快完蛋了的经济形势吗?真的糟透了……"

阿瑟停顿了一下,再一次发出一阵格外响亮的笑声。

"你要干什么啊,老兄?你是要当首相吗?还是要拯救世界啊?"

"我也不知道,那你觉得我们应该怎么办?就坐在这儿,屁也不放一个?"

"哎哎哎,别激动,放宽心,这不是都挺好的嘛。我们也没有袖手旁观啊,不是买了绿色的欧洲美元吗?还让我们赚了很多钱呢!你别整天操心这个,操心那个了,你以后有的是吃香喝辣的好日子。一整套社会经济都给你玩儿明白了！"

"话虽如此，但是……"对啊，但是什么呢，没有但是。这念头在我脑海中一闪而过。我知道阿瑟是对的。"我不知道……我只是……我不知道该怎么说，老弟。就它……感觉不太对。"

"你真是太可笑了，朋友。你在说什么？你到底又能做些什么呢？"

"我不知道。我可以回去，回到大学校园里……吧？然后试着让那些师生知道他们都错了。"

我想了想大学校园的样子，想到了那些被关在校门里蓬头垢面的书呆子，想到了他们窝在没有窗户的小房间里做矩阵求逆的题目。对了，他们还想改变这个世界呢。这回轮到我发笑了。

后来阿瑟就回到他自己的国家了。我很确定他现在的职业还是交易员，还没当上自由世界的领袖。不过我想，在赚到 1 000 万或 1 500 万英镑后，他最终会干出那一番事业的。

7

阿瑟离开以后,冬天就来了。天很冷,树木都是光秃秃的。但不像伦敦的冬天,东京的冬天万里无云,一整天都能看得到太阳。

没了阿瑟,我就只剩孝介了。孝介看起来是个好孩子:一脸老实巴交的样子,工作认真努力。他有着日本少年动漫主人公身上的那种气质:虽然只是普通人,但坚定顽强。不管他完成又删除了多少次那张电子表格,我都坚信他会卷土重来。

我想了解这个人。他看起来,像是个正常人——这在我当时的生活中可是稀有动物。问题是他基本不会说英语。不过随着我的日语有了进步,我们能说的话越来越多了。有一天他告诉我,他每天都要背5个新的英语单词,并且已经坚持这么做15年了。我对此感到震惊,因为他的英语好像挺烂的,于是我让他给我念一下他今天背的单词。那天的单词列表上,第一个词是"not with standing"(尽管如此)。就在那时我意识到,他的英语其实很好,只是被他的口音掩盖掉了。

一旦这个问题得以解决,我俩的沟通能力就开始迅速提高。我不仅适应了他断断续续的片假名式英语，还尝试着自己也这样说英语。这种方法不但令我和孝介之间的交流取得了质的飞越，也令我和所有日本人的沟通顺畅度得到了显著的提升。

是这样的，日本人会告诉你他们不懂英语，但如果你说片假名，他们就能听懂。片假名是日本的一种表音符号，可以让英语单词听起来像日语一样。例如，他们不说"black pepper"（黑胡椒），而说"bu-rak-ku-pep-paa"；不说"table"（桌子），而说"te-e-bu-ru"。如果你向酒店前台要"iron"（熨斗），他们会一脸迷茫地看着你。但跟他们说你要"a-i-ro-n"，它就会送到你房间了。

能够和孝介正常交流真的让我松了一口气。一个人得有日子没和正常人说过话了，才能意识到这种需求是多么深切。我约孝介一起出去吃晚饭。

孝介出生、长大在东京东部，那里是老城区，也就是日本人说的下町。他带我去那儿吃"御好烧"。这是一种日式咸煎饼。我吃着感觉它里面主要是卷心菜。这种煎饼很大、很好吃，一份大概卖5英镑。如果是在伦敦，它估计要卖到25英镑。

我们离开街道，走上一道狭窄的木制楼梯。眼前是一扇推拉式木门，挂在门上的银铃发出清脆的碰撞声，伴随一声热情响亮的呼喊："欢迎光临！"我们躬下腰，穿过织帘，进入屋内。

里面打着暖色调灯光，全是木头家具，每一面墙都贴满了不知道什么年代的日本老电影海报，可能是20世纪50年代？顾客们坐在矮桌旁，桌上放有金属烤盘，巨大的煎饼在盘子上冒着热气。

在办公室时，孝介总是安安静静地沉浸在自己的世界里。但在这里，我们入座后，他发出了一声能穿透耳膜的招呼声。一位女服务员不知道从哪里像猫一样蹿出来了。"Toriaezu-biiru。"孝介的意思是，先来杯啤酒。

我有很多想说的话。我向孝介解释说，我有个女朋友，她也要过来日本，不过目前她还在英国。我很确定，我没有对任何人隐瞒这件事，但东京这边的办公室，好像没有一位男同事没试过把各种奇奇怪怪的女人往我怀里推。孝介尽情享用着他的啤酒，对我提的问题若有所思，但又支支吾吾地敷衍了过去。

我告诉孝介，我无法忍受渡边一边不停地做出不自然的动作和表情，一边观察我的反应。孝介对此表示非常理解。大家都看得出来，渡边是"一个非常小心眼儿的人"。

我更进一步地告诉孝介，凯莱布一度是我的恩师和偶像，他回花旗以后我一直希望能和他重新建立起深厚的感情，然而，不知怎么的，我们似乎渐行渐远了。

语言转换的过程中可能丢失了一点儿信息，但孝介还是表达了他的同情，而且听上去非常真诚恳切，以至于令我觉得我不该再纠结这些了，一切该翻篇儿了。

我要和人一起吃这顿饭的原因就是我需要有人知道，或者说需要所有人知道我准备辞职了这件事。这一次是认真的。我会等到1月的奖金日，等奖金发到银行卡的时候，我会去告诉凯莱布，说我不干了，我要走了。我会去给慈善机构服务，并通过这种做法保留我在花旗所有的递延股。凯莱布自己过去也曾经这样做过，因此，他肯定会允许我也这样做的。

通常情况下，你很难读懂日本人心里在想什么。他们喜怒不形于色。但孝介看着我，努力地找着合适的词。我可以看出他在担心我。

那时我的自行车已经到了。就是那辆大老远一路从伦敦运过来的自行车。我经常把整个周末的时间都花在骑行上。

往南，我会骑到亮橙色的东京塔。它比埃菲尔铁塔高大约9米，位置就在我医生的办公室旁边，办公室的一楼有一家"全家"便利店，可以进去买一盒牛奶。而铁塔的正下方有一个公园，古庙增上寺就位于其中。有好几次，我都能听到和尚们在寺庙里诵经。夜幕降临后，东京塔会亮灯，而增上寺就在一片闪耀的橙色前发出幽黑色的光。

往西，我会骑到明治神宫巨大的鸟居前，到熙熙攘攘的竹下通街，或者到代代木公园入口处的大露天广场。每到周日，留着猫王发型的中年男人就会聚集在破破烂烂的老式录音机前，互相斗舞，一直到跳不动为止。

往东，我会骑到汐留的填海土地（日本人通过削山头来填海造陆）和废弃的摩天大楼区域，汐留往后则是筑地市场，硕大的金枪鱼头在桶里堆得老高，鱼脸颊上的肉都已被挖走。我还会去到滨离宫恩赐庭园，那儿有一个小茶屋，里面有一位日本老太太，花500日元，她就会给你送上绿茶和精美的小茶点。

往北，我会骑到上野公园，去投喂公园水池里的乌龟和锦鲤，或者去附近的浅草寺，寺中有若干鼎巨大的香炉，总是在冒着浓浓的烟。如果你越过这些香炉，会看到年纪很大又形容枯槁的善男信女正佝偻着身子摇着一个个能占卜运势的小木盒子。

有时候，我会一路绕行到台场，这是位于东京湾中央的一个大型人工岛，在这里骑行之所以很耗时是因为不允许自行车上桥。台场有一个人造海滩，还有一片禁止游泳的海域和一座仿造的自由女神像。而我会坐在人造海滩边上的一根小木杆上，看着太阳在这个城市慢慢落下，等着岛上彩虹大桥的灯光亮起。

12月底，圣诞节假期时，我回了伦敦，在斯特拉特福的西田购物中心里的一家酒店住了两周，那里堪称全世界最糟糕的地方。还好女巫过来看我了，她抱住了我。那一刻，我的两条腿都在发颤。

8

一转眼到了 2013 年。又到了对上一年业绩进行结算的时候了。我知道那一天就要到了。

关于奖金日，我唯一记得的是青蛙通过远程视频通话在一个大屏幕上把奖金数额告诉了我，凯莱布当时也和我一起在房间里。他们把这个数写下来的时候，用的货币单位是日元，所以看起来是一个很壮观的数字。具体是多少我一点儿也不记得了，但我还记得我那时的年终盈利数。在我不干正事前，我已经赚了 1 800 万美元，所以我的奖金必须是多少呢？1 800 乘以 0.07，差不多是 126 万美元。

奖金日在 1 月下旬，从这之后就进入了奖金到账的倒计时。一般来说，奖金会在 2 月初的某个时候到账。那段时间我每天都会检查户头。奖金是在一个周四到账的，所以第二天是周五，我本该在那天去找凯莱布谈离职的事。但我没有。还能说什么呢？临阵退缩了呗，我想。

我过了一个很难熬的周末，心里特别忐忑，好像有什么东西在我的皮肤下窜来窜去。那时女巫已经来日本了，但不在东京。她搬到了大阪东边靠近奈良的地方，在我的西边大约 300 英里处。我不太确定她这么做的原因。我在 Skype 电话上告诉她我要辞职。她很高兴，因为她一直希望我能辞职。

周一。凯莱布同意在他位于角落里的办公室和我聊一聊。一定要有一个在角落的办公室是他开出的自己回到花旗的条件之一。我知道这一点，是因为去年夏天那天晚上我们在泰晤士河畔喝酒的时候，他告诉过我、JB 和比尔。在凯莱布的办公室里，我可以从西、南两个方向往外看很远。眼前是一张结实的木桌和凯莱布结实的双肩。在二者身后的远处，苍天大树遮盖着日本皇居。

我一进办公室就注意到，凯莱布的神情中带有一丝警惕和严肃，这不是我所习惯的样子。事后看来，考虑到约谈的时点，他一定知道我想干什么，但是出于某种原因，当时的我未曾想到他已经知道了。我只注意到他的眼周和嘴唇都是收紧的状态，相关部位的肌肉处在一种绷着的形态上，微微抽动。他看起来像一位棋手，一位扑克牌手，一只狼。

我坐了下来。和之前无数次一样，他目光下移看着我，我目光上移看着他。

他知道我要说些什么吗？

当然，我都告诉他了。

我从来都不是一个善于做计划的人，我的说辞也没有经过很好的排练。但有几处的重拍我还是需要踩到：我要辞职、对此我感到很抱歉、我会去慈善机构工作（动机也和社会不平等有关）；另外，感念于他和花旗对我的栽培，对于今年剩下的工作时间，我就不要奖金了，但在此之后我确实就要走了。这一次是千真万确的了。最后加的这一点，也就是承诺今年不要奖金了这句话，真是神来之笔：2009年凯莱布向鼻涕虫老板提辞职的时候，开出了与这一模一样的价码。

这些都是我该强调的点，但我一个都没说到，不仅如此，我还在说话时磕磕巴巴地，几乎说不下去。我喋喋不休地谈及我的病痛，说自己的肠胃和心脏是多么难受。还有一些根本就不该提到的点也被我提到了：那双运动鞋（为什么老是要说运动鞋破洞的事？）、那家名为"毒气恐慌"的夜店、那个叫昆廷·本丁的烂人。我想我当时很可能看上去像疯了一样。

当我在凯莱布面前情绪崩溃时，他的态度有软化吗？当我说我病了的时候，他的眼睛有泛出泪花吗？说实话，我不知道。好像我人不在那里一样。我对自己那番话的记忆像蒙了一层雾一样，它表达出来的内容充其量就跟它表达出来的形式一样令人云里雾里。我不记得自己开口倾诉的过程了，我只是在把单词机械地拼凑起来。

我清楚地记得，当我讲完以后，凯莱布在椅子上坐立不安的样子。空气中有了一种怜悯的意味。但我立刻就知道，这并非真心。同情是一种可以让人有所依靠的情感。但在眼前的这个人身上，我找不到任何可以抓住的东西。

凯莱布感到很遗憾，非常遗憾。他知道我在这里举步维艰，他自己也是在如此年轻的年纪搬到了东京。他知道这可能是一个多么艰难的处境，能让人感到何等的孤独和冰冷。但他说，花旗不放人。高管们很重视我的努力和付出，让我慢慢来，不要着急，不要意气用事。给我两周时间考虑，考虑好了再找他谈谈。

我觉得自己就像一个动漫人物,从楼上跳下来,却落在了蹦床上,又反弹回原先站着的地方。我再一次,又回到了那儿,重新出现在了短期利率交易部的办公区里。

不,我只是身体回去了,心却没有。有什么东西已经改变了。

沙漏已经翻转了过来,有些事情已经进入了倒计时。在那时,我的大脑还不知道这一点,但骨子里已经有意识了。

我本能地觉得哪里不对,但又说不上来是哪里。于是我火速发了一封电子邮件给人力资源部,要求和他们会面。我想要确保凯莱布无法下黑手:取消我的递延股,断了我离职的路。

我不得不私下接触人力资源部。我不能表露出我对凯莱布的不信任。

在一间没有窗户的房间里,我面前坐着一位冰山美人,身材高挑,一头金发。瑞士人吗?可能是瑞典人。她的手指也纤细修长,穿衣打扮和举止气质都完美无瑕。她一边翻着文件一边看向我,揣摩着我的眼神。

管理层可以取消我的递延股吗?当然不行,他们不可以这么做。能否离开花旗,为慈善机构工作,并保留我所有的递延股?没听说过这种做法,我会去调查一下。不过加里,你还好吗?你看起来很紧张不安。有什么话都可以说给我听,你看起来不太好。放心,我们是来保护你的。

但我并没有感到有多安心。

9

接下来的两周就像冬季凛冽的寒风，从我身边呼啸而过。我坐上了往西开的火车，去大阪东部的瓢箪山看女巫。搭乘新干线在京都站下车后，在大和西大寺站换乘。

女巫在奈良住的地方附近有一个节日，叫作"烧山祭"，意思差不多就是"放火烧山"。女巫在当地的一所中学当英语老师，那一天她在上课，所以我自己一个人去参观了节日庆典。他们点燃了整座若草山，奈良的古庙继而也在橙红色的火光中散发出幽黑的微光。

真是令人难忘的场景：漫天的焰火下，整座山都在熊熊燃烧，人山人海，烟雾缭绕。让一整座山都烧起来肯定很危险，但消防车一直在一旁待命。另外，人们把山上和四周的干草都割了，以确保火势不会蔓延。

那我呢？我把我身边那些像干草一样可能导致危险的因素都割掉了吗？也有一台消防车会来救我的火吗？

两个星期弹指间就过去了,我再一次回到了部门。到了和凯莱布第二次会面的时候了。

出于某种原因,凯莱布没有选择在他的办公室见我。一定是不想让天皇看到吧。他把我带到这幢大楼深处一间没有窗户的白色小房间。

"那么,你已经考虑两周了。还是确定要辞职吗?"

会有什么变化?有什么是可能会改变的吗?

"是的,我确定。"

"好。是这样的,关于从花旗离职以后去慈善机构工作,我查了一下具体操作细节……恐怕只有得到银行管理层的批准,这个方案才可行。但管理层是不会点头的。"

凯莱布笑了。他那口钢琴琴键般的大牙亮得晃眼。到那时,花旗已经欠我 150 多万英镑了,可能更接近 200 万英镑。我早就过了对数字过目不忘的巅峰时期,但那笔钱还是已经超过了我心中对于"非常多"的认知界限。

他的意思表达得很清楚:人可以走,但钱得留下。

我不乐意。一点儿都不乐意。说好的要让花旗为我付出大价钱,不能是这么个结局。

封锁在骨子里的意识终于涌进了大脑。

那这就是一场战役了。他们就是想要挑起争斗。

我对自己说:没问题。这反正也不是你人生中的第一场战争了。

在那之后,我的人生迅速演变为了一场闹剧。我愿称那段日子为"会议期"——生活中就只剩没完没了的会议。

我每天都被通知要参加 3~4 场会议。并不总是三四场，有时候可能一天 2 场或 5 场，但总之会议取代了交易，成了我工作生活的主旋律。

所有的会议都是与高管层进行的，但与会人员的排列组合总是在变化。比如，早上我可能和渡边久有个一对一的会面，他会微微一笑，然后拍拍我的背；下午的早些时候要和鲁珀特·霍布豪斯还有青蛙通视频电话，他们会用沉重的语气"预言"我离职以后会走下坡路，我一边盯着自己的脚，一边点头；到了晚上，办公室里是凯莱布，屏幕上是鼻涕虫，二人齐声说："我们相信你！你可以的！"

渡边久、鲁珀特、凯莱布、青蛙、鼻涕虫，以及其他许多我以前从不认识但突然非常热衷于也来劝我"迷途知返"的经理，可以产生无穷无尽的排列组合。每一局棋的下法也各不相同。鲁珀特和青蛙好为人师，总是喜欢以过来人的身份教你做人；渡边和鼻涕虫都爱表现出对人的支持和鼓励，总体上讲能显出一副和蔼可亲的样子；令我意外的是，凯莱布好像变成了一台可以自由切换冷热风的电吹风，和其他与会人员一个唱红脸一个唱白脸。

我最喜欢的是那些充满了大呼小叫的会议。这些叫骂总是很有趣。凯莱布就冲我吼了很多回，像什么"我们一直都没亏待过你！""你翅膀硬了啊！"。面对面的时候，他们能发挥得更充分，因为可以直接把手指戳到我脸上。视频会议的冲击力就弱多了，因为骂着骂着可能一不小心就把麦克风静音了，所以我会尽可能地推掉视频会议。是的，我很享受被他们劈头盖脸一顿骂的感觉，能让我想起自己还是孩子的时候，等到成为成年人了，你就不太能"享受"得到这种待遇了。我很纳闷，大吼大叫真的奏效过吗？去改变别人的想法，这本来就是一种怪异的行为，不是吗？更不用说仅凭当面训斥就想改变人的想法了。不知道有没有人真的这样成功过。

这些会议的总体基调是，我需要男人一点儿，做出正确的选择——是要像男子汉一样继续干下去，还是收拾铺盖滚蛋？

真棘手。

与这种基调最相称的就是那些过来人跟你"传授经验"的会议，因为这是你得以窥见他人真实想法的时刻。在从伦敦打来的视频电话里，青蛙让我先坐下来别冲动，再如实告诉我，即使我可以保住全部奖金（当然，也就意味着不可能保住），那点儿钱也是远远不够的。按税后计，我赚了多少？有几个子儿？200万英镑？他对这个数字发出一阵狂笑。他说这甚至没法维持我以后5年的生活！到时候我会屁滚尿流地在地上爬，求着要回来！我们俩都笑了，笑完以后我看了看我的鞋子。

鲁珀特也挺有意思的，这回我倒不讨厌他。他说了很多关于他父亲的事。他爸曾经在部队服役。有一次他告诉他爸说他不是很满意自己的奖金，他爸让他有个男人样。我不确定这和我的事情之间有什么关系。他可能是想告诉我我也应该有个男人样。

但毫无疑问，所有会议的最佳看点是与会人员的变脸如翻书。这倒不是花旗银行的官方策略，所以我也许不应该强调这一点，但他们变脸的戏码确实给予了我活下去的意愿。多么色彩鲜明的角色！多么强烈的戏剧性！多么难得的剧场！你永远都不知道下一个出场的人物会是谁！凯莱布唱完白脸以后，往往会是鼻涕虫老板立即登场唱红脸。也有些时候，凯莱布会有幸连续出席两场角色不同的会议。而这些会议之间呈现出的戏剧性反差简直精彩绝伦。看着凯莱布一瞬间从咆哮的恶狼变为温顺的泰迪熊，真的能让你对人性燃起希望。对于这些人格分裂般的情况，根本没有人会关心。下棋的时候你用任何招数都是合理的。那么，看起来注意到他们如此这般的人，只有我了。你问我作何感想？呵，我可太喜欢他们的表现了。

面对这些形形色色的攻心术，我编造出了一个自己玩的游戏，叫作"尽可能久地装聋作哑"，这游戏我在小时候就已经玩得炉火纯青了。这个游戏的玩法从名字上就能看出来，即除了咕哝声，不允许发出其他声音。这就给我提供了一点儿娱乐活动，但有时候，比如在与青蛙或鲁珀特一对一会面时，赢得太容易了，以至于一点儿成就感都没有。这个游戏在与凯莱布充满对抗性的会议中才是最好玩的，因为你必须努力用眉毛调控面部表情才能取得胜利。

而在这些会议中，我自始至终都没有以任何方式理会他们抛给我的"离职/留下"二选一难题。他们那点儿心思我还不知道，门儿都没有。他们别想让我空手而去，而我也不可能再为那些浑蛋卖命了。问题是，对我来说，最好的结果就是被开除。这样我既能走人，又能拿走他们欠我的所有钱。他们到时还能奈我何？我不可能遂了他们的愿，做梦去吧。

该死的。一群畜生。

随你们骂吧，只要我能拿钱走人，把我骂死都行。

可能是因为选择权不在我手上，也可能是因为我一直保持沉默，最终引来了一场超大型会议，高管层的每位成员要么现场出席要么电话列席。

鼻涕虫老板也现身了，这意味着这将会是一场能载入史册的会议。

鼻涕虫老板让大家都把耳朵竖起来，然后长篇大论了一番。他

第五部分 急转直下 351

说他弄明白了，知道我是病了。他相信我。他认为这是真的。他表示，花旗会成为我的坚实后盾，向我伸出援手，让我有所好转。不管是在医疗、物质、情绪还是其他什么方面，都会给我提供支持。不管我需要什么，只要我开金口，他们就能给我变出来。而他对我只有一点要求，就是我的承诺——承诺留在银行，继续交易，继续为花旗赚钱。

鼻涕虫老板说，放轻松，别紧张，过去的事就让它过去。别给自己太大压力。你自己觉得需要多久就休整多久。他还说，别担心，没事的，你需要我们的时候，我们全部都在。

说完，他要求高管层每位成员都轮流表态。他们每个人都表达了他们对我的信心。真是一场很棒的会议，让人觉得内心丰盈而温暖。凯莱布发言的时候，眼睛里还噙着泪水。

在那之后，我决定尝试玩个新的游戏。我对鼻涕虫老板的信任是笃定且无保留的，因此，我相信他说的话。只要自己觉得有需要，我就会把相应的时间都拿来照顾自己，好好调整状态。

于是我开始按合同规定的工作时间上下班。

合同规定的工作时间是从9点到5点。我觉得有可能每个日本上班族的劳动合同都写着9点上班5点下班。

但没人能真的做到朝九晚五。

在我身后每一位高管人员的全力支持和坚定背书下，我采用了一种抓大放小式的轻负荷工作方式。我每天在午餐时间休息一个小时，有时甚至是一个半小时！在东京冬天的冷空气里，我散步到皇居外苑，把那些形状各异的树都数上一遍。有时候感觉累了，就靠坐在树下，先戴上连帽衫的帽子，然后睡了过去。

感觉太棒了。身心都得到了放松。那一周的盈利数，是我在东京取得过的最高的。那一周也是我职业生涯最后一个完整的工作周。

下周一上午9点刚过,凯莱布走了过来,轻轻地碰了碰我的肩膀,问我要不要在周二和他一起吃晚饭。

然后,毫无悬念地,便发生了整个故事开头的那一幕。

10

就在2013年2月中旬一个又黑又冷的周二晚上,在丸之内购物中心6楼一家不知名的拉面店里,一个对放错位置的恒温器有着莫大仇恨的有钱男人,挥动着他粗胖的手指,为我描绘了一幅我的人生图景。

这是一幅我官司缠身、一贫如洗的图景,我多年来的心血将付之东流。

这样的画面很残酷,也将是我和权力,和花旗银行——世界上最大的公司之一对抗的下场。

你怎么看?如果你是我,你会怎么做?你是个26岁的青年,出身寒微,一无所有,曾经只能靠送报纸每周赚那可怜的12英镑,你一步一步成了世界顶级交易员之一,你的雇主是全球最大的商业银行之一,现在,你曾经的人生楷模和你对坐在一张餐桌上,你们俩之间就隔了两碗拉面,他看着你的眼睛,对你说:"好人并不总是有好报。我们可以让你的日子过得非常艰难。"

这话说得,好像他是黑社会老大一样。

你会怎么想？

从我被学校开除到那时，差不多过了10年。我其实不是毒贩子，但因为那是一所文法学校，所以多少盛行追赶新潮的风气。学校里的孩子知道我可以弄到毒品。

我是能弄到毒品。他们是对的。这点没有错。我能接触到毒品渠道，是因为有毒贩在我住的那条街上活动，而且还不少。那些家境好的孩子，他们居住的街区没有毒贩，但我居住的街区有。这就是为什么那些"赶时髦"的孩子会要我给他们买毒品，同时也是为什么我才是那个被开除的孩子。

那些毒贩，他们并没有我拥有的那些选择，也没有那些其他孩子所拥有的选择。他们没法去伦敦政经上大学，没法在纸牌游戏中赢得投资银行的实习机会。他们没有摆脱贫困的可靠途径，所以取而代之的是，他们走上了贩毒的路。有时他们也会做其他的事情——诈骗或者入室偷盗。有些人能通过这些犯罪行为搞到钱，有些人却搞不到；有些人因此进了监狱，另一些人则逍遥法外。像这样的孩子，有时候真的会碰到非常糟的事情。他们有的会被人捅伤甚至弄死。夜店外面停的车里可能就有人在蹲守他们，在他们出来过马路时，开着车从他们身上碾轧过去，留下他们的身体在马路上抽搐。

在那一刻，我突然意识到，我们是一样的。我们全部人都是一样的。那些毒贩、银行从业者、交易员、现在的我、曾经的我、凯莱布、萨拉万、布拉塔普、鲁珀特·霍布豪斯、杰米、伊夫兰、JB，我们没什么不同。唯一的区别是我们有个穷爸爸还是富爸爸。如果那些毒贩能上伊顿公学、圣保罗公学，或者鲁珀特曾上的寄宿学校（管它具体是哪所），那么他们就会和我一起在交易大厅工作，坐在阿瑟、JB 的旁边，闭着眼睛都知道要买绿色的欧洲美元。但如果这些交易员出生在伦敦东部的巴金医院，也就是我、博比·摩尔、约翰·特里还有其他上百万小混混出生的地方，和我们一样在课间休息的时候向同学兜售便士糖果，那么他们的结局也会是那样——在街角贩毒。从本质上说，我们是同一类人：冥顽不灵，但又有点儿小聪明，小小年纪就野心勃勃；想要成为在某方面很厉害的角色，但又不确定具体是什么方面；总是在追赶着什么，但又不知道自己的目标，像无头苍蝇一样兜兜转转。

不管卖的是毒品还是什么鬼债券，对血气方刚又渴望成功的年轻人来说，这只是道路的不同，不是吗？本质上是一样的，谁又比谁高贵。只是有时候，老天让人在投胎的时候选错了庙，摇错了签，以至于像我，或者像比尔这样的人，开错了局，投错了门第，摔错了方向，脸先着地。

我们是一样的。你并不比我们强。你们都不比我们强。从一开始，这就是两种不同的修罗场。从出生以来的一开始。

但当下你不会想这么多。所有这些想法都是在梦中涌入大脑的。在那个对峙的时刻，你只会盯着对面那个人，看他满脸横肉的样子，心想：

"老兄。你如果不是黑社会，就不要像黑社会的人一样讲话。"

我马上就意识到，我不会坐以待毙的。

这不算什么决定，我从来不需要下定决心才开始反击。有时你得直视魔鬼。

但和花旗银行斗，这是明智之举吗？确定吗？这可是世界上最大的企业之一。

我也不知道。管它呢。反正我也从未标榜过自己是什么聪明人。

那天晚上我没睡觉，一秒钟也没睡过。我径直回到家，然后就吐了。没吃东西自然也吐不出食物，吐的是一摊淡黄色的胆汁。甚至没有反酸，因为服了抑制剂。我告诉自己，擦擦嘴，慢慢走几步。走，再走，再多走几步。

我搞砸了。我真的搞砸了。我完全就是贸然行事。现在好了，我能做些什么呢？

我咨询过人力资源部了。凯莱布说的那些是合法的。除非管理层他们签批，否则我不能去慈善机构工作。

但只要我的钱没到手，我是不会走的。

不过，眼下要过招的不是这件事。现在有更多的事情要应对。情况已经发生了 180 度大反转。现在轮到我开展自卫反击战了。

那么，他们准备要起诉我了吗？基于什么事由呢？

凯莱布手上不可能有我的什么把柄。如果他真有，他早就亮出来让我更清楚地知道自己的处境有多不利了。

但他需要有我的把柄吗？可能都不需要吧。就像 2009 年的时候，政客们嚷嚷着要向银行征税，花旗那帮人一听都笑了——他们知道谁说了算。就算上了法庭，他们可能也是一样有恃无恐。注意，我们现在说的是花旗银行。那帮人可能会起诉任何他们想要起诉的人。

但再怎么说，花旗也不能随随便便就把我告上法庭。他们手里必须得握着点儿什么罪证。我有什么罪证吗？能有什么罪证？他们有什么能用来要挟我的东西？

谢谢你救了我的命，比尔。还好你告诉我那句"别被捉"。在这方面我一直都很注意。我非常笃定自己的交易记录干干净净。没有什么可挖掘的黑料。长期以来，我一直都干得光明磊落。打从一开始就是这样。

不是吗?

能有什么吗?不好说。我做了多少笔交易?鬼才数得清,上百万笔。有多少聊天记录?和经纪商打了几次电话?以上这些全部都有留痕。白纸黑字,整理归档。花旗有我工作相关的全部记录。每一条都有。而我有什么呢?我屁都没有。

有了所有的这些证据,他们总能给你罗织点儿罪名。该死!

该怎么办?

我突然想到,他们也可能是用力过猛了。相比我实际可能留有的污点,他们以为的可能会更多。也许这就是为什么管理层里没有人问过我到底是怎么赚到这么多钱的。也许他们认为,我这一切成绩的背后有一些不可告人的秘密,所以还是不知道为好,以免自己的手上也沾到血。也许他们认为,不管是贩毒还是干些什么别的偷鸡摸狗之事,是像我这样的坏孩子赚到钱的唯一途径。但也许他们自己就是这么做的,也许这才是他们的人生——在往上爬的过程中,明里暗里给人使绊子,不断地利用和诋毁他人。

不,不,加里,不要继续内耗了,这样没有效率。你好歹得有个计划。

对。就是这样。先行动起来。现在、立刻、马上就行动起来。

诊所几点开门?就是靠近东京塔的那个。上谷歌查一下。上午9点。好。等钟一走到9点,你就打给那个诊所,约第一个能约上的号。你告诉他们你快要疯了,把症状说得严重一点儿:你告诉他们你吃不下睡不着,人还瘦了不少。哎?这些其实也不算夸大其词,都是真的,但得在一开始就加点儿让人一听就揪心的内容,任何噱头都可以。最重要的是,你一定利用这个机会请到病假,没拿到医生开的病假单不准离开他的诊所。然后你马上发邮件给以下所有人：凯莱布、人力资源部、鼻涕虫老板。振作起来。一旦你这么做了，你就可以占领道德高地。他们可以治我一个作假的罪名，但是把枪口对准一个刚刚因为压力过大而申请病假的人，那就是另一回事了。这么做会像是在惩罚一个提出了病假请求的人。你会受到保护的。是残疾保护条例吗？但你对这个条例又有多少了解？一窍不通。好了，别对自己发火了，你手上还有其他可以对付他们的武器吗？

什么都没有。两手空空。只有这一招了，这就是将要执行的计划。

应该向别人征求意见吗？现在几点了？凌晨2点，那伦敦这会儿才下午5点，大家都还醒着。能让谁帮你出出主意？比尔？史努比？

不了，这是我的破事。是我自己踩到屎了，我要自己迎战。不仅要正面迎战，还要打赢它。

我只给一个人发了短信，是孝介，还是凌晨2点半的时候。

"孝介，我这儿发生了一些很糟糕的事。别告诉任何人我给你发过短信。能尽快见个面吗？"

我决定在清晨5点给领导们发短信，告诉他们说我整晚都在呕吐，所以今天不能来上班了。这让我有了3个小时的可打发时间。在深不见底的夜色里，我绕着皇居跑了一圈又一圈。

我跑的速度很快，冬天的冷空气从我的整张脸还有十指上划过。和凯莱布的晚餐场景持续在我脑海中闪回。吃到最后，凯莱布想和我握手，而我真的不记得自己是否和他握了。

也许这就意味着我确实和他握手了。

清晨 5 点，发送邮件。没人回复。好的。

从 5 点到 9 点之间，还有大把时间。看看能不能睡着？定个闹钟。不行，不能睡。再去跑会儿步。对了，你上一次吃东西是什么时候？

9 点了。打电话给医生。这是专门面向外国人的医生，接线员会说英语。能挂上的第一个号是几点？10 点半。

10 点 20 分，到了东京塔。蓝色的天空下，一抹巨大的橙色。10 点 28 分，医院前台让我坐下稍等。10 点半，来到了医生的诊疗室。非常准时。现在坐下来，让自己看起来像个疯子。好吧，我看起来已经精神失常了。能不能表现得更不正常一点儿呢？

把一切都告诉医生。

"我领导威胁说要杀了我。"

不行，这样说太过了，往回收收。

"对不起，我的意思是我的领导威胁我说要起诉我。我真的很害怕。这段时间我人都瘦了很多。"

医生是个高个子的日本人，秃头，穿着白大褂。他盯着我看了很久，但只用左眼看人，好像他只有左眼是好的。

"两周剂量的抗焦虑药物外加去请一个月的病假。"医生用漂亮的蓝色圆珠笔把药方都潦草地写在了一张白色的纸条上。这两样就够了。

现在回家去。把该发的邮件发了。说你去看了医生，他很担心你，他给你开了抗焦虑药物和一个月的病假建议，告诉他们接下来这一周你都来不了，因为你需要休息，因为你整个人一团糟。好了，去把你那该死的黑莓手机关机。

现在，去睡觉吧，加里。去睡觉吧。

交易游戏 360

当我醒来的时候，已经是半夜了。说实话，我不知道确切的时间是几点，但我的房间里已经一片漆黑了。要知道，我和衣而卧的时候窗帘是大开的。

我没有解锁我的黑莓手机。去他的。我再也不需要理会那些烦心事了。但我看了看手机屏幕。大概是 11 点，我收到了孝介回的一条短信。

"发生了什么事吗？怎么了？我今天晚上或明天可以和你见面。"

他是在中午回的短信。今天晚上可能已经不行了。我约了他第二天见面。

我和孝介约在那家御好烧店外见面。天知道我看起来是副什么样子。从孝介看到我时脸上的表情来推断，我可能都没个人样了。

我想，在我一边和孝介喝酒一边告诉他发生了什么事的时候，自己可能都有点儿发抖。

孝介的嘴张得合不拢。他难以置信。要知道，凯莱布身上有一点就是，他人太好了。没话说，他就是个大好人！你如果见到他，就会喜欢他这个人。我保证。他就是这么个人见人爱的主儿。过去是，现在也是。

我讲完以后，孝介一时间不知道该说什么好。他就只是张着嘴坐在那里，眼神发直。

最后他意识到该轮到他说点儿什么了。

"那是违法犯'坠'！"

他这样喊了 3 次。

"孝介，我知道那是违法犯罪。但那又怎样呢，朋友，谁在乎呢。这可是花旗银行，全世界最大的一家银行。他们可以为所欲为。"

"不！他们不能！这是日本！我们有规矩的，不是什么法外之地！"

"孝介，我觉得'不违法'差不多能算是一条国际公约了，但这样已经阻止不了他们了，你说对吧？"

孝介很生气，应该说是火冒三丈。他以一种不管是在他的国家还是我的国家都很含蓄的方式表达了他的怒意——把一整瓶啤酒一饮而尽。

"这非得录音不可。你必须把它录下来。去买一个录音机，让他把那句话再说一遍。"

他去了友都八喜相机店。第二天比较晚的时候，他骑着他的蓝色小自行车出现在我住的那幢大楼外面，递给我他买的一个小型手持录音机，再次提醒道：

"全部录下来。让他再说一遍。"

对于孝介，还有什么可说的呢？

他真是个好孩子。

接下来的几天我都在借酒浇愁。然后到了周一，我回了办公室。

我的日元交易账户权限被高管们明智地解除了，重新还给了渡边。干得漂亮。因此，我来办公室只为了做一件事，那就是直接和凯莱布会面。

这会是一个有趣的会议，因为我正准备用上一个新策略：尽可能地激怒凯莱布，这样他就会气得口不择言，然后我就能录下来。也许是恶向胆边生，我很期待这场会议。它将见证我博弈风格上的极大转变。

周末的时候，我练习过几次怎么用这台手持录音机。这是一个不超过 10 厘米的小圆柱体，上面有一个红色的录音按钮。显然，我不能在会议进行到一半时把它拿出来，按下录音按钮，所以我先去洗手间按下了按钮，然后把它放进了我的口袋里。我在家里试过几次，但我还是始终悬着一颗心，怕自己不小心再次碰到按钮，把它关掉了。

到了交易大厅，进入办公室了。比赛开始。

一开始，凯莱布很克制，也很平静。他讲故事时唬人的嚣张气焰消失了。真可惜。这和拉面店里的那个人相去甚远。我需要那个凯莱布回到我面前。

别放弃！先激他一下。对方毫无反应。简直像从老虎嘴里拔牙一样艰难。见鬼！为什么我在去拉面店吃饭前没有想到这一点呢？为什么我当时没有录下来呢？

加里，也许他知道你带了录音设备。也许你说话时突如其来的硬气把他的目光吸引到了你凸起的口袋上。

没事，继续说下去吧。我光脚的还怕你穿鞋的？

"事情发展成这个样子，我们感到很遗憾。同样让我们感到遗憾的还有你做出了这个选择。"

"你才不遗憾！你从来都没有关心过我！你就没给过我喘息的机会！从一开始你就让渡边给我添堵！他就那样坐在我后面，我怎么正常交易?!他连我去上厕所都要计时！你是怎么想的把他留下来?!所有人都知道他早该被炒了！"

"哦，得了吧！"他终于开始大吼了。他控制不住情绪了。得手了！"是你自己不争气。从你到这儿的第一天起，你就没认真对待过工作。你心里一直都知道自己会走！奖金日过后的第二天你就说你想辞职。你一到这儿就已经有这个计划了！你甚至都没花过一秒钟的时间去好好想想这个问题，对吧？你前脚刚从我的办公室出来，后脚就直接去了人力资源部。你知不知道你来东京这边的办公室却一件正事都不干，让我有多难堪？我费了九牛二虎之力才把你救出来，带到这儿！我给你打点好一切，换来你这样吊儿郎当、忘恩负义，这让我看起来有多可笑你知道吗？是我一开始录用了你！是我让你功成名就！没有我你什么都不是！你都对不起我们给你发的那么多钱！"

我本应该让他继续发挥的，但我没有。

"你跟我说钱？！噢，是我欠你钱了吗？！听好了，我每从花旗银行这儿拿 1 美元，花旗银行就从我身上赚了 10 美元。你也知道这一点。你知道这才是事实：没有我，你永远不可能到今天这个位置。"

这番话堵住了他的嘴，让他坐了下来。我的表情难掩骄傲的喜色。然后我想起来整个计划是要让他不停地说下去，直到露出马脚。我们在原地静坐了一分钟。

"那么，我可以休病假了吗？"

凯莱布的状态又回到了他刚开始会面的那个样子：冷漠疏离，公事公办。该死的，我搞砸了。

"我们不能直接批准你的病假。要看公司的医生怎么说。"

交易游戏　364

11

有点儿荒谬的是,我再一次回到了短期利率交易部的办公区。我夹在渡边和孝介之间,几乎没有工作可做。我只好拿出了我的日语课本,然后开始学习"日文汉字"(书写日文时会用到的部分汉字,包括日文中独创的一些汉字)。

我非常恼火,因为我没有从和凯莱布的这次会面中得到任何好处,而且相反,我还开始就公司医生的事情自己吓自己。凯莱布的话显然表明了他已经让整个人力资源部都和他站在同一条战线上了。那么公司医生肯定也会被他搞定的。如果公司医生否决了我的病假申请,我就完蛋了。如果还让我待在工位上,我会死的。

等一下。不对不对不对。这里我们好像遗漏了什么关键信息。他说了些什么来着?"你前脚刚从我的办公室出来,后脚就直接去了人力资源部。"他不能和人力资源部串通一气,不是吗?这肯定是不允许的吧?他不应该知道你在和他就辞职的事展开第一次会面后就直接去了人力资源部。他不应该知道的……对吧?我找了人力那档子事应该是保密的……不是吗?该死,加里你怎么忘了这这重要的一个点?

现在就以安排和公司医生会面的借口给人力资源部发邮件。

亲爱的××(冰山的名字):

您好。
我能就我的病假申请和您约个会议吗?

祝好!

加里·史蒂文森

亲爱的朋友们,我们再一次回到了那间没有窗户的房间里。这次要确保你录下了所有谈话内容。

和往常一样,她还是冷冰冰、不近人情的样子,腰背都挺得笔直。面对这种异常板正的姿态,我感觉自己更像一只老鼠了。

算了,管它呢,反正又没人在看我们。至少这一次,我是有备而来的。

"我能问你一个问题吗?"

我先下手为强。

"当然可以,加里。你想问什么?"

"我们的会议是保密的吗?"

她没想到我会问这个。她的内心有感到一丝左右为难吗?即使有,可能也就不到一眨眼的工夫。

"看情况。"

"看情况？这话是什么意思？"

"就是视情况而定。"

"视什么鬼的情况而定啊?!"

她把她那完美无瑕的双手放在一本同样完美的魔力斯奇那笔记本的背面。朋友们，请谨记别对人力资源部爆粗口。

"有些对话是保密的，另一些是不保密的。所以还是看具体情况而定。"

"行，"我有点儿生气了，"那到底什么情况下是保密的，什么情况下又不保密？"

"就比如，假如你提出任何会伤害到你自己的想法，那我别无选择，只能向上汇报。"

"哦，你可别乱扯了，我要说的事情和自残一点儿关系都没有。我问你，2月初我来找你谈辞职和去慈善机构工作的那次，你告诉过凯莱布没有？"

"没有。"

她回答得很快，应该说是太快了。

"你确定吗？"

"我没有和凯莱布提过我们那次谈话。"

听完她这句话，我短暂地顿了一下，心里问自己，要出大招了吗？嗯，是的。

"那好，那为什么我刚刚和凯莱布谈话的时候他告诉我你跟他说过了？"

然后便是一阵比我方才的停顿要久得多得多的沉默。其实我甚至准确地知道它到底有多久，因为我已经听过好几次录音回放了。

是 47 秒。就一对一的谈话来说，这是一个很长时间的停顿。

在停顿的整个过程中，冰山都没有任何动作。完全一动不动，像一座雕像。她那纤细修长的手指一次也没有敲击笔记本的背面，嘴唇没有一点儿翕动，眼球也没有转动。她是在想怎么回我吗？我敢肯定她甚至没有眨眼。

我的身体则轻晃着。看着她那副样子，我心想：会不会连她的头发都能在风中静止？

最后她终于开口了：

"关于你的递延报酬和辞职以后去慈善机构工作的细节事宜，我已经做过调查了。如果你想这么做，那么没有人能阻止你。这超出了花旗银行的管辖权限。"

那还有什么好说的呢？看来就算是我这样的老鼠也是有攻击力的。

之后，我去看了公司的医生。医务室离交易大厅很远，在我们楼下 3 层。在一间虽然小但灯光明亮的办公室里，一位头发花白、慈眉善目的中年日本男人坐在一个不大的塑料矮凳上，双手放在自己的将军肚上。他身后站着一位年轻漂亮的日本女护士。

医生让我坐下来，问我怎么了。不知道为什么他听上去好像很关心我。

好吧。我想我应该告诉你发生了什么事。但我还没说几句话，情绪就崩溃了。眼前这两位素未谋面的陌生人，成了我唯一能哭诉的对象。

我觉得直到那一刻，我才意识到，自己的状态有多糟糕。我印象中自己不时会提醒自己，这一切都只是一种策略、一场游戏。但

交易游戏 368

也许这不是一场游戏，而是我的人生。

公司医生给我开了 3 个月的带薪病假。

医生开完单子之后，我恍惚了一会儿。我的身体在发颤，但我没有移动。

等再一次回过神儿来，我发现自己到了中庭天井的边上。我低头往下看了看，但没有纵身一跃。

我手上现在有了法宝，有了公司医生开的病假条。但我还没有向上面提出休假申请。

离开医务室后，我又回到了交易大厅，但只是为了拿上我的细肩带背包，接着我就直接回家了。

不知道是那天的什么时候，消息不胫而走，关于我的情况从高管层中扩散了出来。我知道这一点，是因为手机上开始收到来自伦敦办公室同事的短信。

史努比在短信中说："别放弃！你可以赢过他们的！你可比那些恶人聪明！"

泰齐发短信说："伙计，你要是离开的话就太可惜了，我还想着有一天我们这里会是你说了算的。"

我觉得比尔也会给我发短信，但一直到那天深夜我才收到了他的短信："小子，你还好吗？管理层说你不想干了，他们一直让我把你留下来。他们还说你因为压力太大要请病假。到底怎么了，老弟？你真没事吗？"

而这是我回复的唯一一条信息。

"别为我担心了，老大。我一直都挺好的。"

我大概是说谎了。

那么，为什么我不申请病假呢？

当时我告诉自己的是，这样是有风险的。我担心如果申请了病假，就会引发花旗对我的诉讼。

但真会这样吗？这真能算得上一个危险因素吗？人不可能因为请个病假就被起诉吧……会吗？

现在回过头想想，我当时所考虑的并不止这些。提交病假申请究竟意味着什么，那时的我多少已经想到了。不会再有交易盈亏数了，花旗也不再欠我什么了，并且不会再有野心勃勃的后生投来嫉妒的目光。

鲁珀特和我又约了个会议，是的，给我做思想工作的系列会议还没完结。这次的会议没有其他人，只有他和我。鲁珀特打来了视频电话，他的面孔出现在了屏幕上，出现在凯莱布那间有阳光从各个方向照进来的办公室里。

我坐了下来，看着我的鞋子。

"你知道吗？加里，没人信你的话。大家都不相信你病了。他们认为这是一种迂回策略，是你想要涨薪，或者离开花旗的同时拿到递延股，这样你就可以去高盛工作了。"

我全无反应，只是眼神木然地点了点头。过去我发呆的时候，脑子里面间或在做长除法运算。

"但我相信你。"

这句话吸引了我的注意力。我抬起头看向屏幕。

"加里，如果你现在能去什么地方，你想去哪儿呢？"

我想了一会儿，然后如实回答了他：

"无。我哪儿也不想去。说实话，霍布斯，我真的不在乎。"

"哈利怎么样了？"

"哈利怎么样?!他很好……对,他挺好的。"

鲁珀特当然不知道我们俩闹掰了,那时我已经快一年没和哈利说过话了。

"如果回到伊尔福德,回到你长大的那条街上,再和哈利一起踢足球,你觉得怎么样?你会不会更愿意去那儿?"

我们刚在一起踢足球的时候,哈利多大来着?一定只有五六岁。如果是那样,我那时就是9岁或10岁了。他又是从几岁开始踢得比我好来着?

"嗯。对,我想是这样的。对,我愿意。"

在街上到处玩的那些日子已经是很久以前的事了,那些灯柱、电线杆,还有垃圾回收站的凹墙,现在想起来都觉得恍如隔世。那时我们经常会把球踢进回收站,然后就得从很远的另一边爬进去——越过一架大铁桥,穿过一位老人的花园(老人会在窗户里面对你大喊大叫),然后才能进入垃圾回收站。里面放了一大堆脏兮兮的旧报纸,垒了有两层楼高。找到球以后把球踢出去,然后再从近的那侧爬回去,就可以继续踢了。冬天我们会一直踢到太阳下山,踢到我俩其中一人的妈妈出来喊我们回去吃晚饭了。有时是我妈,有时是哈利妈妈;有时我们会一起去我家或哈利家吃饭,有时各回各家。

"你可以去那儿啊。回到那个地方去看看。"

不,不能了,我们不可能再在那儿一起踢球了,我再也没跟哈利说过话了。

"没事的。一切都会好起来的。只要你保持坚强,挺过难关。你会好好的。"

他为什么要这么做?鲁珀特为什么要对我释放善意?

"谢谢你,霍布斯。感谢你的安慰和鼓励。谢谢。"

"不客气,你不会有事的。"

电话挂断了。

我独自坐在办公室里,凝视着窗外的皇居。我的私人手机上收到了一条短信,是鲁珀特发来的:

"你就去申请病假,花旗拿你没辙。他们手上没有你的任何把柄。"

于是我照做了。

12

3个月的病假。

3个月的时间并不长。但对我来说,感觉像过了半辈子。

从我19岁开始,我就没有休息过3个月这么久了。那时候的我把大部分时间都花在了拍松枕头上。

一下子休息这么久,感觉就像在水里憋了很长时间的气以后浮上来呼吸新鲜空气。

我做的第一件事就是乘新干线去瓢箪山,在京都站和大和西大寺站各换乘了一次。

女巫那时住在她任教的学校给她租的一个微型简装单间里。人睡在梯子顶端的一个床板上,鼻子几乎要碰到屋顶。很多日本年轻人都过着这样的生活。屋子里没有正儿八经的厨房,窗户用的是磨砂玻璃,这样从外面就看不到里面。

唯一的暖气装置是一台很小的空调,而这里冬天又非常冷。好在不是中央空调,有多少制暖效果都是我们的。

我应该是没和她打过招呼就直接过来了,所以她看到我的反应是：意料之外，情理之中。

我们会爬上梯子，把蒲团扔到地上，然后我会大半天都席地而坐，她则拖着鞋子走来走去，一边加热着速食杯面，一边问我有没有看什么好电影。

虽然气温很低，但我们会穿得厚实一点儿去瓢箪山当地的一个小公园玩。女巫会在草地上铺一小条野餐毯，然后正面朝下地躺在毯子上，我则把头靠在她小小的后背上，两个人就用这样的卧姿看书。又或者我们会去奈良的大型公园喂喂奈良鹿，参观那些木头建成的壮观古庙。

但哪怕在这样的慢节奏环境中，哪怕我现在是在病假期间，也还是要参加会议，是的，阴魂不散的会议。好在现在只要通过电话旁听就好。我会把手机调成扬声器模式，放在蒲团上，然后挨着手机躺在地上。我会像海星一样，四肢大张，然后把头一直往后仰，直到视角变成上下颠倒。当那些高管在背景音中唠叨个不停时，我就透过窗户的磨砂玻璃，看着呈扭曲状的蓝天慢慢变黑。

有时女巫会过来坐在我旁边，一般像这样的时候，她就会把我的手机拿起来，然后挂断电话会议，接着说道：

"好了，加里，这会开够了。"

我坐飞机回了趟家，去看了看我妈。我不知道为什么，我们的母子关系从来没有真正亲密过。我骑上了自己用人生中第一次拿到的年终奖买的黑色小摩托，带妈妈出去兜风，一路从伦敦市中心来到摄政公园。穿过花园，绕着湖边，我们散了一个长长的步。我问妈妈，为什么她从来没学过弹吉他。

她奇怪地看着我。应该说附近所有人都用奇怪的目光看着我。

然后我妈妈问我：

"加里，你还好吗？"

我答道：

"当然，当然，当然。我一切都好。你知道我这个人的，我总是不会让人担心的。"

在飞机上，我第一次看了电影《铁窗喋血》，主演是保罗·纽曼，这个全世界最帅的男人。他不知道犯了什么事儿进监狱了，沦落到要和一群戴镣铐的劳改犯同吃同住。

这群劳改犯的头目恃强凌弱，寻衅滋事，非要和保罗·纽曼打一架。保罗的体格小得多，根本没有胜算。那恶霸一下接一下地揍他，每次他被打翻在地以后，又站了起来，就这样来了上千次，直到被打得全身青一块紫一块。最终，这个恶霸收手了。

我心想，这个保罗·纽曼也太男人了。浑身上下挑不出一处毛病的男神。

在这段时间里，我有点儿精神恍惚，睡眠和进食节律都变得很奇怪。我白天睡觉，晚上出门四处晃荡找吃的。

但真的没有一个地方能比这儿更接近天堂了。我是认真的，这句话完全没在开玩笑。

东京有的是可以招待我这号孤魂野鬼的美味佳肴，并且，随着春天的到来，暖阳也来了。

在我住的那幢大楼附近有一个小拉面馆子，卖猪肉拉面和鸡肉拉面。汤头清亮而有营养，且酸味十足。太好吃了。但那家店现在已经倒闭了。

那个地方每天的营业时间不长，我醒来的时候它一般已经打烊了，不过还有吉野家。哦，我亲爱的吉野家，主宰我夜晚的女王，你那亮橙色的窗户从没让我失望过。吉野家是 24 小时营业、主打牛肉饭的快餐店。食物味道永远在线且价格便宜，还无限供应腌红姜。它有时甚至还会推出鳗鱼料理。

英国的有些东西在日本找不到，比如青豆。有时候，我会非常想念它。后来我终于在最具日本元素的全球连锁意大利菜餐厅萨莉亚找到了。这家店的料理价格便宜、分量很足，深受学生喜爱。其中有一道菜把青豆和培根搅和在一起，配上一个几乎全生的鸡蛋。

但我也不是总吃快餐。有时我能在正常时间起床，那样就能吃上点儿讲究的大餐，比如在虎之门的法国餐厅吃顿牛排薯条。花旗银行还在给我付工资，所以你懂的，我吃得起。

这倒不是说你在东京真的需要很多钱才能吃得像国王那么好。寿司也可能便宜到差不多像白送。我每周至少会吃 3 次神谷町站的喜代村。它有道菜叫"金枪鱼碗"，是把腌过的金枪鱼放在米饭上做成的盖饭，可以选择多加米饭的版本（菜单标注"大盛ㄩ"），价格不变，还会附赠味噌汤和绿茶，只要 500 日元。每次我去，服务人员都会给我一张 100 日元的代金券，所以只要 400 日元，也就是 2.5 英镑！我一般会坐在操作台前面的位子上，和寿司师傅说说笑笑。

听我的，如果来日本，去一家居酒屋，点份茶泡饭吃。不用谢，好好享用吧。

按好吃顺序排列依次是：鲜堡、味噌拉面、清汤拉面、酱油拉面、豚骨汤拉面。但神田的鬼金棒味噌拉面在它们所有之上。还有开在高田马场一条后巷的越南法棍三明治、7-11 便利店卖的配有棕色酱汁的荞麦凉面、7-11便利店卖的蛋黄酱金枪鱼三角饭团、全家便利店的炸鸡、麻布十番有家店的饺子、风云儿的蘸面、弥生轩的烤鲭鱼，以及每天的金枪鱼盖饭早餐（反正只要是刚醒来吃的那一顿，就可以被定义成早餐）。

所有这些地方都是通宵营业的，并且都满是孤独的男性。拉面店尤其如此，吉野家到了深夜时分也是这样的光景。孤单的男人们一个接一个地排成一排，在此起彼伏的吧唧声中享用着美食。当他们把筷子伸进碗里的时候，肩膀和肘部会互相碰到。然后他们会付上600日元，继而一个接一个地离开。

还有哪里能比这儿更致郁呢？

我睡到中午才起来，醒来才发现又没换睡衣。我看了下手机，已经是中午12点37分了，有127个未接电话，都是哈利打来的。

我坐在床上想了一会儿。前一天是他的生日。

13

休养得差不多了,我想,该行动了。人不能坐以待毙。

没错,就是这样。我吃够拉面了。是时候去请个律师来了。

我给萨贾尔·马尔德发了信息。还记得他吗?那个伦敦政经的肯尼亚校友。2008年雷曼兄弟倒闭前,他在那儿工作了两个月,因此认识些曾起诉雷曼兄弟这家银行的人。而我正需要一个了解其中深浅的人,所以我请萨贾尔帮我牵线搭桥一下。

在他的帮助下,我一共认识了3位律师,一个在英国,一个在美国,一个在日本。律师费很贵,但花旗银行把我调动到日本时,同步把我的年薪涨到了12万英镑,所以从某种程度上,不管是律师费还是吃寿司和拉面的钱,这些开销都算在了花旗头上。我或许真的应该对此心存感激。

但律师们告诉我的都是我自己已经查明白了的事。

银行能起诉员工出工不出力吗?

从法律层面上讲,银行这么做不值当。但当然之前也不是没起诉过。

我能通过去慈善机构工作保留我的递延股吗？

根据你提供的材料来看，理论上是行得通的。但你要和花旗作对的话，那些规章制度又有什么用呢？

我可以起诉花旗银行吗？

可以是可以，但这场官司可能会耗费你很多年，而且这样一来你就更难拿回它欠你的 200 万英镑了。

嗯，无休止的官司。各位觉得一辈子都官司缠身如何？这难道不是是个人都始终要避免的事吗？

但在这种情况下，有什么选择吗？除了等待，真的没什么可做的。在这 3 个月剩余的时间里，我过着昼夜颠倒的日子，白天睡觉，醒来枯坐，同时试着恢复些体重。3 个月后就得回花旗申请去慈善机构（还真得找到一个慈善机构不可）工作，同时祈祷这步棋能走成。

因为这并不是一个万无一失的计划。

当时几乎没有人讨论过财富不平等这个话题，不过我还是在网上发现了一个这样的视频。主讲人是伦敦政经的一位南非人类学教授。我给他发了一封邮件，告诉他我希望为一家致力于改善财富不平等问题的慈善机构工作。他帮我联系了一个这样的机构，我便和对方见面了。机构方面说他们会帮我离开花旗。

那是我手上唯一的一样法宝。现在就等着 3 个月过去吧。

有了律师、慈善机构，而且自己本身的体重也有所增加，我感到更自信了一点儿。现在我有了一个计划，或者说有了应对之策。但以往肠胃和心脏那种怦怦直跳的感觉并没有消失。我想，那时候我那种生理反应，应该是恐惧所导致的。除此之外，我的大腿也会隐隐作痛。

我那时经常躺在地板上。就那样趴着，沐浴在窗边的阳光中。和小时候一模一样：被学校开除以后没学可上的我也是这样趴在窗边，在一块小木板上做数学作业。

虽然很让人难为情，但我不得不承认的一点是：对于回银行这件事，我感到很恐惧。我很害怕当3个月结束了，不得不回花旗的那个时候。

时间飞逝，3个月很快就过完了。我的第一次会谈是和公司医生。我走进医务室，诚恳地告诉他，对于返岗这件事，自己有多恐惧。他看着我的眼睛，点了点头，又给我开了3个月病假。

一晃已经5月下旬了，这个时候的东京很宜人。许多日本人不喜欢5月，因为这意味着雨季的开始。整个城市一下子变得非常闷热，日头的毒辣程度与日俱增。空气变得相当潮湿，踏入室外就感觉像有一条热毛巾掉在了肩膀上一样。

但我喜欢东京的5月。真的很喜欢。

英语的"rainy season"（雨季）在日语中是"tsuyu"，对应的汉字是"梅雨"，直译过来是"梅子雨"的意思。我以前在英国从来没有见过那样的雨——雨点落下来和热腾腾的梅子一样。又大又热的雨点像厚厚的墙一样倾泻下来，仿佛是来自大海的一波波巨浪。

雨太大了，如果我骑自行车的时候突遇暴风雨，10秒钟之内我全身都会湿透。于是我会带上一整套备用的衣服，用一个塑料袋子把它们紧紧地裹起来，装在背包里。不管去哪里，到了以后我都得从头到脚、从里到外地换身衣服。虽然狼狈，但我最喜欢的却是一边下雨一边刮强风的天气，可以感受到热热的雨滴冲着我的脸席卷而来。

交易游戏　380

当医生再一次给我写下 3 个月病假的处方时,我忽然产生了这样的想法:"那可以永远这样下去吗?"

我可以一直一直以这样的方式生活吗,一年四季如一日地抱恙?因为我只要永远处于病恹恹的状态,就再也不用回去工作了。世界就只剩斗转星移、四季更替,余下的人生,我都可以在雨中骑自行车度过。

那会是什么样的呢?会是一件好事吗?会是一场好玩的游戏吗?会是一种美好的生活吗?

我开始在晚上越骑越久了,因为到了晚上才没有那么热。我最喜欢骑去的地方是新宿和涉谷。那两个地方都堪称霓虹灯圣殿,在雨中,那霓虹灯光仿佛会透过你的眼睛晕染开来。有一次,我骑车去了新宿的歌舞伎町。那儿有多家迷你酒吧和不少喝得醉醺醺的日本人,是练习日语的绝佳场所。

我把自行车停在这个区域最南边的一端,靠近王子酒店,远离那些酒吧。因为我想穿过一条条拥挤而明亮的霓虹灯小巷,和更多同样孤独的男人触碰彼此的肩膀。

王子酒店对面有一个开阔的广场,我就把自行车锁在广场的栏杆上。前方,一条大马路上停满了出租车。它们排成 3 排,发出嗡嗡的声音。一旁,山手线的绿皮列车从一座铁路桥上呼啸而过。到处都是不断突破新高的建筑,随处可见巨大的霓虹灯招牌。在西边,也就是我在路上站着时的右边,摩天大楼区域在天空下耸立着,一座黑塔被白色金属材质的蜘蛛网包裹着。马路对面,闪着橙光的吉野家中,店员正在往顾客的米饭上加放牛肉。吉野家上方有一块巨大的 LED(发光二极管)屏幕(有 5 间房子那么大)闪着光,上面的画面持续着。卡莉怪妞在上面跳舞,她的头上戴着巨大的红色蝴蝶结。

当又一辆列车经过的时候，一股热风吹到了我的脸上。

我想我应该把这儿当作自己的家。

在那之后，我又试着多迈出几步：多学点儿日语，多交些朋友。

我请了一位可爱的日语老师。她三四十岁，名字叫上野洋子。不管什么季节她都戴着个口罩：夏天是防湿气，秋天是防感冒和流感，冬天是防干燥，春天是防花粉。

后来我发现了"英语口语咖啡馆"，这是东京的语言狂热爱好者练习外语的地方。你可以坐在那儿，喝着茶，和各种怪人说话。在那时，这完全就是我想要的。

我最喜欢的英语口语咖啡馆在高田马场（它在新宿区以北，是学生都很爱去的一个地方）。我喜欢观察学生们。夏天他们会成群结队地喝到酩酊大醉，时不时地就会有人在街上跌一跤，然后一屁股摔在地上。当发生这种情况时，他们的朋友就得使劲儿把他们拉起来，但他们会躺在那里大喊："我没事！"这时就会上演一个比谁力气大的游戏，摔倒的一方会用上全身的力气尽量赖在地上。通常情况下，朋友们会设法把摔倒的人拉起来。但如果他们没发现或者实在拉不动，谁摔倒了谁就得在街头睡一宿了。

慢慢地，我的状态好一些了。至少我觉得我在变好。但我已经5个月没去工作了。

我离岗越久，好像就越不可能返岗了。当和女巫谈到病假即将结束时，我有时会觉得有点儿接受不了。我的左眼眼角会开始轻微抽搐，手臂也会轻微颤抖。

当这种情况发生时,女巫会把她的手放在我的手上。她从来不会说我的手颤得厉害不厉害,而是会说:"你为什么要和他们斗呢,加里?你不需要这么做。钱你也赚够了,为什么不直接离职呢?"

这话就错了。永远都不够。而且如果直接离职意味着向他们认输,我永远不会这么做。

14

第二次的 3 个月病假也快要结束了,我非常肯定还得再延长。因为我的状态仍然时好时坏。

但就在约见公司医生的前一周,我收到了凯尔·齐默尔曼的电子邮件。

凯尔·齐默尔曼,美国人,花旗东京分行人力资源部的一把手,也就是冰山的上级。他个子很小,看起来就像只老鼠,让我想到(那个阶段也是这样的)自己。我觉得这样一来我和他就差不多了。

就花旗欠我的这部分钱,他在电子邮件中详尽地解释了相关的法律细节。邮件还附上了多得可怕的参考文件,还好给出了一个很清晰的总结:

休假超过 6 个月,花旗欠我多少钱都会一笔勾销。

我真的不认为这算休假,但我也不觉得会有人在意我是怎么想的。

去医务室找医生聊的时候,医生的意思很明白:我不应该返岗。

我告诉他，这不是我能决定的。我不得不回去上班，没有其他选择。

当医生对我说话的时候，他把手放在了我的肩膀上，这对日本人来说是非常罕见的事情。看了我有一会儿以后，他才开口说道：

"如果是这样，那我对你的病情可能就爱莫能助了。"

女巫来了东京。我告诉她，我必须返岗。

我能注意到她看得出来我的内心其实是害怕的，我也能注意到这样的决定伤害到她了。

"别去了，"她说，"真的别去了。"

在她绿色的眼睛里，我们俩都能看到这个决定意味着什么。它意味着我又将难以入睡，意味着我会继续消瘦。

"女巫，这不是去不去的问题，这不是一个选择题，而是我不得不做的一件事。"

"你根本不是不得不做这件事，而是你选择去做这件事！你完全不需要强迫自己做其中的任何一件事！你已经受够了！随时可以走！你为什么要这么对自己?!"

"不重要。我对自己做了什么并不重要。这就是我必须做的事情。"

她看着我，好像要哭了。但最后还是没有哭。她瘪起嘴，但什么也没说。我可能此后一直都在想，她当时究竟想说什么。

那天晚些时候，我和她分手了。一周后，我又回去上班了。

就在我回到办公室的前一天，发生了一件奇怪的事。我当时在我住的那栋楼楼顶的一家餐厅吃饭。对了，我已经不住在保诚大厦的"空中楼阁"了。那时我已经搬到了另一个叫爱宕的地方，那个地方有座山，山顶上有一个小神社，需要爬一段非常陡峭的台阶才能到达。历史上有一位武士奉命到该神社送梅花，他骑着马登上了这些台阶，但花了45分钟才下来。

搬家以后，我不再住在30楼了，换成了8楼。虽然还是很高，但不成问题，因为我的新居面对着一座小山，山下是一片墓园，也就是说，从我的窗户看出去可以看到郁郁葱葱的树冠。这一点我很喜欢。

我的新住所位于一幢豪华的公司公寓楼里，顶层有一家不对外开放的餐厅，但菜价出奇地合理。我如果能在它们的营业时间醒来，就会隔三岔五去那里吃饭。

我总是会点同样的菜：少许的三文鱼牛油果盖饭配梅子干。梅子干应该算是世界上最好吃、最耐吃，同时又最酸的食品了。我每次吃它的时候，五官都会因为酸味而扭曲。那家店有位日本女服务员，快30岁或30岁出头的样子，老是会被我的表情逗笑。

在返岗前一天的深夜，我从餐厅吃完饭返回房间后，在门底下发现了一小张手写纸条。上面写的是：

你在餐厅里用餐的时候看起来很难过。希望你诸事顺利。如果你需要找人谈谈心，这是我的邮箱，你可以发邮件给我。

真希

第二天，我回办公室上班了。

15

休了6个月病假,到那会儿已经没有人再找我开会了。凯莱布没有,鼻涕虫也没有。再也没有管理层会议了。

我现在已经进入人力资源部的深水区了。敌人是凯尔·齐默尔曼——人力资源部的鼠王。冰山则似乎已经是一枚弃子了。我想,他们这一步棋对我来说挺高明的。

进花旗之初,比尔教我的其中一句箴言是"与人力资源部打交道从来都不是一件好事"。这个坑我是铁定踩着了。

人力资源部的办公区本就不大,凯尔·齐默尔曼的办公室更是在角落的位置。所以我必须穿过整个部门才能到他的办公室。走过去的时候我试着和冰山进行眼神交流,但整个过程她都没有把目光抬起来过。

他的办公室窄小但整齐,有一扇窗户。文件柜有一整面墙那么宽。办公桌上没有什么装饰,放的东西也很少,有一本记事本和一支昂贵的钢笔。当我从门外走进来时,凯尔的眼神亮了一下。他微笑着欢迎我入内。

当然，我全程都在录音。我考虑过通过大声嚷嚷指控对方，以期让他承认过错或口不择言，就和我在凯莱布身上用的招数一样。但我对他们的计划太好奇了，所以一开始没说话，而是听他说。他们是肯定不会让我再回短期利率交易部了，对吧？

凯尔说话时语气轻快、充满活力，既有效率，又不失潇洒。他说他很高兴看到我已经康复了。多可笑的一句话啊，我几乎都要笑出声了。他继而很激动地告诉我，他们给我安排了一个新的岗位。这也很可笑。我喜欢凯尔·齐默尔曼的黑色幽默风格，要是他之前能多参加那些游说我的管理层会议就好了。

凯尔把我带上楼，带我踏进交易大厅。我没法撒谎的一点是，当时我的心脏漏跳了一拍。每位同事我都能看到，尤其是远处角落里虎背熊腰的凯莱布。

短期利率交易部的办公区就在我的正前方，但我们没有去那儿。相反，凯尔带着我接连往右边转了两次弯。我们绕过了一个墙角，经过打印机，到了一个隐蔽处。就是在那儿，我认识了杰拉尔德·冈特。

毫无疑问的是，杰拉尔德·冈特是我在交易大厅或其他任何地方见过的最无聊的人。他是一个戴着眼镜比不戴眼镜看上去更有生气的人，眼镜下似乎藏着一个对人世间没有半点儿留恋的灵魂。

虽然知道自己现在不是巅峰状态，但那一刻我的感觉就是……我，对他?! 本来冰冰凉凉的手指都能感觉到血液回流了。我心里的想法是：和他斗，我势在必赢。

那时我已经有日子没有斗赢过人了，所以这种想法让我为之一振。我伸出手，紧紧地握住了面前这个男人的手。

"你好，杰拉尔德，我叫加里。"

交易游戏 388

上头已经决定让我转岗到"企业管理部"。不要问我企业管理是做什么的，我当时不知道，现在仍然不知道。我只知道这是杰拉尔德掌管的部门。部门员工负责制作电子表格和各种文秘工作。

杰拉尔德没有笑。我一次也没见他笑过。他只是看了看地面，然后把眼镜推到鼻梁上。他慢慢地从椅子上撑起来，似乎是靠着身上残存的最后一丝意志力。他开始往别的地方走去，我跟在他后面，来到了世界上气氛最压抑的办公室。

杰拉尔德·冈特办公室里唯一的光源是一只发着惨淡蓝光的卤素灯泡。它在墙上嗡嗡作响，灯丝不时迸出火星子，仿佛在做着垂死挣扎。天花板上的灯坏了。我和他，也像这两盏灯一样，一个半死不活，一个死气沉沉。

杰拉尔德·冈特说话总是把音拖得很长，而且只有一个声调。他的嗓音沉闷到了无以复加的地步，以至于物极必反，也能让人产生听到强烈感情的幻觉。它透着一股哀伤，深沉得如回声一般，像一条落单又迷路了的鲸鱼发出的悲鸣。

杰拉尔德向我讲解我的工作职责，但我没在听。我在环顾整间屋子。一个人"下地狱"前要办各种行政手续的等候室一定就是这里了。这间办公室完全没有任何装饰，只有一件能看出个人情感的物品——桌上有一张放在相框里的照片，上面是杰拉尔德，旁边那个人应该是他的妻子。

他的妻子在照片中看起来很年轻，看上去大概25岁，是个非常漂亮的日本人。她笑着。他也笑着。从这张照片看，杰拉尔德肯定和他妻子年龄相仿。老天爷啊，那他现在得多大年纪了？根本判断不出来。发生什么事了，杰拉尔德？你怎么了，杰拉尔德？你都经历了些什么？你的人生是走偏了吗？

我不知道自己在他的办公室里坐了多久,也不知道自己盯着那张照片看了多久,但肯定有很长的时间。因为杰拉尔德都已经说完了。我对他挤出一个看起来真诚而深切的笑容,使出全身力气握了握他的手。

杰拉尔德对于我接下来工作职责的单方面陈述,我一个字都没有听进去。其实全程我都录音了,但我这辈子都没有再听过这段录音,因为我非常害怕一听就会让自己衰老好几岁。

因此,当杰拉尔德在我俩的会面后发来一封列举了我工作职责的电子邮件时,我感到松了一口气。

这是一张冗长又令人痛苦的详细表格,那就太对了,因为杰拉尔德本身就是这样的人形表格。我大概浏览了一下,他分配给我的工作量是巨大的。就算不需要几个月,也得花几周的时间才能完成。

就是这样。亏我那么害怕返岗,亏我惶惶不可终日,原来这就是他们仅有的伎俩。他们就这点儿可怜的本事——把我扔到角落里,与垃圾桶为邻,按着我的头在 Excel 表格上画线,愣是搞出了一种无期徒刑的意思。而他们为此每年还要付给我 12 万英镑。噢,让他们吃屎去吧。我这一生被老师留堂过不知道多少次了,他们想通过留堂来阻止我学坏。

我在 Excel 上新建了一张表格,并在 15 分钟内完成了他交办的所有表格工作。

两周后,杰拉尔德把我叫到他的办公室,要求看看我的电子表格做得怎么样了。我一直很期待这一幕。

见他之前,我把表格通过邮件发给了他。

交易游戏　390

他打开以后，完全被我搞糊涂了。

"这是什么？我要的东西在哪里？你就做了这个出来？"

我看到他的眼睛瞬间暗淡了下去，不禁笑了。

"是的，杰拉尔德，这些就是我完成的工作。"

"什么也没有啊！我布置给你的那些，这上面全都没有！"

我皱起了眉头，抓了抓头发。那这确实就非常不妙了。

"对不起，杰拉尔德……你确定不对吗？因为我确定这些是你要求我做的！"

我再次露出笑容后，杰拉尔德认输了。正如《圣经》中的那句话所说，"温柔的人有福了，因为他们必承受地土"。

在那之后，杰拉尔德再也没有给过我布置过一项工作。其他人也不会给我派活儿。

事实是，我完全无事可做的同时，再没有人会跟我说话了。在很罕见的情况下，当孝介确定没人看到的时候，他会偷偷溜过来，在我的桌子上放一个饭团什么的。另外，交易大厅和洗手间之间有一条很长的走廊，有时在我去洗手间刷牙或者刷完回来的路上，我会看到凯莱布本来从另一头向我走来，但在看到我以后，他总是会突然假装忘带了他的工牌或者其他东西，然后转身走回去。

一反应过来他们是想边缘化我，我就给凯尔发了一封邮件，问他我已经积攒了多少假期。

在作为交易员的职业生涯中，我没有休过太多假，真的不多。当然，过去的6个月都是请的病假，没有动用法定休假的额度。他告诉我，我已经积攒了50多天的假，所以接下来的6周，我就休假了。

现在是秋天了，我便旅行去了。因为之前已经和女巫一起去过京都很多次了，所以我决定去更远的地方——广岛。那儿的人会在御好烧面糊里加面条。

我从没指望过能这么容易就回花旗。在我的想象里，警察什么的都会到场，还会有律师直接把我送进监狱。我没想到迎接我的居然是一份什么也不用做的高薪工作，还有打印机就近在咫尺的额外福利。这到底什么意思？

这是不是意味着他们手上真的没有我的任何把柄？是不是他们仔仔细细地找过了，但什么错漏也没找到？

我多次造访了高田马场的那家英语口语咖啡馆，和天南海北的人都聊过。通常我是和日本人聊，但这家咖啡馆其实也算是三教九流和游手好闲之徒的聚集地。有一次，我就同一个有着浅褐色头发和高耸鼻梁的中年荷兰人一起喝了几个小时的茶。他年轻时候认识了一个日本女生，然后结婚了，但又离婚了。他成了一名牧师，后来就留在日本了。

我不停地在跟他讲述我自己的故事，竹筒倒豆子似的全说了。我从没向任何人和盘托出过，也从没告诉过任何人自己多有钱。我大概讲了有一个多小时，这个过程中那位荷兰牧师不时点头、喝几口啤酒。最后我说完等着他回应的时候，他来了一句：

"活见鬼，你的工作生活真是一团糟。"

我姐姐来日本看望我。因为我真的很喜欢广岛这个地方，所以我带她又来了一次，来广岛的宫岛（也叫严岛）上玩。那座巨大的红色鸟居就矗立在海上。我脱下衣服跳入海中，游过鸟居。等到太阳下山的时候，我带姐姐去喂了鹿。

交易游戏 392

我姐姐问我的工作是否顺利，我便给她看了我在办公桌上画的一些画儿。一张是约翰·列侬，一张是保罗·麦卡特尼。

到那时我还没怎么和姐姐解释过我的工作情况。她眯着眼睛看了看画儿，然后以同样的眼神看了看我，接着问我："一切还好吗？"我笑着说："是的，姐，我一直都很好。"

她笑了，因为她知道这是真的。

当我回到办公室时，已经是秋末冬初了。我把所有的时间都用来学日语和"日文汉字"，还有画披头士乐队成员的肖像。

我后来画得真的还挺有水平的。有一次，有一位小同事（资历比较浅，应该不知道我和花旗持久战的始末）经过我的办公桌时，注意到了我的画作。

"嘿！你画得真棒！这是林戈·斯塔尔，对吧？"

"谢谢你。是的。"

"画得真的很好！你太厉害了，朋友！这是画来做什么的？"

"说实话，我也不确定……可能类似……一种创意发挥？我想用画作临摹这张照片。"

我给他看了看原照片。他看上去有点儿困惑。

"嗯……但就……我想问的是，画这个是用来干吗的？我们该怎么使用它呢？"

我答不上来。这个问题把我也搞糊涂了，于是我和他飞快而私密地交换了一个心意不相通的眼神。过了一小会儿，他点了点头，然后挪着步子走了。

几周后，我开始意识到，由于没有实际工作可做，我有大把空闲时间。于是，在和办公室所有会跟我说话的同事（其实一个都没有）开了个会后，我们"一致"同意我应该将我的工作时间减少到每天一到两个小时。

我 10 点左右来上班，到了以后就开始学日语或画画。有时我会收到我的律师发来的文件，我就会在离我很近的打印机上把它们打出来。差不多 12 点的时候，我就出去吃午饭，吃完直接就回家。午饭我最喜欢在神田的鬼金棒味噌拉面店吃，店内空间逼仄，油烟很重，灯光昏暗，墙上还挂满了红色的恶魔面具，许多穿着白衬衫的上班族在店里一边吃着魔鬼辣度的拉面，一边挥汗如雨。麻辣拉面会让我觉得很疲乏，吃完正好可以美美睡个午觉。

这样的生活我又过了好几个星期。我会去英语口语咖啡馆消磨夜晚的时间，周末时光则会和一位在六本木的披头士酒吧当服务员的日本女孩共度。她很可爱，但她不会说英语，所以我的日语突飞猛进。她那时经常来我的公司公寓玩，她会坐在地板而不是沙发上。有一天，她转身问我："咦，你是怎么在几乎不用工作的情况下还能住得起这个地方的？"

渐渐地，我开始怀疑自己可能已经找到了世界上最好的工作。

16

2013年12月，凯尔把我叫到他的办公室。我希望自己能被解雇，这就意味着终于赢下了这场恶战。

凯尔让我在椅子上坐上来，继而又露出了那种笑容，那种对一个鼠辈来说格外灿烂的笑容。

"工作还顺利吗？"他问道。

"非常顺利。我干得如鱼得水。你怎么样？"

"挺好，挺好。"他收起了笑容，"怎么没见你申请走慈善机构的转业路线呢？"

"你说去慈善机构工作？"

"对，这是那个。冰山说你是想申请的。"

"哦！你提醒我了！是的，没错，我非常想申请。"

"太好了，那你为什么还没申请呢？"

"哦，是这样的……我工作太忙了……"

"加里，你在做什么样的工作呢？"

"我不确定你能不能听懂我的工作内容，凯尔……怎么说呢，是富有创意的工作。"

凯尔又笑了，然后转头看向他的电脑，用邮件把和离职相关的文件发给我。

正如你所想象的，我对这样的事态发展感到很满意。门已经在那儿了，我要做的，就只是走出去。

但是，我想从花旗出走吗？

别急着骂我出尔反尔，听我解释，从事后来看，我能察觉到自己的处境举步维艰。严格来说，我并没有人身自由，而且一直处于担惊受怕中，生怕自己被起诉。高管们偶尔会瞪着我，而我只能明哲保身地做低眉顺眼状，忍着不瞪回去。

这让我很痛苦。但从某种程度来说，我的生活质量真的很好：我算是有了第一位日本女友，日语水平也是进步神速，并且在英语口语咖啡馆认识了很多人，还攒下了一张冷门餐厅清单。另外，圣诞节也快到了。于是我决定先不急着辞职，再缓缓。

对于圣诞节，日本人就没弄懂是怎么回事：他们把圣诞老人和肯德基老头儿搞混了。结果就是，英语口语咖啡馆的一群疯子约着去唱卡拉OK庆祝圣诞节。

那时我还是不喜欢卡拉OK。我唱得其实没有那么糟糕，但总是会羞于开口。有一次，一位名叫宏的日本老人在我唱完我的歌之后，让我坐下来。他60多岁的样子，骄傲地顶着一头白发。

"你知道嘛，在卡拉OK包房里，你唱得好不好不重要。重要的是，你的同伴都能乐在其中。"

在那之后，卡拉OK对我来说就有意思多了。也许这也是人生的一课。

在跨年夜，我和咖啡馆的一帮人去了花园神社参拜祈福。

在跨年夜去神社参拜祈福是日本的一项传统习俗，人们会不畏严寒，在黑暗中排起长龙。有些人还会身着和服。

古老的花园神社位于东京最大的红灯区歌舞伎町。新宿黄金街（即酒吧街）就在那儿，街上到处是老酒鬼们寻欢作乐的小酒吧，放眼望去的各个方向，都是一片声色犬马、酒池肉林。

但那些酒吧确实是我学日语的地方，其中有一家叫"袋鼠法庭判决"的酒吧我尤其爱去。虽然它又老又破，但总是充满着来者皆是客的人情味。当我去那里的时候，我总会点葡萄柚汁烧酒。葡萄柚汁到后面就快告罄了，于是我的酒饮里烧酒的比重就会越来越大，直到酒吧里连一滴葡萄柚汁都不剩了，老板就不得不跑去7-11便利店补货。

那天夜里，我和咖啡馆那群"准朋友"在花园神社门口排了很久的队。通常，日本人会和家人一起共度跨年夜，所以那天晚上我们那帮同病相怜、在此地无亲无故又受冷受冻的异乡人聚在了一起。

后来终于排到我了。我把一枚金灿灿的5日元硬币扔进一个小木盒子里许愿，它在盒口的边缘转了一圈，然后滑了进去，发出金属和木材碰撞的清音。我抓住那根粗重的绳子，摇了摇，铃铛继而发出了"叮铃铃"的微弱声响。我拜了两拜，拍了两次手，又顿了顿。突然，就在那个瞬间，我感到冷空气又猛地进入了我的肺部，是午夜时分那种湿润的寒意。不过这一次，它并没有带来灼烧的感觉。

"我想，也许是时候回家了。"

直到 1 月底，我才把申请去慈善机构工作的材料准备好。老实说，我没那么着急。之前提到的那家慈善机构给我提供了一份工作。它是美国的一家慈善机构，但允许我在伦敦工作，工作内容是撰写关于社会不平等的文章。而自我调动到日本以来，全球经济一如既往地江河日下：整体还是零增长的老样子，人们的生活水平也在不断下降。只是身在日本，你很容易忘记这些事。有时我真想知道花旗是否保留了我原先开展的那些交易，还是它已经把我的仓位悉数归零了。其实真的应该留着那些仓位，但我猜接管的人没留。而出于某些原因，辞职去慈善机构工作的整套申请材料多得铺天盖地。我简直像跋山涉水一般完成了这项工作，最后才提交申请。

直到一个月后，我才收到了一封电子邮件回复：

"你的申请被拒绝了。"

我想你对此的反应可能和我当时一样。

"有病吧，那之前为什么要我申请？"

我后来才反应过来，这是一个很蠢的问题，因为答案已经摆在明面儿上了。

他们这么做，是为了让我知道我的手脚已经被他们绑住了。

他们这么做，是为了告诉我："当然，要是你想的话，你可以吃遍东京所有店里的饺子，可以骑自行车在这座城市连续转上几个月，可以和当地的披头士乐队粉丝一起瞎胡闹，可以在跨年夜去摇铃铛，可以绕着古老神社的鸟居游泳。"要是我想的话，以上这些事我都可以做。但我就是不能离开花旗东京分行，就是不能回伦敦，不能回家。

我要花多长时间才能把花旗欠我的那些钱都拿到手走人？还要再等3年？那时我就30岁了。不行，去他的。该死的凯尔。该死的高管们。如果真是那样，那这场恶斗还有什么意义？

我按下录音机（是的，我一直随身携带）上的红色按钮，把它放进口袋，没打招呼就气势汹汹地冲进凯尔的办公室。

"你到底在搞什么?!"

凯尔看上去很高兴。他这种情绪几乎都要感染我了。

"加里！很高兴见到你！我们有约过这场会议吗？你先坐下来。"

我一屁股坐了下来。

"你在搞什么鬼？"

"你什么意思，加里？你在说什么？"

"你明知道我在说什么！你在搞什么鬼？"

"对不起，加里，但我真的不知道你说的是哪件事。而且你事先没有和我约过这场会议。有什么问题吗？发生什么事了吗？"

"你为什么没通过我去慈善机构工作的申请？"

"哦——去慈善机构工作的申请！"他笑了笑，把身体靠到椅背上，"我懂了，你是为这件事来的。怎么了？"

"你为什么拒绝申请？"

"好吧，让我看一下。"

他转头对着他的电脑，看了一会儿，而从我的角度自然是看不到屏幕上有什么。他一边看着电脑，一边哼着一首欢快的曲子。我听不出来他在哼什么，不知道是不是日语歌。

"我知道是怎么回事了。不好意思，你申请的那家慈善机构没有在美国境内正式注册，不符合我们的审批标准。所以，抱歉，你不能去那儿工作。我也感到很遗憾。"

我和他大眼瞪小眼,他又露出了那副能让一个鼠辈光彩照人的笑容。

"我知道你在搞什么鬼了。"

"对不起,我不知道你想表达什么。"

"你骗了我,冰山也骗了我,还有凯莱布。冰山把她和我的秘密会议内容告诉了凯莱布,这可是违法的。你对此作何感想?"

"对不起,加里,你说的这些我完全不知道。你说的是什么事?"

"你明知道我在说什么,你太知道了!你们这群浑蛋从一开始就商量好的一起对付我,你们一直以来对我做了什么,你都心知肚明。对这一点,你不会良心不安吗?"

还是不行。抓不到他的痛处。找不到惹怒他的办法,无法引蛇出洞,骗出口供。甚至可以说凯尔反而很享受这种引导式质问,他绝对是乐在其中,简直像狗吃到屎一样两眼放光。

"对不起,加里,我真的很抱歉,但我真的听不懂你在说什么。"

他再次露出了那副颇具迷惑性的笑容。我发誓那浑蛋差点儿都向我抛媚眼了。

当下我拿他一点儿办法都没有。回到办公桌后,我发了一封电子邮件,要求花旗银行的人力资源部门对所谓的"慈善机构"给出他们的官方定义。后来等了3周他们都没有回复。而那个周末,我和我的日本女友分手了。我不会再找一个因为看到我美好人生转瞬灰飞烟灭而对我泪眼汪汪的女朋友了。同时,我又开始围着皇居跑圈了。消灭掉所有的脂肪,那些本就不存在我身上的脂肪,一点儿不留。把所有我不需要的东西切割出去。

如果我不能从这牢笼中挣脱出去,那意味着什么?我该怎么办?要起诉这该死的花旗吗?我会像《圣诞颂歌》中的"过去之灵"一样人不人鬼不鬼地在交易大厅再枯坐3年吗?我会变成什么样子?我会成为何种人?我会投降吗?还是卷土重来?成为像凯莱布那样的硬茬儿?还是会像杰拉尔德·冈特那样变得整个人毫无生气、黯淡无光?

我的睡眠质量立刻断崖式下降,这令我再次变成了夜猫子。那时冬天已经快过去了,但晚上还是很冷。我就是在这样的刺骨寒夜中骑着自行车四处飞窜觅食。

而我的自行车也就是在那期间被警察扣下的。

日本可以说是没有扒手。没人吃饱了撑的去偷什么东西。你可以把钱包扔在地上,3天后回来会发现它不仅还在那儿,里面的钞票也未被动过分文。但是警察会扣你的自行车,所以最好是留意着点儿,不要把自行车停在警察局前面。

我问我楼下的前台怎么从警察那儿要回自行车。他们给了我一个地址,居然得坐列车过去。

到了那儿以后,我可以非常负责任地说,那个地方铁定是全世界最大的自行车"关押处"。我从来没见过,更无法想象,一个地方能有这么多自行车。这简直就是自行车的老巢、自行车的天下。人类历史上绝对没有一个偷车贼会比东京的警察更喜欢搞走别人的自行车。我想,他们平时上班一定闲得发慌,所以才会这样给自己没事找事做。

不过警察还是带我找到了我的自行车。他们竟然还记得那辆自行车停放的准确位置，简直是现代工程学的奇迹了。光是走过去就花了 15 分钟。

车是找到了，但车轮坏了。我也不知道是怎么坏的。我试着去修轮子，但由于是定制的尺寸，根本修不了。我只能再买一个全新的定制款。要知道，那辆自行车陪伴我的时间比我所有女友在我身边的时间加起来都长，而且这是我从伦敦空运来日本的唯一一样东西——这是我所拥有的、最像多年老友的一件物品了。

我推走了我的自行车以后，直接就把它留在了警察局门口。是的，也就是我弄丢它的地方。东京的警察们，来活儿了，再把车扣下吧。然后我去了一家有年头的二手自行车店，在代代木公园后面。那是一个很安静的居民区，离凯莱布曾经住过的地方很近。店里有一个浑身关节嘎嘎作响的佝偻老头儿，我用日语对他说，让我看一下店里最便宜的自行车。

他便带我看了这辆小小的、充满喜感的黄色"妈妈车"（一种常见的日本女士自行车，后面可以坐小孩儿，前面可以放菜），附带一个车筐和一个自行车铃铛。我试着拨动铃铛，发现它有点儿损坏了。我不也是这样吗？我问他要多少钱，他说 5 000 日元，在当时大约折合 30 英镑。我付了钱，然后就骑着它回了家。人生总有那么些时候，要不得不告别老友。

转眼到了 2014 年的春天。樱花盛开，世界上最漫长的邮件拉锯战开始了。

3 周后，花旗银行才告诉我它对慈善机构的定义。而我几乎可以肯定的是，我的那家慈善机构完全符合它的定义。我只好把材料中每一处满足其条件的地方都汇总起来，单纯为了明明白白地彰显这一点。然后我把它们重新发给了凯尔·齐默尔曼。又是一个月没有回复。看起来，在我的第二回申请中，肯定是哪里又不符合要求了——比如第 36 页或第 360 页的签名签错地方了。

他们在用什么招数，已经很明显了，同样明显的是，这种情况不会只持续一天两天。我不知道会不会一直这样下去，也不知道花旗会不会就这样一直把我塞在冈特部门的角落里。窗外的樱花开始陆续凋落。

我的精神状态急剧恶化。在那次与冰山的谈话中，自从她告诉我没有什么能阻止我离开花旗，我就觉得自己有了一根救生绳。当然，我其实从来不知道这根绳子有多结实，但我一直都知道它就在那儿。听到她这样说时，我就觉得，很长一段时间以来自己第一次可以躲开狼群，喘息片刻。但现在我又回到了交易大厅，而且看样子我好像没法从狼群中脱身了。

虽然根本没什么事可做，但我选择待在办公室的时间变得越来越久。我原来下班后做的那些事，现在我都没法从中找到乐趣了。所以，我所有的空余时间都用来跑步了。树上已经见不到樱花了，接着，雨季又开始了。

也就是在那个时候，花旗银行采取了下一步行动。它取消了我的房补。

自从我到了日本，花旗就一直在给我付房租（对银行业外派至日本的工作而言是常见福利）。一大笔住房津贴加上本就高昂的薪水，构成了连哄带骗让我来日本的一部分原因。

我喜欢我那间从阳台上可以看到墓园、顶楼还有餐厅可以吃到梅子干的公寓。如果把上半身压在阳台栏杆上，头探出去，就能看到东京塔。而在那家位于42层的餐厅，我则可以见到形形色色的人。有一次，我听到一位美国口音的银行从业人员和一对日本夫妇聊了一小时的《白鲸》，这对日本夫妇从头到尾都没说过一个词，整个过程都在不时点头，发出附和的声音。后来那位美国的银行从业者走出餐厅的时候，对我露出了一个灿烂的微笑，还点了点头。而就在他身后，那个日本男人把头深深地埋进了自己的双臂里。

到了深夜，餐厅经常空无一人，而夏天又是日本的烟花季，于是我有时就在这顶楼餐厅独自一人欣赏在东京湾上空绽放的烟花。

但恐怕我的生活马上就没有烟花可看了。房租真的很贵，如果花旗不帮我付，同时我自己也离开这一行，我可能最多只能再付两个月的了。我那时知道自己已经是强弩之末了，接下来很多年可能都无法再工作。所以，我开始在经济上做最坏的打算，假设自己的身体状况永远无法恢复到能支撑自己重新正常工作的健康水平，可能余生都会像现在这样。

我有一个朋友，老家在埃塞克斯的罗姆福德地区，离我长大的地方不远。他搬到日本就是为了成为《超凡战队》连续剧的特技替身演员。这曾是他童年时的梦想。他住在新大久保的韩国城，在一栋破旧的公寓里租了一间破旧的屋子。这是东京市中心最接近贫民窟的地带，离他打工的地方，也就是我们的英语口语咖啡馆很近。我发短信问他我之后能不能在他那儿打地铺。他回我说："可以，当然没问题了，朋友。"

我不知道花旗银行会不会一直这样对我施以重击，想用乱拳逼我"净身出户"。来吧，就让暴风雨来吧。我不会投降的。它也不是第一个对我下黑手的刺儿头。

交易游戏 404

17

在那之后，天气变得又热又潮，我又开始不正常了。

我很讨厌干坐在那儿被动等待的感觉，所以我决定尝试一些新玩法。

我开始每天给人发电子邮件，轮流问候花旗的众位神佛，每天一个不同的收件人。我给首席执行官发过几次邮件，给花旗全球人力资源部总监也发过邮件。这种战术既不是出自我律师团的建议，也没有得到他们的批准。它是我个人的一点儿创造性举动。

我现在已经不记得自己在这些邮件里具体都说了些什么，就记得有时会给那些收件人起各种新绰号，或者隐晦地提及一些对他们来说见不得光的事。比如，有时我会特别提到凯莱布、冰山和凯尔·齐默尔曼做过的"好事"，并幽幽地暗示他们，这些东西如果出现在报纸上，应该会令人大跌眼镜。其他时候，我会在邮件里做出一副嘻嘻哈哈的轻浮样，聊些趣闻或美食。我了解到，花旗全球人力资源部总监是一位摩门教教徒，所以在发给他的电子邮件中，我还会穿插一点儿摩门教经文的片段。我自己认为这算得上是神来之笔。

大概两周后，在夏天最热的那段时间，有一天，凯尔·齐默尔曼把我叫到了他的办公室。

我知道凯尔·齐默尔曼会很乐于见到我的。他一直如此。

到那会儿，我对凯尔的办公室已经非常熟悉了。我注意到他在自己的办公桌上新放了一张全家福。我现在见到凯尔的妻子长什么样了，和杰拉尔德的妻子一样，也是日本人。凯尔和妻子生了3个混血儿。一走进他的办公室时，我做的第一件事便是弯下腰，近距离端详这张照片，看了非常非常久。然后我才抬起头看着凯尔。

凯尔看起来很不一样。他和往常一样微笑着。但这次是从眼睛中传递出笑意，而不是嘴巴。

这不对：他的态度好像发生了180度的转变。凯尔·齐默尔曼完全换了个人。

这吸引了我的注意力。我在他面前坐下来，但半晌相顾无言。

然后，我们展开了很长时间的谈话。在这次对话中，一切都变了。

现在，我必须说的一点是，不管是在小说，还是现实生活中，有时会发生一些我们难以言说之事。我们都清楚那是些什么样的事，你我都经历过。

发生这种情况的原因有很多种。也许是我们无法辜负他人对我们的信任，或毁掉他人对我们的印象——这个"他人"，可以是爱人，可以是亲密无间的朋友。大概是因为这样的情感包袱对我们当事人来说沉重到了一定程度，以至于有些秘密只能烂在自己心里，永远不可说与人听。

而在其他时候，我们选择不说某件事的原因并非出自情感，而是理智。这就是为什么有人拿到40万英镑的年终奖时会选择不告

交易游戏 406

诉自己的母亲。

而另一些时候，原因并非内生性的，而是源于外部。有时，这个社会会把我们的名字写在纸上，然后把纸团成一个球，塞进我们嘴里。

以上哪种情况曾发生在我身上？还是哪种都没发生过？

答案我不能告诉你。对不起，不好意思。也许当我们割断捆住自己的绳子时，有时也会伤到自己的皮肤。

我永远不会忘记凯尔在那次会谈结束时是多么高兴。不是装样子，不是挤出来的笑容。他是真切、由衷、发自心底地高兴。他和我握了握手，我看到了他脸上的骄傲，就像一个父亲在为儿子感到骄傲。

去你的吧，我心想，你就是只该死的老鼠。你就是老鼠，和我一样。

于是，我就这样得到了自由身。

18

我是怎么赢的，怎么赢下那场战斗的？

我想说是因为我疯了。因为我有勇有谋。此外，还因为我有自己的想法，没有人云亦云；因为我剑走偏锋，不按常理出牌。我从人为设置的困境中走了出来，并决定彻底放飞自我。

但其实我也不知道怎么赢的。也可能不是这些原因。

在我重回自由身的前一周，就在我向C级领导层发送看上去明显精神不正常的邮件那段时间，鼻涕虫被公司开了。我不知道具体原因，只是觉得可能有一部分是因为我，但真假也不得而知了。

有几个可靠的消息来源称，鼻涕虫被解雇后，他组织了一场和花旗银行所有分行销售与交易部的视频电话。在那场电话会议上，他带着由衷的谢意感谢了所有人，感谢他们过往对他的效力，说完以后，他一下子就哭了。就在会议中，在所有与会者面前，泪流不止。虽然其实参会的每位高管都讨厌鼻涕虫，但他们都配合地面露悲切，拂去自己眼角那一滴冰冷的鳄鱼眼泪。

鼻涕虫被炒鱿鱼和我的疯癫达到了新高度，原本独立的两件事撞一块儿去了，结果就是我根本无法判断到底谁才是把我从花旗救出来的人。是我自己吗？还是鼻涕虫？

由于鼻涕虫在管理层对我展开的游说车轮战中一直扮演着一个温和友善的角色，我当时认为坏人应该是凯莱布，而不是鼻涕虫（也可能是那会儿有点儿单纯）——是凯莱布一直把我困在这由12万英镑的年薪外加房补编成的金丝笼里，只为了让我当众下不来台，可能也是为了防止我更加充分地完成他当年差点儿能完成的全身而退。

但也许我错了。也许从中作梗的从来都不是凯莱布。也许有人从头到尾都在演戏。也许到头来一直是鼻涕虫在背后不放我走，然后他一离开花旗，凯莱布就放我走了。

我不知道。我永远都不会知道了。我到底是怎么赢了花旗，这辈子都将是个谜了。

但人生本就像这样，不是吗？你永远不会知道有多少是运气的成分，又有多少是能力的成分，难道不是吗？如果那位苏联边裁在1966年的那天判定进球无效，那么英格兰队也许永远不会赢得世界杯冠军；如果和我出生在同一个地方的约翰·特里没有在莫斯科的欧冠决赛中滑倒，那么阿夫拉姆·格兰特也许会是世界上最伟大的主教练；如果早在2002年10月的那一天，伊尔福德县高中选择报警抓我，那也许我就会留下犯罪记录，继而别无选择地成为街头毒贩的一员，后面的这些事就永远都不会发生了。人生确实就是这样，运气和能力各占多少，谁知道呢，对吧？

也许我确实打败了花旗银行，也许我确实棋高一手，也许我在这场游戏中确实玩得很好。又或者，也许以上这些我一样都不占。也许我就像帅气的保罗·纽曼一样，一次次拳头落在脸上，又一次次不服输地站了起来。我们怎么知道人生中的起起落落哪些是因为运气、哪些是因为实力呢？

交易又何尝不也是那样的？"全球经济会崩溃，普通民众、普通家庭生活水平必将缓慢但持续地下降，全世界数亿家庭将逃无可逃地陷入贫困"，诚然，我是通过赌这 3 件事才在 2011 年和 2012 年赚到那么多钱的。而这 3 件事在现实世界中确实也发生了，但说到底，这就意味着我是凭本事做出的正确判断吗？

的确，我后来还继续在这些事上押注，几乎没有一年中断过，不管是沙发还是卧室都见证过我的这些交易，甚至直到现在，直到 2023 年，我也没收手。当然，我押注的这些事情后来也持续发生着，如今，每年确实有越来越多的家庭陷入了日益加剧的贫困，既还不上房贷，也没法养家糊口。我是料中了，但这到底是我业务能力强，还是我运气好？

谁又能说得准？也许永远都不会有答案。那么，在这种情况下，我们会做些什么呢？是眼睁睁地让那些悲剧上演，还是阻止其发生？我们会闭上眼睛说这只是一场游戏吗？我们会告诉自己这只是走运吗？

毕竟，当那些有钱又小心眼儿的经济学家衣着得体地出现在电视上，并带着一口听上去更得体且更有学问的口音侃侃而谈时，他们也相信自己是对的。当他们告诉民众"经济会好转起来，我们遇到的问题都只是暂时的"时，那些经济学家和我是一样自信满满的。而如我们所见，自 2008 年以来，年复一年的情况都印证了他们的判断是错的，但同时，他们和他们所属的阶级变得越来越富有，所以还是那个道理：难道就不是因为走运吗？

谁对谁错，我们应该做些什么，我们是否应该改变那些状况，这些问题的答案，我们永远无从得知了，不是吗？除了静观其变，还有别的法子吗？

也许，当阿瑟说我们对此无能为力的时候，他是对的。但是，他可没说你对此是无能为力的，对吧？我们能做的一些事，你也能做。我们可以押宝，赌全球经济被宣判死刑，赌利率总是跑不赢通货膨胀，赌社会经济将无法挽回地土崩瓦解，赌房价、股价、金价会走高，从而使得有钱人变得更有钱，而普通民众的工资水平却停滞不前，甚至实际上（按实际价值算）还在下降。我们可以这么赌，对吗？人人都能这么做。每个人如果都像我一样做空经济大盘，能从中致富吗？只要我们运气够好，怎么不能呢？只要不去阻止全球经济末日的到来，我们所有人都可以一边袖手旁观，一边坐享其成。

你知道的，我曾有个发小儿。他没有爹，只有妈，他家比我家还要穷得多。他的母亲经常是自己能少吃一顿就少吃一顿，这样孩子们就可以吃上饭，她以为我的这位发小儿和他的姐妹们没发现。但他们其实注意到了。我知道这一点，是因为他告诉了我。

不知道该怎么说，但我想，游戏就是这样，有赢有输。还有什么是比赢更重要的呢？我想不到。

19

我告诉凯尔给我两周的时间。

我不知道自己为什么提出这个要求。可能是还没有准备好。那天进凯尔办公室的时候,我并没有料到能得到"刑满释放"的结果。我需要一点儿时间来消化一下。

在那两周里,我每天都去上班,而且不迟到、不早退。毕竟是合同上规定的,工作时间是从早9点到晚5点。

我为什么要这么做?我自己也说不准。可能只是想再多听听那些声音。花旗东京的交易大厅固然不是让我有归属感的那个交易大厅,不是我功成名就的那个交易大厅,也不是我能实现理想的那个交易大厅。

但它仍然是一个交易大厅。在这个地方,人们互相之间比个你死我活,铆足了劲儿赚钱,拼了命地证明自己是对的,不压别人一头不善罢甘休,就连买房都要买个用旋转墙替代门的奇葩公寓来彰显自己的与众不同。同样是在这个地方,你也能看到人们处心积虑想实现以上目的,到头来却落了一场空。仍然是在这个地方,还有寒门贵子、鲤鱼跃龙门这样的事发生（对这些孩子来说，可能真的是人生头一遭实现阶级跃升），而其他有钱同事（不管年纪大小）则会在去洗手间的路上一边上下打量着这些孩子，一边在心里暗骂：

"看看他那样子，天天就穿件托普曼的便宜衬衫。他身上到底有什么才能是我没有的？"

而就像我们在前文中谈到过的，也许他们是对的。也许我在花旗的发迹这整件事真的就只是凭运气。

有时候，我倒还希望那就是靠运气。若非如此，天知道后来能好到哪儿去。

然后那个时候就来了——我在花旗交易大厅的最后一天。我不用和太多人道别。我先是去找了弗洛伦特·勒伯夫（就是那个自称在伦敦政经和我很熟的校友），我们有说有笑地聊了会儿他最近的艳遇，他说他下次来伦敦的时候会联系我。但他从此就杳无音信。

然后我去找了那两个午餐鉴赏家，分享了最近一段时间各自的午饭都吃了什么。他们说："噢，加里，你的日语太好了。"

最后，我去找了孝介，并对他所做的一切表达了我诚挚的感谢。他笑着在自己的鼻子前挥了挥手，只用日语回了我一句："没事，没事。"那之后我就再也没见过他了。

当我走出交易大厅时，身后并没有响起掌声。但这一次，我却停下了脚步，回头看了一眼。

20

　　我把我的自行车锁给打开了。黄色的小"妈妈车"被我用链条锁在花旗楼下的一根灯柱上。我放下包，解开身穿的条纹白衬衫，把它卷了起来放进包里。室外酷热难耐，我从包里掏出一小件灰色的 7-11 便利店背心，这是女巫刚到日本的时候给我的礼物，每次穿上它进店都会让 7-11 便利店店员大笑。我穿上背心，决定这一次，不骑自行车回家，而是走回去，再走一遍皇居外苑那条路。

　　我花了好一会儿才走到家。一路上，阳光灼烧着我的皮肤。我推着我的自行车走过那 100 万棵一模一样的树，本想点清到底有多少棵，但数着数着总是会走神儿。

　　我不确定从花旗离开意味着什么，也不知道谁对谁错。

　　青蛙说我的钱很快就会不够用了，我会连滚带爬地求着回花旗，他是对的吗？

　　阿瑟说我们无法阻止世界经济崩溃，只能作壁上观和发老百姓的苦难财，他是对的吗？

　　而我说经济会一直烂下去，民众的日子只会越来越难过，我又是对的吗？

那其他人呢？我们当中有人是对的吗？喜欢堆硬币还常走神儿的查克是对的吗？离开后又回来花旗的凯莱布是对的吗？JB、哈利、史努比呢？我们又在干什么？我们这群人真的有人是对的吗？

太多的想法让我根本数不了几棵树，更别说数清了。我感到后脖颈和肩膀被太阳晒得火辣辣的，也许应该把衬衫从包里拿出来披上。

但我转念一想，罢了罢了，还是别穿衬衫吧，谁知道哪天又需要重新一直穿着它了。

于是，我任由异乡盛夏的骄阳烧灼肩膀，并试着什么都不想。循着蝉鸣，我慢慢走着，想尝出空气中湿热的味道。

后来，我飞回了伦敦，只为找到一个我赢不了的游戏。

我不在乎我是否能再赢下去，但我真的不应该再单打独斗了。

和我一起玩吧。

祝你好运。

后记

（多年后，在赫特福德郡哈彭登一处风景优美的乡村酒吧，微醺的威廉·道格拉斯·安东尼·加里·托马斯带着一口利物浦口音，像哼歌似的告诉了我以下这些话。）

"你知道吗？在你离职的那天，我们开了一个电话会议。不是为了你离职这件事，只是部门月度例会。碰巧在同一天。所以，花旗各分行的短期利率交易部交易员以及分管的高管，也就是纽约、伦敦、东京、悉尼的所有同事都参加了会议，甚至包括查克（查克没死，他的肿瘤已经切除了，后来被'照顾'去了新加坡）。总共大概有二十六七位交易员和高管。

"我们本来和平时例会上一样讨论着交易和市场，直到后面凯莱布打开了麦克风，就说了一句：'和大家说一声，今天是加里·史蒂文森在花旗银行的最后一天。'

"然后就没人说话了。片刻鸦雀无声。然后谁能想到查克突然来了一句：'所以是谁赢了？加里还是花旗？'

"接着传来了一阵轻微的嘈杂声、咔嗒声和噼啪声，那是凯莱布取消静音时发出的声音。然后，他只说了一句：'加里赢了。'

"还是没人吭声，只听到十来下按键声，这是所有没有把电话麦克风关掉的人在迅速关上自己的麦。然后，等到屏幕显示所有参会者都处于闭麦状态时，我们瞬间爆笑成一团，连青蛙都笑了。"

（完）

致谢

如果没有这些人，本书可能永远不会问世。首先是我的经纪商克里斯·韦尔比洛夫，他是第一个建议我写书的人，但当时被我礼貌地回复说还是忘掉这个想法吧；其次是路易丝·邓尼根，当我对本书已不抱什么希望时，她宽慰我说，本书并没有那么糟；最后是我的姐姐，德博拉/德布里·史蒂文森，是她教导我，书的内容和架构是我能把控的东西，擅长数学的人也可以写书。

我要感谢每一位在本书写作过程中提供修改意见的读者：我的编辑汤姆·佩恩和保罗·惠特拉奇，以及在通勤的列车上在谷歌文档上阅读本书的朋友，尤其是阿纳斯塔西娅·德罗莎和理查德·帕拉斯拉姆。

我还要感谢以下人物在现实生活中的原型：比尔、凯莱布、史努比、泰齐、JB、鲁珀特、罗丁、阮胡、查克、阿瑟、孝介、凯尔、杰拉尔德、杰米、冰山、青蛙、鼻涕虫，特别是哈利和女巫。你们各有各的人物高光，也各有各的至暗时刻，总的来说，你们在我心里都留下了浓墨重彩的一笔，让我除了动笔写下来，再没有第二种选择。

最后，我要感谢上帝（或随便哪位具有以下能力的神），你把为灾祸下赌注的难度设置得如此之低，却把阻止灾祸发生的难度设置得如此之高。如果没有你，我现在可能会在某个海滩上，一边被太阳晒得黝黑，一边无聊到脑袋发昏呢。